영원과 사랑의 대화

영원과 사랑의 대화

1판 1쇄 발행 2017. 6. 30.
1판 9쇄 발행 2023. 10. 1.

지은이 김형석

발행인 고세규
편집 강영특 | **디자인** 이은혜
발행처 김영사
등록 1979년 5월 17일(제406-2003-036호)
주소 경기도 파주시 문발로 197(문발동) 우편번호 10881
전화 마케팅부 031)955-3100, 편집부 031)955-3200 | **팩스** 031)955-3111

값은 뒤표지에 있습니다.
ISBN 978-89-349-7836-7 03100

홈페이지 www.gimmyoung.com   블로그 blog.naver.com/gybook
인스타그램 instagram.com/gimmyoung   이메일 bestbook@gimmyoung.com

좋은 독자가 좋은 책을 만듭니다.
김영사는 독자 여러분의 의견에 항상 귀 기울이고 있습니다.

김형석
에세이

영원과
사랑의
대화
ㅡ
ㅇ

김영사

독자에게 드리는 글

|
o

1950년의 한국전쟁은 여러 가지 면에서 우리 사회에 큰 변혁을 가져왔다. 나만이 예외일 수는 없었다. 전쟁이 휴전 상태로 접어들면서 나는 앞으로의 진로를 고민하게 되었다. 중고등학교의 교육자로 남을 것인가, 아니면 학문을 위해 대학으로 진출할 것인가를 선택해야 하는 갈림길에 서게 되었다. 어떤 섭리가 작용했을까. 연세대학교로 일터를 옮기게 되었다. 나는 전쟁터로 떠났던 제자들, 정과 사랑을 나누었던 젊은이들과 헤어지는 것이 너무나 힘들었다. 내가 키워주어야 하는 어린것들을 뒤에 두고 떠나는 부모의 마음과 비슷한 아쉬움이 남아 있었다.

제자들을 생각할 때마다 어떤 죄의식 비슷한 자책감을 떨쳐버릴 수가 없었다. 무엇인가로 보답해야 한다는 부담을 안고 살았다.

나 자신을 위한 또 한 가지 과제도 있었다. 딱딱한 이론을 주로 하는 철학에 빠져들면서 한 인간으로서의 귀중한 본성인 정서에 빈곤을 초래하고 싶지 않았다.

이 두 가지 욕구와 기대를 채우기 위해 찾아보다가 예술성이 있는 문필활동은 어떨까 하는 생각을 했다. 젊었을 때 독서를 즐겼던 것이 뒷받침이 되어, 수필이나 수상문을 써보기도 했다. 철학적인 문제와 인생의 과제들을 누구나 접할 수 있게 하고 또 해결 짓는 데 도움이 되는 글을 쓰고 싶었다.

몇 편의 글을 대학신문에 게재하는 기회가 생겼다. 그것이 호응을 얻어 신문이나 월간지를 위한 집필로도 번지게 되었다. 그런 글들을 모아 처음 나온 책자가 《고독이라는 병》이다. 그 책이 뜻밖의 좋은 반응을 얻었다. 삼중당에서 한 권의 수상·수필집을 발간하고 싶은데 협조해주었으면 좋겠다는 청탁이 왔다.

그때 나는 연구생활을 위해 1년간 미국에 가도록 되어 있었다. 발표하지 않았던 몇 편의 글과 새로 집필한 원고들을 넘겨주면서 출국을 서둘러야 했다. 외국에 머무는 1년 동안 나는 그 책 《영원과 사랑의 대화》에 관한 생각은 잊고 지냈다. 가족들의 편지 안에도 그 책에 관한 것은 들어 있지 않았다.

그런데 1년 후에 귀국하고서, 그 책이 무척이나 많은 독자의 사랑을 받았다는 것을 알게 되었다. 그해의 출판연감을 보았더니, 그때까지 우리나라에서 가장 많은 판매부수를 올린 책이 박계주의 《순애보》였는데, 그 책의 총 판매부수에 해당하는 것보다 내 책의 1년간의 판매부수가 더 많았다는 기사가 실려 있었다. 그리고 소설보다 많이 팔리는 비소설 부문의 저서는 불가능하다는 것이 통념이었는데 내 책이 그 고정관념을 바꾸었다는 내용도 담겨 있었다.

그 원인이 무엇이었는지는 지금도 확실치 않다. 생각해보면 그 당시의 우리 젊은이들은 순수한 열정과 기대감을 안고 살았던 것 같다. 그들에게 진정으로 무엇인가를 전해주고 싶었던 내 소박한 뜻이 공감대를 이루었던 것 같다. 마음과 마음이 통했고, 문제의식의 공통성이 있었다. 마음의 문을 연 대화가 가능했던 것이다. 나는 철학을 강의하고 있었기 때문에 역사상 최초의 이상주의자였던 플라톤의 이데아에 대한 에로스(사랑)를 전해주고 싶었다. 젊은이들에게 희망을 주고 싶었고, 나도 어떤 영원한 가치와 사랑이 있는 삶을 살고 싶었다. 그런 뜻은 있었으나 여기에 쓴 글의 내용과 이야기는 평범하면서도 누구나 지니고 있는 문제들이었다.

옛날의 독자들은 지금은 60이나 70대의 사람들이다. 56년 전의 책이 현대를 사는 독자들에게도 도움이 될까 하는 의구심을 갖기도 했다. 그런데 뜻밖에도, 그 옛날의 독자들이나 최근의 독자들 모두가 동일한 공감과 문제의식을 갖고 있음을 발견했다. 편집과 교정을 맡아준 이들도 조금도 옛날 책으로 생각하지 않았다는 이야기를 했다. 초창기 때의 독자들과 같이 오늘을 사는 젊은이들도 읽으면서 미소를 지어보기도 하고, 눈시울이 뜨거워지는 경험도 할 수 있었으면 좋겠다. 세월이 흘러도 같은 마음과 꿈을 안고 살고 싶은 것이 우리 모두의 소원일 것이다.

영원과 사랑의 대화

이번 개정판에서는 처음 내용에서 몇 편을 빼고 전체적 내용의 흐름과 합치되는 새로운 몇 편을 추가했다. 시대적 상황의 변화가 있었기 때문이다. 독자를 위해 더 완벽한 내용으로 채우기 위한 선택이었다.

세월은 흘렀으나 영원한 것에 대한 그리움은 앞으로도 사라지지 않을 것이다.

저자의 사정 때문에 처음부터 편집에 동참해준 편집부의 여러 분과 마지막 교정을 맡아준 '생명의 전화' 이종옥 이사님에게 감사의 마음을 전하고 싶다.

2017년 여름
김형석

초판 서문

|
○

이 책은 저의 수필, 수상들을 묶은 둘째 번 것입니다.

《고독이라는 병》이 발간된 이후, 저는 많은 독자들로부터 끊임없는 격려, 질문, 성원을 받고 있습니다. 또 한 권의 책을 꾸며보도록 뜻을 세운 이유도 거기에 있었습니다.

그러나 저 개인의 사정 때문에 이 책을 여름방학까지 끝내지 않으면 안 되게 되었습니다. 약간 무리인 줄은 알면서도 서둘러 정리할 수밖에 없었습니다.

세상에 가장 어려운 것은 인생을 말하는 것입니다. 그러므로 누구도 좀체 인생을 논하려고는 하지 않습니다. 그러나 침묵을 지켜서도 안 되는 것이 인생입니다. 누구나 완전한 자신은 없으면서도 가장 사랑하는 사람에게는 인생을 말하게 되는 이유가 여기에 있는가 생각합니다. 어머니가 자식에게, 형이 동생에게 하고 싶은 인생의 이야기를 숨김없이 말해주는 사람이 우리 사회에도 많아져야 하리라고 믿습니다.

여기에 수록된 몇 편의 글들이 바로 그런 것들입니다. 청년들, 학생들, 친구들이 가지고 있는 여러 가지 문제들에 접하게 되면서 한 가지 한 가지 생각나는 대로 적어나간 내용들입니다.

저는, 누구나 행복해질 수 있다고 믿습니다. 오직 그 행복과 영광에의 길을 스스로 파괴하거나 포기하는 것이 우리들의 잘못이 아닌가 합니다. 그렇다고 모든 인간이 신과 같이 완전해진다는 것은 아닙니다. 제가 믿기는, 인생이란 누구라도 올라갈 수 있는 산과 같아서 그 인생의 산에 올라만 간다면, 그것으로 어느 정도의 행복과 가치는 얻는 것이라고 생각합니다. 그런데 너무나 많은 사람들이 그 인생의 산을 모르고 살거나, 중도에 포기해버리기 때문에 당연히 얻고 갖추어야 할 행복과 성공을 자신도 모르는 사이에 저버리는 경우가 많습니다.

생소한 나라로 여행을 떠나는 사람, 전연 알지도 못하는 높은 산을 정복하려는 등산객은 반드시 먼저 갔던 사람들의 얘기를 들어둘 필요가 있으며, 또 말해줄 의무도 있는 것입니다.

혹시나 이러한 의미에서 이 책이 읽힌다면 얼마나 다행한 일일지 모르겠습니다.

'행복의 조건'은 그런 의미에서 우리들의 일생을 어떻게 살아나 갈까 얘기해본 것입니다.

모랄moral의 문제는 단편적이어서 하나의 방향을 위한 논설은 아닙니다. 우리들이 가지고 있는 문제들을 생각나는 대로 비판, 분석하여 새로운 모랄에의 자세를 갖추도록 찾아본 글들입니다.

스물한 편의 수필들이 세 자리를 차지하고 있습니다. 하찮은 생활 주변의 이야기들도 있으나, 우리들의 환경 속에서 아름답고 높은 무엇을 얻어보려는 의도도 풍겨진 것으로 생각합니다. 모든 이야기들은 무엇인가를 말하고 싶었는데, 표현이 안 되는 고충 속에 머물고 만 것도 있습니다. '고독과 사랑의 장'은 누구나 생각해보는, 그리고 우리들 중의 어떤 사람이 겪은 이야기입니다. 확실히 애수를 띤 내용입니다. 그러나 한 번은 넘어서야 하는 인생의 고개인 것도 같습니다.

'영원과 사랑의 대화'라는 제목을 택한 것은 이 책의 전체적인 주제가 인생이라는 강의 저편인 영원과, 이편의 끝없는 애모심의 대화에서 이루어지고 있기 때문입니다.

영원을 사랑하는 사람은 항상 고독하게 마련입니다. 그렇다면 이 책도 고독한 사람의 또 하나의 벗이 될는지 모르겠습니다.

이 글의 대부분은 아직 발표된 일이 없는 것들입니다. 오늘과 같이 혼잡한 환경에 살면서 읽고 생각하며, 느끼고 다짐해보는 일이 결코 무의미하지는 않을 것입니다.

영원과 사랑의 대화

끝으로 이 글이 책이 되기까지 수고해주신 여러 분들께 아울러 고마움을 드립니다.

1961년 8월 1일

저자

차례

Ch. **1**

생활의 좌표

청보리 1, 2006

그가 어떤 사람인가는
그가 어떤 문제를
지니고 있는가에 따라
결정된다.

문제의식이 없는 지성인

나는 소년기를 평양에서 20리쯤 떨어진 시골에서 보냈다. 가난한 마을에서도 가장 가난한 가정이었기 때문에 어린 시절을 즐길 만한 장난감 같은 것은 전혀 없었다. 고작해야 1전에 스무 장씩 주는 그림 딱지, 나무를 깎아 만들어 상대방 것을 때려눕히기를 하는 꽂히기 같은 것뿐이었다.

그러나 이른 봄철만 되면 우리 마을의 소년들에게도 기쁜 소식이 전해진다. 소달구지를 가진 사람들이 평양까지 가서 일본 사람들의 쓰레기통을 들춰오는 것이다. 그 썩은 쓰레기를 비료로 사용하기 위하여 가루를 만들어 밭을 갈 때 뿌리는 것이다.

우리 꼬마 친구들은 누가 쓰레기를 실어왔다는 소식만 들으면 모두 좋아하며 그 쓰레기더미로 모여들었다. 그 썩고 냄새가 나는 더

미를 들추면 생각도 못했던 장난감들이 발굴되기 때문이다. 여러 색을 가진 구슬들, 깨진 병 조각, 예쁜 조개껍데기, 부서진 필통 조각, 녹슨 칼, 운이 좋을 때는 소꿉장난을 하다가 버린 유리그릇들이 나온다.

한나절을 들추고 나면 두 주머니가 가득 찰 정도의 물건들이 나온다. 나는 지금도 그때의 기쁨을 생생하게 기억하고 있다. 주머니에 가득히 넣어가지고 집으로 돌아와서는 방 한쪽 구석 책보자기 옆에 쌓아놓는다. 밤이 되면 그것들을 보관할 만한 곳이 없다. 할 수 없이 베개 옆에 가지런히 진열해놓고는 잠을 청했다. 아침에 일어나면 그것들부터 가지고 놀아야겠다는 심산이다.

그렇게 귀중히 여겼던 장난감들인데 그 뒤 그 많은 것들이 어디로 갔는지 모른다. 물론 어른이 된 지금은 그중의 어느 하나도 가지고 있지 않으며 기억조차 없다. 철없는 시절의 부질없는 노릇이었다.

그런데 이상한 것은 요사이도 상당히 많은 대학생들과 젊은이들이 내 어렸을 때의 장난을 되풀이하는 것 같다는 점이다.

그들은 남들이 다 걷는 대학의 길을 택하며, 누구나 가지는 4년의 세월을 학창생활로 보낸다. 그동안 이 교수 저 교수의 이야기도 들어두며, 필요에 따라서는 강연회, 좌담회, 발표회에도 참석한다. 그러는 사이에 지식의 조각들은 늘어가며, 나는 많은 것을 배우고 알게 되었다고 자부도 한다. 계통도 체계도 없는 지식의 조각들을 넘칠 정도로 많이 갖는 청년들도 있다.

영원과 사랑의 대화

몇 해 뒤에는 졸업을 한다. 사회에 나가 여러 해를 보내는 동안에 약간씩 자신을 느끼며 반성해본다. 그런데 이상한 것은 그렇게 많이 배웠고 지식의 조각들을 주워 넣었는데도 마침내는 아무것도 남지 않는다는 것이다. 마치 내 호주머니에 장난감이 남아 있지 않듯이 모든 것이 어디론가 없어지고 말았음을 느낀다.

무엇 때문일까? 역시, 문제를 가지지 못했기 때문이다.

자신만의 문제가 있었더라면 먼저 문제의식이 생기고, 모든 지식은 그 문제를 해결하거나 문제의 내용을 보충하는 데 필요한 통일적이고 생명적인 내용이 되었을 것이다. 그런데 아무 문제도 없이 4년이라는 세월을 보냈으니 뒤에 남을 것이라고는 단편적인 지식의 조각들과 막연한 기억뿐이다.

한국 경제의 과학적 분석을 위하여 경제 공부를 했다든지 한국 사상의 중심 과제를 위하여 역사 공부를 했다든지, 앞으로는 어떤 정책이 필요한가에 뜻을 세워 정치학을 했더라면 모든 지식과 교육의 내용이 살과 뼈가 되었을 것이다. 그런데 이런 문제가 없었기 때문에 모든 것이 공허해지고 만 것이다. 그리고 일부의 학생들은 사법관이 되기 위하여 법학을, 은행원이 되려고 상과를, 선생이 되려고 교육과를 택한다. 말하자면 문제 이전의 과정을 목적 삼는 입장이다.

우리는 그것을 마다하지 않는다. 또 불필요하다고 생각하지도 않는다. 그런데 법관이 된 뒤에도 문제는 있으며, 은행원은 어떤 문제를 해결 짓기 위하여 필요한 것이다. 교육이 무엇인지 물어보지도 않으며, 앞으로의 교육은 어떻게 되어야 한다는 생각도 없이 교육에 임한다면 그 결과는 어떻게 되겠는가.

이런 점에서 우리는 지성인들에게 가장 필요한 것은 문제를 갖는 일이라고 생각한다. 문제가 없는 지성인이란 참다운 지성인이 못된다. 그리고 그가 어떤 사람인가는 그가 어떤 문제를 지니고 있는가에 따라 결정된다.

오늘도 상당히 많은 젊은이들이 문제를 가지지 못하고 있다. 그러면서 학문이 안 된다고 불평이며 할 일이 없다고 걱정한다. 삶은 무의미하다고 말하며 인생은 무가치하다고 속단해버린다. 한 번도 삶을 삶답게 하는 문제는 가져보지 못한 채….

오늘 우리는 직장을 구하는 사람들에게는 취직자리가 없는 시대에 살고 있다. 그러나 우리는 세계 어느 나라보다도 할 일을 많이 가지고 있는 민족이다. 이러한 모순을 해결 짓는 근본조건이 무엇인가? 젊은 지성인들이 문제를 가지는 데 있다. 젊은 지성인들이 문제를 가짐이 없이 민족의 번영과 국가의 영광을 꿈꾸는 것은 씨를 뿌리지 않고 결실을 기다리는 것같이 어리석은 일이다. 아기를 밴 일이 없는 여인이 옥동자를 기다리는 것같이 부질없는 일이다.

우리들의 역사란 선각자들의 문제를 풀어나가는 과정이다. 사회의 발전과 향상이란 우리들의 문제를 해결 지어나가는 노력의 대가인 것이다. 그러므로 젊은 지성인들이 문제를 가지지 않거나 못 가진다면 그 민족이나 사회에는 발전도 내일도 없어지고 만다.

존경할 수 있는 사람과
좋아질 수 있는 사람

인간들의 얼굴이 제각기 다른 것같이 그들의 성격, 사회적 지위, 그리고 후배들에게 받는 존경의 태도도 각각 다르다. 존경을 받을 수 있으면서도 좋아질 수 있는 사람이라면 물론 좋겠지마는 때로는 존경을 받기는 하나 인간적으로 그리 좋아지기 어려운 사람들이 있다. 그의 학문·예술·업적은 높이 존경하나 그의 성격·인품·인간됨은 그리 좋게 느껴지지 않는 인물들이 적지 않다.

이제 생각의 방향을 잠깐 바꾸어 과거의 위대한 인물들을 나의 가까운 친구로 삼을 수 있다면 몇 명쯤이나 그 대상이 될 수 있을까?

나는 누가 어떻게 권유하더라도, 사상적으로는 훌륭하나 친구가 되기는 원치 않을 몇 사람이 있다고 생각한다. 나는 어렸을 때부터 톨스토이를 무척 좋아했다. 한때는 나의 모든 인생관을 그에게서 얻었을 정도로 존경도 했다. 그러나 나는 톨스토이를 나의 친구로 삼고 싶다고는 생각지 않는다. 그의 자신도 억제할 수 없는 성격의 이중성, 항상 찌푸리고 인생의 모순을 해결 지으려 하는 태도는 존경의 대상은 될 수 있을지 모르나 친구로서 일생을 사귀는 데는 어려움을 안겨줄 것이다. 그는 육식을 반대하면서도 남이 모르는 밤에 고기를 훔쳐 먹어야 하는 체질과 성격의 소유자였던 것이다. 그의 지나친 의무적인 경건성은 좋아 보이지 않으며, 그가 받고 있던 지나친 숭배와 존경의 후광이 그로 하여금 단순한 우정을 가지게는 못하리라고 생각된다.

차라리 톨스토이보다는 도스토옙스키가 인간적으로 접촉하기 쉽고 좋았을 것 같다. 그러나 러시아의 작가 중에 가장 친밀하게 우정을 가지고 싶은 사람이 있다면, 주옥같은 단편을 많이 남겨준 체호프일 것이다. 그 단순하고 담담한 성격, 어디서나 아름다움을 발견하는 인품 덕분에 누구에게나 좋은 친구가 될 것 같다.

그러나 누가 무엇이라고 말하든지 친구가 되기 어려운 대표적인 사람이 있다면, 프랑스의 계몽가 볼테르와 루소, 사회과학의 아버지인 콩트, 유명한 《웨이크필드의 목사》를 쓴 골드스미드, 미국의 천재적인 작가 에드거 앨런 포, 염세주의 철학자 쇼펜하우어, 유명한 의지의 철학자 니체, 영국 근세철학의 태두 프랜시스 베이컨, 음악의 성인樂聖 베토벤, 가극의 독재가 바그너 같은 이들이다.

이들의 사상과 예술, 인류에 남겨준 업적은 참으로 위대하다. 그러나 그들을 일생의 친구로 섬기고 산다는 것은 지나치게 어렵고 고통스러울 것 같다. 아마 이러한 부류에서 빠지지 않는 사람이 있다면 영국의 철학자 스펜서, 북구의 작가 스트린드베리를 들어도 좋을 것 같다. 특히 니체 같은 사람은 그로부터 지나치게 존경을 받아도 곤란하며, 미움을 받아도 걱정일 것이다. 바그너는 젊은 니체의 존경을 가벼이 받았다가 일생을 고생한 사람이다. 그는 누구를 가까이하게 되면 너무 존경하거나 지나치게 미워하거나 둘 중의 하나를 택하고야 만다. 그러니 니체의 존경이란 결코 몇 해를 계속하지 못한다. 오히려 니체 같은 사람은 멀리 두고 보기만 하는 편이 좋을 것이다.

그와 거의 같은 성격을 가진 사람이 프랑스의 사회학자 오귀스트 콩트다. 그는 평생을 불우하게 살았지만 그 모든 결과는 타고난 성격을 조종, 지배하지 못한 때문이다. 매소부賣笑婦에 가까운 여성을 사랑하다 실패하고 자살을 결행해보는가 하면, 어디에나 있을 수 있는 평범한 여성을 항상 천사라고 불러야 마음의 안정을 얻기도 한다.

나는 베토벤의 음악을 가장 좋아한다. 그러나 그와 항상 한집에 살아야 한다면 그것은 원망스러운 일생일 것이다. 늙은 베토벤이 어린 친척 애와 싸우고 있는 장면을 본다는 것은 그리 유쾌한 일은 못 될 것이다.

그런 점에서는 루소도 마찬가지다. 숙제를 못해 왔으니 남아서 해 바치고 가라는 여선생의 명령을 받은 일곱 살 난 루소가, 우리 선생님이 다들 집으로 돌려보내고 나와 연애하자는 것이 아닌가

하고 근심했다는 이야기는 유명하다. 대수롭지도 않은 작곡을 했는데, 그 발표회에 귀족 부인들이 모여 칭찬을 했다고 해서 감격의 눈물을 떨구는 루소의 친구가 된다는 것은 약간 곤란하지 않을 수 없다.

프랜시스 베이컨의 오만과 지나친 수단은 항상 고요하고 유쾌한 정신적 상태를 지속시켜줄 것 같지 않다.

쇼펜하우어도 마찬가지다. 그의 저서를 읽은 사람은 그 사상에 공명, 도취될 수는 있다. 그러나 그 독선·완고·변태적인 심리 상태는 도저히 견디어내지 못할 것이다.

괴테 같은 이는 가장 높은 존경의 대상이 될 것이다. 그러나 그의 오만해 보이는 성격, 범인들은 이해하기 어려운 개인주의, 지나치게 받고 있는 영광과 존귀성은 누구도 그의 친구가 되기를 어렵게 만들어줄 것이다. 그의 비서였던 에커만 같은 이가 조심스레 섬기기에 가장 적당했을 것이다.

그리고 먼저 말한 작가들 중 몇 사람에게는 확실히 정신적 변태성이 작용하고 있기 때문에 우리는 그들의 작품으로 만족하는 편이 좋을 것 같다.

음악가 가운데 차이콥스키는 친구가 되기 어려울 것 같아도 쇼팽이라면 친구가 됨 직도 하다. 그러나 친구보다도 마음에 맞는 여자만 있으면 곧 도망질치지 않을까 염려스럽다.

그런 점에서는 영국의 시인 바이런의 영웅심도 그리 좋게 느껴지지 않는다. 그는 언제나 자기가 중심이 되는 마음의 왕좌를 찾고 있기 때문에 한자리에 머무르기가 곤란할 것만 같다.

키르케고르의 친구가 된다면 어떨까. 그렇다, 그의 친구가 되려면 자주 만나거나 의견을 교환하지 않는 편이 좋을 것이다. 키르케고르에게는 천진한 어린애, 무식하고 순진한 노인네들이 좋을 것 같다. 레기네 올젠이 키르케고르와 결혼을 했더라면 그 여자는 남편의 이유 모를 정신적 부담에 불행했을지도 모른다.

그러나 이러한 사람들과 똑같이 위대하며 많은 사람의 존경을 받고 있으면서도 누구의 벗이라도 될 수 있는 사람들이 있다.

종교계의 성자聖者들은 문제 삼을 필요가 없이 인류의 벗이라고 곧 느껴진다. 저물어가는 저녁, 석가님의 옆에 서서 이야기를 들으며 산 밑의 마을로 걷고 있는 자신을 생각해보라. 공자님을 모시고 식탁에 둘러앉아 잔을 나누며 그 원만한 인품에 접하고 있는 위치에 스스로를 놓아보라. 감람산 웅기중기 솟은 바윗돌 모퉁이에 가지런히 누워, 들려오는 그리스도의 음성에 귀를 기울이며 잠드는 제자들의 한 사람으로 자처해보라.

참으로 그분들은 뭇 백성의 친구가 아닐까 생각된다. 이러한 위치에까지는 도달하지 못한다 해도 소크라테스, 성 프란체스코, 칸트, 모차르트 같은 이들은 언제나 친구로 삼고 싶은 사람들이다.

소크라테스가 죽은 뒤, 그의 제자들이 그렇게도 스승을 못 잊어한 것은 그의 학문이나 사상 때문이 아니었다. 그의 인간됨, 따뜻한 마음씨, 아낌없이 퍼부어주는 우정 때문이었을 것이다.

많은 제자들이 항상 아버지라 부르며 언제라도 잊을 수 없었던 고귀한 친절과 사랑, 겸손의 소유자인 프란체스코는 확실히 우정을 나누는 친구로서는 역사의 유일한 분이었을지도 모른다.

칸트 같은 이와는 한집에서 일생을 같이 살아도 어색함이나 맘 쓰임이 없을 것 같다. 사색과 원고에 피곤했던 칸트와, 저녁을 끝낸 뒤 30-40분의 담화를 매일같이 교환할 수 있다면 얼마나 좋겠는가. 헤겔이나 피히테 같은 이에게서는 전연 느낄 수 없는 다감하고도 부드러운 인간성에 만족할 수 있을 것 같다.

음악가 중에는 모차르트가 친구로서는 제일 좋을 듯싶다. 한두 달 여행을 위한 친구를 고른다면 아마 모차르트쯤이 제일 좋지 않을까.

카를 힐티 같은 이는 오래 모시고 있으면서 그의 생활과 신념에 찬 뜻과 일상성을 배우고 싶다. 아마 오늘의 슈바이처 박사와 비슷한 살림 태도가 아닐까 생각된다.

내가 접촉한 바 있는 한국 사람들 중에서는 도산 안창호, 인촌 김성수 같은 분과 긴 사귐을 가져보지 못한 것이 유감이다. 물론 나이와 환경의 차이가 지나치게 컸지만….

그런데 이상하게도, 영웅·위인이라고 불리고 있는 정치가, 군인들과는 그리 가까이 사귀고 싶어지지 않는다. 아무리 골라보아도 이 사람쯤이면, 싫은 이가 없다. 더욱이 제왕, 독재자, 정당의 지도

자 같은 이들은 이미 소박한 인간성, 다정한 인품을 잃어버린 것 같기도 하다.

그러나 그보다도 더 사귀기 어려운 사람들이 있다. 교만한 종교가, 위선적인 교육자, 독선적인 학자, 정치하는 예술가 들이다. 그들은 누구보다도 싫증나는, 마음의 자리를 같이할 수 없는 사람들이다.

또 가까이하기 어려운 사람들이 있다. 어디에서나 만나며 항상 접촉하는 이들 중에서 다음과 같은 사람들이다.

자기는 아무 말도, 감정 표시도 안 하면서 상대방의 눈치만 보는 성격의 사람들이다. 그들에게 악의가 있는 것도 아니며 나를 해하려는 뜻이 있는 것도 아니다. 그런데도 그러한 태도를 가지는 사람들과의 접촉은 그리 달가워지지 않는다.

그와 반대로, 상대방은 어떻든지 자기의 얘기만 떠들어대는 사람과도 친구가 된다는 일은 퍽 어렵다. 그들은 누구를 만나든지 떠들어대고, 그러는 동안에 한 사람씩 친구를 잃어가게 마련이다. 자기의 얘기를 너무 안 해도 나쁘지만, 지나친 것보다는 안 하는 편이 좋다.

선생들은 어느 학생이나 귀엽고 대견하게 대하게 마련이며 또 그렇게 해야 한다. 그런데 학생들 중에는 전연 스승의 감정과 기분을 이해 못하는 이들이 있다. 선생들의 사생활을 당연하다는 듯이 묻는다든지, 동료 선생들의 단점이나 약점을 얘기해서 선생의 환심을 사려 한다든지, 지나치게 존경하는 나머지 말 한마디에 뜻을 두어 상대방을 어색하게 만든다든지 하는 태도들이다.

머리가 좋은 학생들, 그리고 사회에서 업적을 인정받기 시작하는 소장 학자나 예술가들의 자존심과 날카로운 지성도 좋은 면이 있으나, 그들은 괴테의 "포도주도 완전히 익어서 제 맛을 가지기 전에는 거품을 내고 끓는 법"이라는 얘기를 기억해두는 편이 좋을 것 같다.

그러면 끝으로, 나는 그 어느 편에 속하는 사람일까? 또 어떠한 사람이 되어야 할까?

물론 우리들 모두가 위대한 업적을 남기며 명성을 떨치는 사람이 된다는 것은 아니다. 그러나 크고 작은 차이는 있으나 그 어떤 성격의 인간이 된다는 것만은 사실이다.

다른 무엇보다도 원만하고 조화된 인간성, 스스로의 마음과 생활을 중심 있게 가꾸어 누구에게나 공통성·친밀성을 가지고 살 수 있는 인품을 형성해보고 싶다. 대수롭지 않은 명성, 불필요한 직위감, 지극히 적은 정신적 소유에서 오는 고만高慢 등을 버리고 언제나 인간다운 인간, 편협 됨이 없는 성격을 갖도록 노력해야만 할 것 같다.

이러한 생활과 마음의 태도가 습관이 되며 사회의 어디서나 발견할 수 있는 전통과 빛이 된다면 우리들의 행복, 인류의 안정과 영광은 더 높아질 것이 아닌가 생각한다.

"남에게 대접을 받고자 하는 그대로 남을 대접하라"는 말씀이 떠오른다.

영원과 사랑의 대화

수학이 모르는 지혜

재미있는 우화가 있다.

옛날 아라비아의 한 상인이 임종을 맞게 되었다.

그는 자기 앞에 세 아들을 불러 앉혔다. 그러고는 "내가 너희들에게 남겨줄 유산이라고는 말 17필이 있을 뿐이다. 그러나 이 고장의 관습에 따라 똑같이 나누어줄 수는 없으니까 맏아들 너는 17마리의 반을, 둘째 아들 너는 전체의 3분의 1을, 그리고 막내아들 너는 전체의 9분의 1을 갖도록 해라" 하고 유언했다.

얼마 후 아버지는 세상을 떠났다.

재산을 나누어 가져야 할 삼형제 간에는 오랜 싸움이 계속되었으나 해결을 얻을 길이 없었다. 맏아들은 17의 반으로 9마리를 주장했다. 그러나 동생들은 9마리는 2분의 1이 넘으니까 줄 수 없다는 것이다. 8마리 반이 되지만 반 마리는 처리할 수가 없기 때문이다. 둘째 아들은 6마리를 가져야 한다고 고집을 부렸다. 그러나 형과 동생은 5.6마리밖에는 줄 수가 없다는 것이다. 막내아들은 2마리를 가져야겠다고 욕심을 부렸다. 그러나 형들은 2마리는 17의 9분의 1이 넘으므로 우리들만이 손해를 볼 수 없다고 고집했다.

싸움은 여러 날 계속되었지만 누구도 만족스러운 해결을 내릴 수가 없었다.

어느 날 이들의 집 앞을 지나가던 한 현자가 있었다. 세 아들은 그 현자에게 아버지의 유산 문제를 해결 지어주도록 청을 드렸다. 누구도 만족할 만한 결론을 얻을 수 없었기 때문이다.

모든 이야기를 듣고 난 현자는 "그러면 이렇게 합시다. 내가 타고 온 말 1마리를 당신들에게 드리지요. 그러면 18마리가 될 것입니다. 맏형은 그 2분의 1인 9마리를 가지시오. 둘째는 그 3분의 1에 해당하는 6마리를 가지시오. 그리고 당신 동생은 9분의 1에 해당하는 2마리를 차지하십시오. 그렇게 되면 당신네 세 사람은 모두가 아버지의 약속된 유산보다도 많은 것을 가지게 될 것입니다"라고 말했다.

세 아들은 모두 만족해했다. 현자가 얘기해준 대로 자기들에게 돌아올 말들을 찾아 가졌다.

일을 끝낸 현자는 "그러면 나는 다시 길을 떠나야겠습니다"라는 인사를 하고 걸어서 대문 앞을 나섰다. 바로 그때였다. 한 아들이 뒤따라 나오면서, "선생님, 말을 타고 오셨다가 어떻게 이 사막 길을 걸어가실 수 있습니까? 외양간에 가 보니까 아직도 한 마리가 남아 있습니다. 우리들이 차지할 것은 다 차지했는데도 한 마리가 남아 있으니 이 말을 타고 가십시오"라고 말했다.

현자는 "그렇습니까? 나에게 한 마리를 다시 주신다면 타고 가겠습니다"라고 말하면서 말을 탔다. 타고 보니 그것은 조금 전 타고 왔던 바로 그 말이었다. 아들들은 현자에게 감사를 드렸다. 그리고 현자는 자기 말을 타고 갔다.

생각해보면 세 아들은 어리석기 그지없는 젊은이들이었다. 현자가 나타나지 않았더라면 언제까지 싸우다가 무슨 결과를 가져왔을지 모른다. 그러나 어리석은 사람은 그 세 아들만이 아니다. 오늘의 우리들 모두가 꼭 같은 생활을 해가고 있지 않은가.

나라를 사랑한다는 정치가들이 정당싸움과 감투싸움을 하는 꼴도 비슷하고, 경제 사회에서 이권을 다투는 사람들의 심정들도 거의 마찬가지이다. 삼형제가 싸움 때문에 선조들의 뜻을 버리고 집안이 망해가듯이 오늘 우리들은 선조들의 정신적 유산을 짓밟고 불행을 찾아 달리고 있다. 왜 그런가. 한 가지 마음의 결핍 때문이다. 남의 것을 빼앗기보다 이웃에게 주려고 하는 사랑의 결핍이다. 우리는 확실히 알아야 한다. 빼앗으려 하는 사람들은 둘 다 잃어버리지만 주려고 하는 사람은 모두가 잘살게 된다는 원칙을….

여기 두 사람의 장사꾼이 있다 하자. 갑은 '어떻게 하면 싸고 질긴 물건을 만들어 소비자들에게 도움을 줄 수 있을까?' 하는 생각으로 물건을 생산하며 판다. 이에 반하여 을은 '좀 나쁜 물건이지만 속여서 이득을 얻을 수 없을까?' 하는 생각으로 기업을 운영한다면 5년,

10년 후에는 어떤 결과의 차이가 나타날까. 갑과 같은 실업인이 많은 사회와 을과 같은 실업인이 많은 사회는 장차 어떤 결과를 가져오게 될까.

과거에 우리는 지나치게 많은 것을 빼앗아 가지려고 애써왔다. 이웃들로부터 가장 많은 것을 찾아 누리는 사람이 그만큼 잘살 수 있다고 생각해왔다. 그러나 좋은 사회는 어떻게 하면 많은 것을 이웃들과 더불어 소유하며 한가지로 즐길 수 있을까를 모색해왔다. 오늘 우리는 그만큼 못살고 있으며 그들은 그만큼 잘살고 있다. 우리는 수학으로는 풀리지 않는 이러한 진리를 실천해야 한다.

현자가 한 마리의 말을 싸우는 아들들에게 주었듯이 우리들도 무엇인가를 줄 줄 아는 모범을 보여주어야 하겠다. 자신에게도 손해가 없으며 이웃에게도 착한 무엇을 남겨줄 수 있는 삶의 자세와 바탕을 만들어주어야겠다. 문제는 누가 먼저 그 뜻을 보여주는가에 달려 있다.

우리를 불행하게 만든 말

얼마 전의 일이다. 10여 년 전에 붓을 들었던 책의 개정판을 내기 위해 다시 한 번 교정을 가하고 있었다.

그런데 이상한 일이다. '된다'는 말을 그렇게 많이 사용하고 있지 않은가. '된다'를 '한다'로 고쳐보았더니 반 이상을 바꿀 수 있었다. 왜 '한다'를 두고 '된다'를 그렇게 많이 사용했을까.

다음과 같은 생각이 떠올랐다. 물질은 '있다'는 개념으로 통한다. 책상이나 책은 언제든지 한자리에 있을 뿐이다. 그러나 식물이나 동물은 있기만 하는 존재는 아니다. 있으면서 자라는 것이 그 특색이다. '자람'은 있음보다는 더 높은 차원에 속한다. 그러나 인간은 있고 자라면서 그 위에 '만든다'는 차원을 더하고 있다. 물질적인 제작뿐이 아니다. 예술, 문화, 역사를 창조해가고 있다. 그렇다면 인간은 제3차원에 속한다고 보아야겠다.

그런데 '된다'는 말은 '있다'고 하는 개념과 '자란다'는 개념의 중간 위치를 차지한다. 1차원 반에 해당하는 말이다. 그러나 '한다'는 말은 '자란다'는 뜻과 '만든다'는 뜻의 중간에 위치한다. 2차원 반에 해당하는 말이다. 그런데 옛날부터 우리는 '된다'는 말을 사용해왔고, 서구인들은 'Do', 즉 '한다'는 말을 원동사로 즐겨 써왔다. 수백 년 동안 '된다'는 말을 사용해온 사회와 '한다'는 말을 써온 사회의 발전이 같을 수 있을까. 서구인들이 동양인들은 의욕이 적고 적극적인 개척정신이 빈약하다는 말을 함 직도 하다.

그렇다면 왜 우리는 '된다'는 말을 즐겨 사용해왔을까. 역易의 정신과 사상이 바로 '됨'의 철학이었다. 자연 우주의 법칙과 질서는 언제나 반복되는 것이며 반복은 필연성을 동반한다. 즉, 역이라는 운명적 사고방식을 낳게 되었던 것이다. 자연을 존중히 여긴 것이 동양의 전통이며 반복의 질서를 믿어온 것이 역이라면, 우리는 자신도 모르는 사이에 운명론자가 되어, '된다'는 말을 애용했을 수밖에 없다.

물론 비판과 반론이 없지는 없다. 도대체 노력한다고 해서 태양을 서쪽에서 뜨게 만들며 여름보다 가을을 먼저 오게 할 수 있는가. 자연을 정복한다는 것은 자연법칙에 순응하는 길이며, 보잘것없는 인위성보다는 자연의 위대함을 믿고 사는 것이 사물을 크게 보며 유구한 견지에서 세상을 살아가는 지혜가 아니겠는가, 하는 동양적 사고방식이 있다. 그래서 사람이 한 일은 모두가 거짓僞에 가까우

　　　　　　　　　　　영원과 사랑의 대화

며 무위자연無爲自然이 진실에 가깝다는 생각에 이르기도 했다. 영원의 입장에서 본다면 자연의 위대한 질서가 남으며 그것은 됨의 정신을 말한다는 생각이 든다.

그 점에서는 동양인들이 훨씬 지혜로우며 초월적 견지에서 세상을 본 듯싶기도 하다. 노자나 장자의 교훈이 얼마나 공감을 주고 있는가.

그러나 생각을 바꾸어보자. 서구인들은 작은 자연 속에서 분자, 적혈구와 백혈구, 세포, 원자 등의 작용을 발견했고 최근에는 컴퓨터의 세계를 개척하고 있다. 큰 자연도 줄기차게 정복해나갔다. 아프리카를 돌아 인도양에 진출했는가 하면 대서양을 건너 아메리카를 발견했다. 남극과 북극을 탐험했고 지구를 돌더니 달에까지 다녀왔다. 그러나 유감스럽게도 인도나 아시아 사회는 그 어디에도 참여하지 못했다.

그들은 인간의 능력을 믿었으며, 인간의 힘은 자연과 세계를 바꾸며 개척할 수 있다고 생각했다. 그 결과로 나타난 것이 근대사회에서의 서구인들의 역할이다. 할 수 있다는 정신의 의욕과 용기를 갖고 역사를 건설해왔다.

물론 모든 생각에는 장단점이 공존한다. 서구적인 것만이 옳거나 제일이라는 생각은 금물이다. 그러나 인간은 유한하기는 해도 가능성을 갖고 있는 동물이다. 그 가능성을 스스로 포기하는 것은 스스로의 자멸을 초래한다. 인간의 완성은 자신의 능력을 끝까지 발휘하며 새로운 것을 창조해나가는 데 있다. 그러니 문제는 '된다'는 말 자체가 아니다. 우리도 언젠가는 무의식중에 '한다'는 신념과 용기를 갖고 현실에 과감하게 뛰어들어야 한다. '한다'는 각오에 차 있는 사람에게서만 '된다'는 법칙이 통한다.

숲 지킴이 이야기

어떤 사람이 색다른 직업을 갖게 되었다. 넓은 숲속에 살면서 그 숲을 지키고 돌보는 직업이었다. 작은 오막살이에서 먹고 자면서 아침부터 저녁까지 숲속을 다니며 짐승들도 살피고 산불을 방지하는 직책을 맡게 되었다.

이렇게 몇 해를 지낸 그가 한 가지 특이한 습관을 만들어냈다. 오후 늦게 오막살이로 돌아온 그는 작업복을 입은 채 저녁 식사를 장만해 거실 안 테이블에 정돈해놓는다. 그러고는 거실 밖으로 나와 작업복을 벗어놓고 신사복으로 갈아입은 뒤에는 아무도 없는 거실 문을 노크한다. 그런 다음, 안에서 누군가가 들어오라는 반응이라도 있었다는 듯이 조용히 문을 열고 들어서서는 아주 점잖게 식탁 의자에 앉아 식사를 한다.

식사가 끝나면 빈 접시와 포크, 칼을 정돈해놓고 엄숙할 정도로 조용히 문을 열고 나온다. 나와서는 신사복을 정리해놓고 다시 작업복으로 바꾸어 입은 후에 거실로 들어가 식탁의 물건들을 정리한 뒤 밤 일과로 들어간다. 저녁 식사 때가 되면 언제나 습관적으로 같은 절차를 밟는 것이었다.

만일 누군가가 그에게 혼자 살면서 저녁 식사만은 왜 그렇게 하느냐고 물으면 그는 다음과 같은 대답을 할 것이다.

앞으로도 몇 해 동안 숲속에 혼자 살면서 들짐승이나 새들과 더불어 지내다가 후일에 인간 사회에 다시 나가게 되면 사람다운 자격을 상실하고 인간의 존엄성을 잃을 것 같아서 생각해낸 행동이라고. 사회생활을 하고 있을 때 가장 인간다운 대접을 체험한 경우가 언제였는가 생각해보았더니 아주 고귀한 가정의 손님으로 초청을 받아 저녁 식사에 임했을 때였던 것 같아, 이러한 일을 통해 인간다움을 유지하고 싶어서였다고 대답할 것이다.

이 이야기는 영국의 작가 키플링의 작품에 나오는 이야기다. 우리는 같은 작가의 《정글 북》이라는 유명한 작품과 영화를 통해 작가의 정신을 받아들이곤 했다.

프랑스의 세계적인 철학자 앙리 베르그송은 자신의 저서 《도덕과 종교의 두 원천》에서 이 숲 지킴이의 이야기를 소개하면서 인간이 얼마나 사회적 존재인가를 강조하고 있다. 베르그송은 우리의 삶은 곧 사회적으로 생존하는 것이기 때문에 이기적이며 폐쇄적인 삶을 택하게 되면 그 사회는 병들게 되나, 개방된 사회로 발전할수록 소

영원과 사랑의 대화

망스러운 삶을 영위하게 된다는 이론을 펴고 있다. 닫힌 사회로 가는 방향을 열린 사회로 바꾸어가는 것이 모든 도덕의 기본원리라고 말한다.

만일 우리들 모두가 귀한 손님을 초대하듯이 이웃을 대하며, 사랑의 초대를 받았을 때와 같이 서로를 위할 수 있다면 그것이 곧 인간다움의 기초가 되지 않을까.

잊을 수 없는 얼굴

맑은 가을날, 낮의 일이다.

아무 일도 없는 권태에 싸여 뜰 안에 앉아 있는데 친척집 아저씨가 놀러 왔다. 아저씨라야 나보다 대여섯 살 위밖에 안 되는 장난꾸러기였다.

아저씨는 이렇게 좋은 날씨에 왜 집에만 있느냐는 듯이 같이 동네로 놀러 가자고 앞장을 섰다. 그러나 몇십 호 안 되는 마을의 애들은 대개가 집에도 뜰에도 없었다. 모두들 학교에서 아직 돌아오지 않았던 모양이다. 그때 나는 아직 어려서 학교에 갈 나이가 못되었지만, 아저씨는 왜 학교에 다니지 않고 있었는지 모르겠다. 동네에서는 제일 부잣집에서 자랐고 좋은 양복도 입고 다녔는데….

우리는 심심했던 나머지 동네 밖으로 발걸음을 옮겼다. 산마다 푸른 나무가 더욱 청청했고 들에는 머리를 숙인 곡식들이 밭마다 담뿍, 마치 그릇 속에 가득히 담겨 있는 것 같았다. 하늘은 한없이 맑았고 선선한 바람이 곡식들을 위하여 할 바를 다했다는 듯이 유유히 불어오고 있었다.

아저씨는 열심히 나에게 무엇인가를 해득시키고 싶었던 모양이다. 그 얘기는, 자기네는 적지 않은 부자이기 때문에 P 시의 훌륭한 소학교에 입학하게 되었다는 것, 그 학교에는 학생들이 천 명이나 된다는 것, 우리 마을에 있는 학교 같은 것은 어림도 없다는 이야기였다.

그런데 아저씨는 왜 자기가 오늘도 학교에 안 갔는지는 얘기를 하지 않고 있었다. 그래서 나는 혼자 어머니가 들려주던 얘기를 생각해보고 있었다. 아마 우리 아저씨가 공부를 아주 못했든지, 그렇지 않으면 나쁜 짓을 자꾸 했기 때문에 학교에서 쫓겨났는가 보다 싶었다. 언젠가 어머니가 아버지에게 얘기하는 것을 들었던 때문이다.

얼마 후에 아저씨는 나에게, "애, 너 사과 먹고 싶지 않아?"라고 물었다.

"먹고 싶지 뭐. 그러나 사과가 어디 있어야지?"

그렇게 대답은 하면서도 부자이며 잘난 듯이 보이는 아저씨가 어쩌면 사과를 줄 것 같은 기대는 컸었다. 아저씨는 무엇인가 한참 생각하는 듯싶더니, "그래, 내가 사과를 먹게 해줄 테니 나만 따라와!" 하는 것이었다.

아저씨는 신이 나는 모양이었다. 그 엉큼하게 쑥 들어간 두 눈에는 즐거워 못 견디겠다는 듯 주름살이 잡히더니 얼굴은 온통 기쁨으로 가득 차 보였다. 마치 이렇게 유쾌한 일을 왜 생각해내지 못했던가 싶은 표정이었다.

그때 아저씨네는 논도 밭도 과수원도 많았다. 그러니까 나는 아저씨가 나를 자기네 어느 과수원으로 데리고 가는 것으로만 생각했다. 그리고 남들은 아저씨를 다 나쁜 애라고 말했지만 나는 그렇게 믿지 않았다. 아저씨는 나에게는 언제나 친절했고 자기만의 비밀도 잘 얘기해주는 것 같았다. 이미 결심이 섰다는 듯 이 아저씨는 계획대로 나를 심복과 같이 믿고 일을 진행시키는 것이었다.

나는 아저씨를 따라 하늘을 찌를 듯이 솟아 있는 포플러나무 밑을 지나 한참 동안 밭 사이 두렁길을 걸었다. 얼마 후에 우리는 어떤 수수밭 옆에까지 왔다. 아저씨는 재빠르게 사면을 둘러보더니 자기를 따라오라는 명령을 하는 순간, 수숫대들이 우거져 있는 밭 속으로 뛰어 들어갔다. 나도 아저씨를 잃어버릴까 싶어 곧 뒤따랐다. 아직 채 익지는 않았으나 붉고 짙은 색깔을 가진, 내 키의 배나 자란 수숫대들이 넓게 멀리까지 자리 잡고 있었다.

아저씨는 나에게 여기 꼼짝 말고 앉아 있으라는, 명령에 가까운 부탁을 하더니, 수숫대들을 헤치며 어디론가 사라져버렸다. 끝이 보이지 않는 수수밭 속에서 얼마 동안 시간을 보냈다.

한참이 지났다. 허리를 구부리고 살금살금 수수밭 고랑을 기어오는 아저씨의 모습이 나타났다. 아저씨는 목소리를 죽여가면서 "어디야, 너 어디 있니?"라고 묻는 것이었다. 나는 "여기야, 벌써 잊어

먹었어?" 하고 손을 흔들어 보였다.

아저씨는 내 옆에까지 재빠르게 기어왔다. 거의 뛰는 것과 같은 속도였다. 가쁜 숨을 죽여가면서 아저씨는 두 손에 쥐었던 빨간 사과를 내 손에 넘겨주더니 아래위 주머니에서 다섯 개나 되어 보이는 사과를 꺼내놓는 것이 아닌가. 나는 선망과 감탄의 눈으로 아저씨를 건너다보았다. 아저씨는 제일 큰 놈 한 개를 벌써 먹기 시작하면서 나더러도 "먹어!" 하고는 아래턱을 움직이며 싱긋 웃었다. 왜 보고만 있느냐는 책망 같기도 했다.

나는 사과를 두 개나 먹었다. 1년이 다 지나도 몇 개 먹지 못하던 사과를 그 자리에서 두 개씩이나 먹었더니 벌써 배가 불렀다. 아저씨도 더 먹을 의욕은 없는 모양이었다. 두 개를 나에게 주면서 주머니에 넣고 나가자는 것이다.

수수밭 밖은 여전히 맑고 볕이 내리쬐고 있었다. 아저씨는 우리 집까지 같이 오면서, "이담에 또 먹고 싶거든 나보고 얘기해!"라며 깊은 사랑과 친절을 보여주었다. 참으로 고마운 아저씨라고 생각되었다.

방문을 열고 들어섰더니 텅 빈 컴컴한 방 아랫목에 아버지만이 앉아 있었다.

언제나 다름없이 검은 테의 안경을 쓴 채 책을 읽고 있었다. 나는 가까이 내려가면서, "아버지, 사과 먹을래?"라고 물었다. 내 손은 벌써 주머니에서 사과 한 알을 꺼내고 있었던 것이다. 다른 한 알은 늦게 돌아오는 어머니의 것으로 남겨두어야 했던 때문이다. 아버지는 작은 책상 위에 놓인 사과를 물끄러미 내려다보기만 했다. 이윽고, "그 사과는 누가 주었는데?"라고 물었다.

나는 아까부터 일어난 일을 그대로 얘기했다. 그리고 아저씨가 이다음에 또 줄 수 있다던 얘기도 덧붙였다. 아무 말도 없이 얘기만 듣고 있던 아버지의 두 눈은 놀람과 어이없다는 표정을 지닌 채 나를 응시하고 있었다. 나는 손으로 사과를 좀 더 아버지 앞으로 밀어주었다. 그렇게 볼 것 없이 먹어만 보라는 마음이었을 것이다. 아버지는 그 사과를 손에 쥐고 한참이나 내려다보더니, "얘, 너 도둑질이 무엇인지 아니?"라고 물었다.

나는 도둑질을 어떻게 하는 것인지는 모르지만, 그것이 몹시 나쁘다는 것만은 알고 있었다. '아저씨가 혹시나' 하는 생각이 스쳐 지나갔다. 그러나 '그렇게 친절하고 고마운 아저씨가 설마 도둑질이야 했을까'라고 생각했다.

아버지는 사과를 다시 책상머리에 놓았다. 한참 무엇인가 생각하는 모양이었다.

그러나 그동안 나는 어떻게 했으면 좋을지 몰랐다. 왜 아버지는 저렇게 잘 익어 맛있는 사과를 안 먹는가 생각해보았다. 한 손으로 이마를 짚고 계시던 아버지께서, "장손아, 네가 왜 그런 나쁜 짓을 했니? 그러나 내 잘못이다. 내가 아버지 구실을 다하지 못해서 그렇다. 네가 얼마나 사과를 먹고 싶어 하는지를 알면서도 사다주지를 못했구나!"라고 이야기를 계속했다.

영원과 사랑의 대화

아버지의 음성은 떨리기 시작하더니 그만 흐느낌으로 변해버렸다. 나는 아무 말도 못하고 원망스러운 사과만을 내려다보았다. 그리고 또 한 개 주머니에 있는 사과가 몹시 걱정이 되었다. 한참 지났다. 아버지의 슬픔이 사라진 듯싶었다.

"장손아, 내 얼굴을 좀 봐라!"

나는 머리를 들었다. 아버지의 얼굴을 쳐다보았다. 아버지의 얼굴은 온통 눈물투성이였다. 흘러 떨어지는 눈물을 닦으려고도 하지 않았다. 나는 깜짝 놀랐다.

"이다음에는 그 아저씨하고 놀지도 말고 사과를 따 먹어도 안 된다" 하고 곱게 타일러주었다. 나는 머리를 끄덕였다. 나도 눈물이 쏟아질 것만 같았다. 그 뒤의 일은 기억이 없다.

지금 아버지께서 살아 계신다면 금년에 일흔둘이 된다. 친척도 모르게 38선을 넘어올 때 무척 슬퍼하시던 아버지. 그러나 그때도 이북에는 더 머무를 수 없는 입장이었으니 할 수 없이 아버지를 모시고 떠나지 못했다.

6·25 전란 때, 국군과 유엔군이 북진을 했다. 부모님을 모시지 못한 원한을 풀려고 뒤따라갔었다. 그러나 어머니, 동생들, 사촌들까지 다 같이 월남하면서 아버지만은 모시지를 못했다. 피난길이 서로 어긋났기 때문이다.

아버지가 오실까 하고 몹시 기다리다가 부산으로 피난을 갔다. 그래도 혹시나 싶어 텅 빈 서울에 한 번 더 와보았으나 아버지의 소식은 없었다. 아마 해주海州로 오시던 길이 막혀 다시 고향으로 가신 모양이었다.

나는 지금도 아버지를 생각만 하면 슬퍼진다. 종내 아버지의 말년과 임종을 모시지도 못하고 불효자식이 되어버리고 말았다. 이렇게 슬프고 가슴 아픈 일이 또 있을까. 때로는 불효한 자식이 된 것을 원망스레 생각하다가 깊어가는 밤을 혼자 보내는 일도 한두 번이 아니다.

그러나 모든 것은 나의 부덕의 탓이다.

그런데 이상하게도, 지금도 아버지 생각만 하면 그때의 그 얼굴, 그 슬픔과 눈물이 가득 찬 얼굴은 도저히 잊을 수가 없다.

지난번 내가 있는 직장에서 있었던 가슴 아픈 일 때문에 하룻밤을 근심한 일이 있었다. 새벽 3시가 지나서야 잠이 들었다. 잠이 들어 얼마 되지 않았는데 아버지께서 꿈에 나타나셨다. 깊은 수심에 잠겨 두 번이나 거듭 한숨을 짓고 있는데 아버지께서 앞에 나타나셨다.

"무엇을 그렇게 걱정하나? 옳다고 믿는 대로 살면 곧 뜻대로 될 텐데!"라는 말씀을 들려주시고는 사라졌다. 깜짝 놀라 눈을 떴다.

아버지는 계시지 않았다. 그러나 다시 눈을 감았을 때 떠오르는 아버지의 얼굴은 여전히 어렸을 때 본 그 얼굴이었다.

그렇다. 한평생 그 얼굴만 잊지 않고 산다면 모든 것은 문제가 아닐 것이다.

Ch. __**2**__

행복의 조건

푸른 보리벌-망초꽃에 노랑나비, 2005

젊은 시절에는
시간의 힘을 배우도록
노력하는 것이 좋다.

행복이란 무엇인가
-인생의 단계

누구나 행복을 그리워하고 있다. 그러나 행복을 누리는 사람은 너무나 드물다.

아테네의 철학자 아리스토텔레스는, 다른 모든 것은 만인이 추구하는 바가 될 수 없어도 행복만은 어디서나 누구든지 갈망하는 가장 귀한 인생의 목적이라고 말했다. 그 뒤로부터 얼마나 많은 사람들이 행복을 논했고 행복을 탐구해왔는지 모른다.

그러나 빛을 보기 위해서는 어두움에 머물러야 하며, 선을 깨닫기 위해서는 악을 알아야 하는 것같이, 행복을 누리기 위해서는 불행과 고통의 오솔길을 방황해야 하는 것 같다.

그리고 생각해보면, 우리들에게 주어진 모든 일과 삶은 언제나 행복과 불행의 경계선 위에 있는 것이지, 결코 행복만이라든가 불행만의 생활이 있는 것은 아닌 것 같다.

똑같은 일을 가지고서도 어떤 사람은 그것을 행복으로 느끼고, 다른 사람은 그것을 불행으로 삼는 일이 얼마든지 있다. 모든 사람들이 사람은 가난을 누릴 수 없다고 생각한다. 그러나 성 프란체스코 같은 사람은 가난을 즐긴 대표적인 사람이 되었으니, 백만장자의 부를 가지고도 그의 행복을 맛볼 수는 없었던 것이다.

이렇게 본다면, 행복이란 밖으로부터 주어지는 어떤 조건과 대상물로 좌우되는 것만이 아니라 어떤 마음을 가지고 사는가에 보다 큰 원인이 있을 것 같다.

누런 안경을 쓴 사람은 만물을 누렇게 본다는 말이 있다. 우리들의 세계를 맑고 행복스럽게 보는 사람들이 있는가 하면, 어둡고 고통스럽게만 생각하는 사람도 있다.

독일의 과학자이며 철학자인 라이프니츠는 우리들의 세계는 존재할 수 있는 가장 선하고 조화된 것이라고 보았다. 보다 좋은 세계는 있을 수 없다는 것이다. 그런데 그의 영향을 적지 않게 받은 같은 독일의 사상가 쇼펜하우어는, 이 세계는 존재할 수 있는 최악의 세계, 가장 무의미한 암흑의 세계라는 것이다. 보다 나쁜 세계란 있을 수 없다고 말한다. 그래서 전자는 낙천주의자가, 후자는 인류 역사상 최대의 염세주의자가 되었다. 똑같은 세계를 이렇게 어긋나게 보았던 것이다.

그러나 이렇게 까다로운 이론을 전개한다 해서 행복이 우리들의 것이 되는 것은 아니다. 행복은 생활과 더불어 있으며, 생활이란 하루하루의 일상성에 있다. 그때그때의 행복을 잃어버리는 인간이 유구하고 꾸준한 행복을 누리는 사람이 될 수는 없는 법이다.

그렇다면 직접 우리들의 생활에서 행복을 누리고 찾는 방법은 어떤 것들일까? 우리는 다음과 같은 몇 가지 점을 들어봄이 좋을 것 같다.

인간의 일생이란 자라는 순서와 더불어 그때그때의 특징이 있다. 그것은 마치 초목이 자라 가지가 퍼지고, 잎이 성한 뒤에는 꽃과 열매를 맺는 것과도 같으며, 동물들이 자라 번식하고 늙으면 죽는 것과도 비슷한 과정일지 모른다.

소년기는 소년기다운 자람과 과정이 있어야 하며, 청년기에는 청년기로서의 할 바와 뜻이 세워져 있는 것이다. 물론 특출하게 지능이 발달한 사람, 놀라울 정도로 통솔력이 있는 사람이 없지는 않다. 그러나 건전하고 뜻있게 자라는 사람은 언제나 스스로의 일생을 때를 따라 꾸준히 보람 있는 일로 메꾸어가면서 그 장년기를 성공과 영광으로 이끌어가는 것이다. 오히려 이러한 정상적이며 건전한 발전 과정을 벗어난 특별한 사람들이 행복보다 불행을 초래하는 경우가 자주 있음을 잊어서는 안 된다.

젊어서 죽는 천재, 인격의 완성을 갖추기 전에 세상에서 이름과 지위를 얻었기 때문에 불행을 초래하는 많은 사람들, 성공과 명예에 도취되어 스스로의 진실한 정신적 만족이 없이 공허한 허영의 일생을 보내는 인간들은 모두가 그들의 재능, 지나치게 이른 출세 때문에 불행을 초래하는 사람들이다.

일생을 성장과 더불어 값있게 살며 보람 있는 일로 채워갈 수 있는 사람이 자기완성과 더불어 행복의 도를 높여가는 것이다.

일생의 출발은 소년기로부터 찾아든다. 유년기는 부모와 이웃 사람들의 사랑과 협조를 받아야 하는 기간이기 때문에 그다지 큰 변화를 스스로 만들어낼 수 없으나, 좋은 소년기를 가진다는 것은 무엇보다도 귀중한 일이다.

적어도 초등학교 5, 6학년, 중학교 1, 2학년 때에 가져야 할, 또 받아야 할 교육의 제일 중심 되는 과제는 무엇일까? 나는 이 기간에 가장 중요한 일은, 바른 마음씨를 가지는 일이라고 보고 싶다. 산수 문제를 얼마나 정확하게 풀어나가며 영어 단어를 몇 개나 더 잘 기억하느냐가 아니라, 어떻게 바른 마음씨를 갖느냐가 이 기간에 주어진 제일 근본 되는 문제다.

나무는 다 자라서 굽어지는 것이 아니다. 처음에 바르게 자란 나무는 끝까지 바르게 자라 좋은 재목이 된다. 그러나 일찍부터 굽어버린 나무는 그대로 굽게 자라, 마침내는 땔거리로 끝나고 만다. 같은 원리가 인간에게도 통하는 것 같다. 어려서 소년기에 굽은 마음을 가지게 되면 그것이 일생을 지배하여 마침내는 평생의 불행을 가져와버리고 만다. 우리는 이런 사람들을 어디서나 발견한다.

때로는 지능적으로 많이 발달된 불행한 인간들을 보는 경우가 있는데, 이런 사람은 대개가 소년 시절을 잘못 보냈기 때문에 마음의 자람이 바르지 못한 인간들이다. 심지어는 세계적인 학자, 훌륭한 도덕학자들 중에서도 이런 인물이 있음을 발견하게 된다. 누가 무엇이라고 말하든지 소년기에 바른 마음씨를 가지지 못한 대로 자란 사람은 일생을 불행 속에 보내는 운명을 스스로 택하고야 만다.

그러므로 모든 사람들, 특히 교육에 종사하고 있는 사람들은 이 점을 특별히 유의하여 귀한 소년들의 일생을 불행으로 이끌지 않도록 노력하지 않으면 안 된다. 소년기에 가장 귀한 일생의 행복을 약속하는 조건은 바른 마음씨에 있기 때문이다.

소년기가 지나게 되면 우리는 다 같이 청년기를 맞이하게 된다. 청년기에 임하여 젊은 시절을 살아가는 데 가장 필요한 것은 무엇일까? 물론 여러 가지 중대한 과제들이 있을 것이다. 그러나 다음과 같은 몇 가지 사실들을 절대로 잊어서는 안 된다.

첫째로 청년기는 가장 근면한 기간으로 보내야 한다는 것이다. 물론 근면이 귀하다는 사실은 청년기에 국한된 문제는 아니다. 일생을 부지런히 일하며 한평생을 노력과 수고로 바치는 사람이 성공과 행복을 차지하게 된다는 것은 자타가 인정하는 일이다.

그러나 젊은 시절은 더욱 부지런히, 무엇인가 노력하는 기간으로 삼아야 한다. 청년기란 여러 가지 복잡한 사실과 마음의 변동이 많고 생활의 폭이 넓은 기간이다. 그렇기 때문에 수많은 마음의 방향, 걷잡을 수 없는 열정이 항상 우리들을 채찍질하고 있어, 한 가지 일에 전 정열과 뜻을 퍼붓지 못하게 되면 우리는 스스로도 모르는 사이에 타락과 불건전에 이끌려가는 자신을 발견하게 된다.

젊은 시절이란 닻을 내릴 수 없는 배와 같다. 장년기·노년기는 이성과 경험의 닻이 있기 때문에 한곳에 머무를 수 있으나 청년기에는 그것이 불가능하다. 어디론가 가게 마련인 것이 젊은 시절이다.

그때 뚜렷한 신념을 가지고 어떤 한 가지 일에 몰두하게 되면 마음의 안정과 정신적 발전을 가져오게 됨은 물론, 타락과 잘못된 인생의 길에서 벗어나며 그것을 극복할 수 있다.

우리는 젊은 시절을 게을리 보냈기 때문에 일생을 망치며 젊은 뜻과 정열을 헛되이 허비하여 평생의 불행을 만들어낸 많은 사람들을 보고 있다. 참으로 안타까운 일이다. 청년 시절의 근면은 우리들의 일생을 뜻있는 바른 방향으로 이끌어준다.

청년 시절을 근면하게 보내야 하는 둘째 이유는 청년 시절이야말로 적은 노력에서 큰 성과를 거두는 시기이기 때문이다. 물론 청년기에는 청년다운 일들이 있다. 장년기에 따르는 사회 활동이 있는 것도 아니며, 청년기가 노년기의 원숙한 일생의 결실기를 뜻해서도 안 된다. 한마디로 말하면, 청년기는 많은 것을 배워 자기의 것으로 만드는 기간이다. 모든 점에서 섭렵하고 받아들여 발전과 성장을 이룩하는 시절이 젊은 시기의 특징이다. 특히 학업과 지식을 얻는 일은 젊은 시절에 하지 않으면 안 된다.

동양 사람들의 기억력이 가장 풍부한 때가 17-18세라고 심리학자들은 말하고 있다. 그렇다면 독서와 외국어의 습득은 이르면 이를수록 좋다는 말이 된다. 그것들은 우리의 기억력에 호소하는 내용들인 까닭이다.

바르게 자라며 모든 일에 견디어낼 수 있는 육체를 기르는 일도 젊은 시절의 책임이다. 지식과 건강이 일생 동안 행복의 조건이 된다면, 이 둘은 모두 젊은 시절의 노력과 근면에서 주어지는 것임을 잊어서는 안 된다.

우리는 때때로 헛되이 젊은 시절을 보내는 청년들을 본다. 뜻있게 일생을 살려고 노력한 사람은 누구든지 그들을 보면서 애석하게, 때로는 슬프게 생각하는 법이다. 아마 만 원짜리 지폐를 공연히 앉아 찢어버리고 있는 청년을 발견한다면 분노와 멸시를 참지 못할 것이다. 그러나 한번 허비해버리면 다시 찾을 수 없는 귀중한 시간을 쓸데없이 소비하고 마는 젊은이들은 돈보다 몇 배나 값진 것을 잃고 있음을 알아야 한다.

잃어버린 시간은 다시 오지 않는다. 엎질러진 물을 다시 담을 수 없듯이 우리들의 시간에는 반복이 없다. 젊은 시절을 어떻게 보내든지 그 노력과 수고의 대가를 스스로 거두는 것뿐이다. 후일에 아무리 뉘우치고 슬퍼한다 해도 잃은 것은 다시 찾을 수 없다.

그러므로 젊은 시절은 무엇보다도 근면한 시절로 보내야 하며, 많이 배우고 귀한 것을 얻는 기간으로 삼아야 한다. 상당히 많은 청년들이 별로 대수롭지도 않은 사교·접대·회합 같은 일을 배우는 데 긴 시간을 보내는 것은 좋지 못하다. 우리들이 하고 있는 일 중에는 때가 오면 저절로 알아지는 일이 얼마든지 있다. 그런 무가치하고 대단치 않은 일 때문에 긴 시간을 보낼 필요는 없다. 그것보다는 건전한 지식, 일생에 도움이 될 만한 독서, 필요한 외국어 같은 것을 배우며 자기의 것으로 삼는 일이 더욱 중요하다.

현대인들은 교양이라는 말을 많이 쓰고 있다. 물론 교양이 귀하지 않은 것은 아니다. 그러나 교양이 인생의 목적도 아니며, 교양을 위하여 긴 시간을 바칠 필요는 없다. 보다 정신적으로 귀한 것을 얻었을 때 교양은 자연히 높은 품위와 더불어 주어지게 마련이다. 그러므로 청년기는 가장 고귀한 것을 위하여 꾸준히 노력하는 기간으로 삼지 않으면 안 된다.

그러나 이러한 근면이 하루아침에 이루어지는 것은 아니다. 꾸준한 반성과 자기 자신에게 타이르는 노력이 필요하다. '다른 사람에게는 부드럽게, 자기 자신에게는 엄격하게 대하라'는 교훈은 바로 이것을 말하고 있다.

근면한 젊은 시절을 위하여 가장 좋은 것은 근면한 습관을 갖는 일이다. '습관은 제2의 천성'이라는 격언은 옛날로부터의, 그리고 동서양의 구별이 없는 생활의 진리다. 근면한 생활이 습관으로 화하게 된다면 우리는 무엇이나 할 수 있다.

그러기 위해서는 여러 면으로 꾸준히 반성과 경계와 노력을 아끼지 않아야 한다. 친구들과의 불필요한 잡담에 긴 시간을 보내는 습관, 일상적인 일들을 위해 지나친 관심과 노력을 바치는 태도, 별로 하는 일도 없이 멍하니 앉아 있거나 방 청소 같은 일에 많은 시간을 보내는 습관, 이런 것들은 버리지 않으면 안 된다. 악습이 머물러 있는 동안은 아무리 노력한다 해도 근면한 생활을 이루지 못한다.

먼저 나쁜 습관을 버림으로써 좋은 습관을 찾아 가지도록 해야 한다. 시간을 규칙적으로 사용하며, 항상 중요한 일들을 가려가면서 어떤 일에나 열중할 수 있어야 한다. 그리고 이런 일을 계속하는 동안에 좋은 습관이 자리 잡힐 수 있다면 그보다 귀한 일은 없을 것이며, 이것은 젊은 시절을 가장 보람 있게 보내는 하나의 방법이 된다. 행복은 언제나 노력하는 도중에, 그리고 그 결과로서 나타나는 것이다.

왜 고생해야 하는가

청년기는 근면과 더불어 활동의 기간이다. 가장 많은 일을 해야 하기 때문에 가장 큰 수고와 노력이 뒤따르게 마련이다. 그래서 청년기는 언제나 분투와 고생의 기간임을 잊어서는 안 된다. 보통 사람들은 어려움을 버리고 편안함을 택하며, 고통보다는 안락을 구하려고 한다. 그러나 한평생 아무 고생도 없이 살겠다는 생각은 옳지 못하다.

거기에는 두 가지 이유가 있다. 첫째, 일생을 아무 고생도 없이 편안히 살아간다는 일은 있을 수 없기 때문이다. 그리고 비록 그 일이 가능하다 하더라도 그렇게 일생을 사는 사람이 도대체 무엇을 남길 수 있겠는가? 사람의 가치란 결국 수고와 노력의 대가이기 때문에 아무 수고, 고생도 없이 편안하게만 산다는 것 자체가 무의미하며 무가치한 것이라고 할 수 있다.

또 한 가지 이유는 그러한 생각을 하는 사람이 무엇을 고생으로 여기고 있는지 살펴보면 곧 자기 자신의 잘못을 발견하게 된다는 것이다. 가장 건전하면서도 값있는 일생이란 꾸준히 어떤 가치를 위하여 노력하는 것이며, 높은 뜻을 세우고 그 뜻이 성취되어가는 데서 얻어지는 노력과 수고의 대가가 인생의 뜻이며 행복이다. 그 외의 무엇이 있겠는가.

그러므로 "나는 아무 고생도 없는 일생을 살았어. 참 팔자가 좋은 편이었으니까"라고 말하는 사람이 있다면 그것은 "나는 무의미하고 불필요한 일생을 보낸 것뿐이야"라고 고백하는 것과 마찬가지다.

만일 사람이 언젠가 한 번은 고생하게 마련이라면, 어느 시기에 고생하는 것이 가장 좋을까?

세상에 가장 불행한 사람은 늙어서 고생하는 사람이다. 60, 70세가 되어서 인생의 석양을 앞두고 심하게 고생한다는 것은 무엇보다도 처참하고 불행한 일이다. 우리 주변에서 항상 보고 느끼는 것이지만 그것이야말로 실패와 환멸을 스스로 인정할 수밖에 없는 가장 큰 불행의 결과가 아니고 무엇이겠는가.

그리고 장년기에 심한 고생을 겪는 사람들이 있다. 그러나 그 역시 불행한 일이다. 장년기는 일생 중 가장 길며 많은 활동을 해야 하는 기간이다. 그렇기 때문에 장년기에 많은 고생을 한 사람에게는 성공이 찾아온 예가 별로 없다. 인생의 성공과 실패란 장년기에 얼마나 일하며 무엇을 남겼는가에 달려 있다. 그런데 이렇게 많은 활동과 뜻있는 노력을 바쳐야 할 장년기를 원하지 않는 고생과 뜻하지 못했던 수고로 다 소비해버린 사람이 있다면 그의 일생은 실패하기 쉬우며, 그는 누구보다도 생의 의의를 발견하지 못한 불행의 주인공이 될 가능성이 높다.

그러므로 어차피 한 번은 고생을 해야 하는 것이 인생이라면 될 수 있는 대로 청년기에 하는 것이 좋다. 청년기는 용기와 기력이 왕성해 어떠한 난관도 능히 돌파할 수 있을 만한 힘이 주어져 있기 때문이다. 청년기야말로 어떤 시련이라도 극복할 수 있는 기간이다. 더욱이 청년기에 노력과 고생을 맛본다는 것은 다른 때에 비해 고생이라기보다 용기와 신념을 더해주는 일이 된다.

그러나 청년기의 고생이 귀한 것은 청년기의 고생이야말로 우리로 하여금 인생의 능력, 인생의 용기와 신념을 북돋워주는 것이기 때문이다. 옛날부터 서양에는 "사랑하는 아들에게는 여행을 시키라"는 격언이 있으며, 우리나라에도 "젊어 고생은 금을 주고도 못 산다"는 말이 있다.

한 사람의 일생을 통하여 가장 귀한 것 중 하나는 청년기에 난관을 돌파하는 일이다. 지금까지 역사를 움직여온 모든 사람들은 청년기의 뜻을 위하여 많은 시련을 극복해온 사람들이다. 뜻있는 부모들과 지도자들이 자녀들이나 후배에게 역경과 시련을 요구하는 이유가 여기에 있다. 청년기의 수고와 고생만큼 위대한 에너지를 갖게 하는 요소는 없기 때문이다.

흔히 철없는 사람들, 인생에 대한 비판적 생각 없이 사는 사람들은 청년기를 호화롭고 하는 일 없이 보내는 남의 생활을 부러워하며, 자신의 빈곤과 불우한 환경을 저주하는 경우가 적지 않다. 그러나 이것은 잘못된 생각이다. 청년기의 고생만큼 고귀한 인생의 능력을 갖게 하는 좋은 방도는 없다.

앞으로 어떠한 난관, 아무리 심한 고난이 찾아와도 능히 이겨낼 자신이 생기는 동시에, 인생은 이렇게 살아나가는 것이라는 확신이 생기게 된다. 신은 가장 사랑하는 젊은이에게 고생을 주는 것이 아닌가 생각한다. 어떤 역경이나 난관이 찾아와도 극복할 수 있는 용기와 신념, 이것은 젊은 시기에 얻어두지 않으면 안 되는 하나의 특전이다.

청년기를 맞이하는 사람들에게 가벼운 한두 가지 충언을 하는 것이 그들의 좋은 삶을 위하여 도움이 되지 않을까 생각된다.

그 하나는 시간이 해결해주는 문제가 자기의 노력으로 해결 짓는 문제보다도 많고 크다는 것이다.

청년들은 많은 문제를 가진다. 그리고 그 많은 문제들이 당장에 해결되지 않으면 만족하지 못한다. 때때로 청년들은 자신의 문제를 장년기, 노년기에 있는 선배들에게 가져간다. 그때 선배들은 "시간을 두고 좀 기다려보면 해결될 수 있다"고 대답한다. 그러면 청년들은 곧 돌아서면서 불만을 품는다. '아니, 당장 해결되느냐, 안 되느냐 하는 문제인데 기다리기는 어떻게 기다리라는 거야' 하면서.

그러나 젊은이들은 자신들의 노력보다도 시간이 더 많은 문제를 해결해준다는 것을 알지 못한다. 물론 만사에는 때가 있고 기회가 있기 때문에 무조건 무슨 문제든지 미루어만 두라는 것은 아니다. 씨를 뿌려야 할 때는 씨를 뿌려야 하고, 열매를 거두어야 할 때는 거두어야 한다.

그러나 감정적인 대립, 흥분과 격정에 붙잡혔을 때의 처사, 연애의 실패, 우정의 파탄에서 오는 타격 등 청년기에 찾아드는 온갖 격정적인 사실들은 시간만 지나면 자연히 풀리는 법이다. 30분 정도의 여유를 두었기 때문에 살인자가 안 되는 경우가 있으며, 하루 늦게 찾아갔기 때문에 친구와의 우정을 지속하게 되는 경우가 얼마든지 있다. 더욱이 선을 행할 때에는 이를수록 좋으나, 악한 길, 특히 감정과 흥분에 붙잡혔을 때에는 시간이 모든 악을 선으로 이끌어준다는 사실을 잊어서는 안 된다.

그리고 크고 중대한 일에서도 시간은 많은 문제를 해결해준다는 교훈을 항상 기억하기 바란다. 우리는 모두 한두 번은 경험하는 애정 문제에서 시간의 힘을 빌릴 줄 몰라 자살로 생을 끝내는 청년들을 자주 발견하게 된다.

파스칼은 "10년 전에 나는 그 여자를 좋아했다. 그러나 지금 나는 그 여자를 좋아하지 않는다. 왜냐하면 그동안 나는 변했기 때문이다. 그리고 그 여자도 완전히 변해 다른 사람이 된 것이다"라는 이야기를 남겼다. 그것은 생활과 경험이 가르쳐주는 진리이다. 그러므로 젊은 시절에는 시간의 힘을 배우도록 노력하는 것이 좋다.

젊은이들이 가지는 또 하나의 단점이 있다. 그것은 자신을 보려 하지 않는다는 점이다. 내일만을 생각하기 때문에 오늘을 묻지 않으며, 더욱이 어제를 살려서 오늘의 도움을 얻는 일은 거의 없다. 자기의 성격, 취미, 소질, 심지어는 육체적인 체력까지도 반성해보지 않는다. 그리고 이러한 반성의 결핍 때문에 뜻하지 못했던 과오와 불행을 만드는 경우가 한두 번이 아니다.

어느 정도 장년기를 맞이한 사람들은 어떤 일에 부딪쳤을 때, 먼저 자기의 성격과 능력을 돌아본다. 그러고는 '내 성격을 가지고 거기에 관계했다가는 반드시 돌이킬 수 없는 과오를 저지를 테니까 가까이할 필요가 없어'라고 자신을 제어한다. 스스로 자신을 잘 알고 있기 때문이다.

그러나 청년들은 우선 부딪쳐본다. 그리하고는 이미 돌이킬 수 없는 자신에게 놀라게 된다. 그것은 정신적인 처사이기 때문에 눈에 보이지 않을 뿐이지, 마치 모자라는 기술, 약한 체력을 가지고 넓은 강을 헤엄치려는 것과 마찬가지로 위험하다.

그러므로 장년기, 노년기와 같이 원만할 수는 없으나 언제든지 자신에 관한 비판과 반성을 하는 것이 무엇보다도 필요한 일임을 잊어서는 안 된다. 그와 마찬가지로 다른 사람들의 성격과 마음의 태도에도 항상 조심해야 한다.

청년들은 언제나 생활의 폭이 넓기 때문에 자기도 모르는 사이에 정신적 위치가 극단에서 극단으로 옮겨지는 경우가 많다.

어떤 청년들은 며칠 걸려서 성자들의 생활 기록을 읽는다. 그러고는 '나도 깨끗하게 살고 정성어린 노력을 기울여 한번 성자가 되자' 하고 결심해본다. 얼마 동안 그 뜻을 지녀본다. 그 뒤 얼마 안 가서 친구들의 본능적인 생활의 모습들을 전해 듣고 또 보게 된다. 더욱이 악을 아름답게 그린 몇 편의 작품들을 접해 보기도 한다. 그러고는 곧 스스로 마음을 타이른다. '성자가 된다는 것은 거짓이다. 결국은 하나의 자기기만이다. 인간은 본능과 욕정으로 살게 마련이다. 되는 대로, 육욕이 이끄는 대로 산다는 것이 뭐 그리 잘못이란 말인가'라고.

이렇게 성자에서 타락한 인간 사이를 몇 번이나 왕래하는지 모른다. 나이가 들게 되면 오히려 생각의 폭이 좁아지며 건전한 중용을 지키게 되나, 청년기에는 역시 제어하기 어려운 하나의 정신적 생활상이다.

그렇기 때문에 청년기는 극단에서 극단까지라는 마음의 위치와 본성을 미리 알아 조심하는 편이 좋다. 어제 아침에는 성자가 되고 오늘 저녁에는 악마를 자처하는가 하면, 정의에 생명을 던지면서도 악에 즐거운 웃음을 보낼 수 있는 것이 젊은이의 특징인 것이다.

그러나 이러한 불안정과 무한한 능력의 청년기는 곧 지나간다.

무쌍한 노력과 꾸준한 정진으로 청년기를 보낸 뒤에는 곧 이어서 장년기가 찾아든다. 인생을 통해 볼 때 가장 귀중하고 어느 기간보다도 긴 기간이 장년기이다. 행복과 불행, 성공과 실패가 나누어지는 것도 바로 이 장년기의 특징이다.

영원과 사랑의 대화

그러므로 모든 사람들은 청년기에서 장년기로 옮겨가면서 다음과 같은 몇 가지 점에 각별한 주의를 기울이지 않으면 안 된다. 그 어느 하나에서라도 실패한다면 행복과 성공은 보장받기 어렵다.

청년기에서 장년기로 접어들면서 처리해야 할 가장 귀중한 문제의 하나는 일생을 통하여 좋은 친구를 갖는 것이다. 많은 사람들이 좋은 친구를 가진다는 것이 얼마나 중요한 것인지 깨닫지 못하고 있다. 그렇기 때문에 친구는 있어도 그만, 없어도 그만이라고 생각하는가 하면, 언젠가 한 번쯤은 친구가 생기겠지 하며 가볍게 미뤄 두고 만다.

인생이란 참으로 고독한 것이다. 때로는 부모와 처자에게도 말할 수 없는 고충을 오래 간직하고 사는 것이 우리의 일생이다. 그러므로 언제든지 그립고 찾게 되는 것은 참된 친구다. 재산도 귀하며 명예도 귀하다. 그러나 보다 귀한 것은 친구다. 좋은 친구를 갖는 것은 반드시 그만한 노력과 정성이 필요하다는 사실도 잊어서는 안 된다.

참 친구는 부부와 같은 것이 아닌가 생각한다. 돈 때문에 맺어진 우정, 명예나 지위가 가져온 친분, 같은 직장의 도움을 얻기 위한 친근감 같은 것은 사업에 실패했을 때, 그 직위에서 물러났을 때, 심지어는 같은 직장에서 떠나게 되면 자연히 소멸되고 마는 것들이다. 그러나 이 모든 피상적인 조건에 붙잡힘이 없는 참되고도 영원한 우정을 갖는 것은 무엇보다도 귀중한 일이 아닐 수 없다. 인격과 인격의 결합, 일생을 같이할 수 있는 우정이 인생의 가장 아름다운 보화가 아니고 무엇이겠는가.

성공의 비결
―어떻게 악을 이기는가

사람들의 취미나 소질은 하루 이틀에 나타나는 것도 아니며 반드시 일정한 것도 아니다. 식성이 변하는 것같이 달라지며, 환경과 처지를 따라 바뀌기도 한다.

그러나 우리는 소질과 취미가 없는 일에서 열의 노력을 하는 것보다 취미와 소질을 가지고 여섯의 노력을 하는 편이 좋음을 발견하게 된다. 그 발전성에서 그러하며 그 성과에서도 마찬가지다.

그러므로 무엇보다도 먼저 노력할 점은 자신의, 또는 가까운 사람들의 취미와 소질, 재능과 타고난 천분을 발견하는 것이다. 우리는 과거의 많은 사람들이 소질과 천분을 어기고 직업이나 활동 분야를 택했기 때문에 다시 자기 위치로 돌아와서야 성공한 실례를 얼마든지 알고 있다. 콩밭에서 콩을 거두며 벼 포기에서 벼를 추수

하는 것같이, 타고난 소질과 천분을 가벼이 보아서는 안 된다.

극히 소수의 사람들로서 만능의 소질을 가지고 있으면서, 무능한 위치를 벗어나지 못하는 사람들이 있다. 그러나 대다수의 사람들은 역시 그 스스로 지니고 있는 특성과 남다른 소질이 있는 법이다.

그러나 그 소질은 좀체 쉽게 발견되지 않는다. 또 반드시 어려서 나타나야만 하는 것도 아니다. 우리는 아주 어려서 특유한 사명감을 자각하는 소수의 인물들을 보는 경우가 있다. 그들의 대다수는 이상스럽게도 종교적인 천재들이다. 그리스도가 열두 살 때 깊은 신앙적인 과제를 학자들 앞에서 논했다고 기록되었는가 하면, 석가님의 종교적 각성도 일렀던 듯싶다. 뿐만 아니라 오늘도, 가장 어려서 일생의 방향과 깊은 사명감을 누구보다도 깊이 깨닫는 사람은 역시 종교가들이 아닌가 생각한다.

연령이나 환경의 차이가 없이 일단 종교적인 영감과 사명감을 느끼게 되면, 그는 그것으로 일생의 결단과 인생의 의의와 목적을 결정짓게 되는 것으로 보인다.

종교적 사명감에 뒤따르는 것은 역시 예술적인 부면部面에서의 자각이 아닐까 싶다. 예술이란 특수한 소질과 재능을 가져야 하는 것이기 때문에 소질과 천분이 없이는 성공 또는 자족을 느낄 수 없으며, 또 일찍부터 그 재능과 소질은 나타나는 것이다. 같은 예술 중에서도 특히 음악, 그리고 미술 같은 분야는 역시 위대한 소질과 천품에 의하는 바가 있어야 한다.

10여 세의 어린 나이로 놀라운 천분을 보여준 이가 얼마든지 있으며, 천재성을 지니지 못하고는 도저히 나타날 수 없는 화가들을 우리는 잘 알고 있다. 이러한 부면에 비하여 문예 방면은 약간 늦게 소질이 나타날지도 모른다. 시인들이 비교적 일찍 문단에 나타나나 대개의 작가들은 약간 늦게 그 높은 재능과 천분을 보여주는 것 같다.

종교가나 예술가보다 비교적 늦게 천분과 재질을 보여주는 사람이 있다면 아마 학자가 아닐까 한다. 학교의 성적이 좋다는 것과는 다르다. 학교에서 주의 깊게 관찰해보면 어렸을 때는 재치 있는 애들이 성적이 좋은 편이며, 그 뒤에는 기억력이 우수한 애가 비교적 좋은 성적을 올린다. 그러나 고등학교 정도의 연령에 도달하게 되면 이해력을 풍부히 지니고 있는 학생이 넓고 자유로운 성적을 가진다. 그리고 학자가 될 소질은 거의 대학에 가서야 나타난다. 학자가 된다는 것도 하나의 소질과 천분이 필요한 일이기 때문에 누구나 다 되는 것은 아니다. 더욱이 철학이나 사상적인 분야에서 위대한 업적과 학문적 결실을 남긴다는 것은 소질과 천분이 없이는 어려운 것 같다.

오히려 중고등학교에서 좋은 성적을 나타내던 학생들이 많이 선생이 되고, 별로 두각을 나타내 보이지 않던 학생들이 후일에 위대한 학자가 되는 경우가 자주 있다. 아인슈타인 같은 이도 그 한 실례일 것이다.

그렇다면 이 세 가지 부류에 속하지 못하는 사람들은 소질이나 천분에 의하여 성공하거나 직업을 택하여 뜻하는 업적을 얻을 수 없는가?

그렇지는 않다. 가장 늦게 소질과 천분을 보여주는 사람이 있다. 실제적인 활동, 사회적인 부면에서 대성한 인물들 대부분이 이러하다. 정치가, 군인, 실업가 등의 실천 분야에 속하는 사람들은 대개가 늦게 자신의 소질과 취미, 심지어는 천분을 발휘하는 때가 있다.

물론 몇 사람의 예외자는 있다. 소小 피트 같은 정치가는 젊은 나이로 나폴레옹에 대항할 수 있었으며, 알렉산더 대왕은 서른 전후에 역사상 최대의 건국을 뜻했던 것도 사실이다.

그러나 이러한 실천적 분야에 종사하는 사람들은 이 분야에 속하는 활동과 노력을 통하여 자신의 역량과 신념을 가지게 되는 것이므로 자연히 어느 정도의 시간과 환경의 변천을 필요로 하게 마련이다. 그러므로 반드시 일찍 소질과 취미, 재능과 천분이 나타나야 한다고 생각할 필요는 없다.

그리고 인간의 행복이란 결코 그의 천분, 사회적인 업적에만 있는 것은 아니다. 오히려 "온유한 자는 복이 있나니 그들이 땅을 차지할 것이요, 화평케 하는 자는 복이 있나니 그들이 하나님의 아들이라 일컬음을 받을 것이라"는 말씀의 뜻도 이해할 수 있어야 한다.

이렇게 본다면 일생의 과업을 어디서 발견하며 무슨 직업을 택하게 될 것인가는 점차로 자연스럽게 해결될 것으로 생각된다. 언제든지 주어진 사명감에 살 수만 있다면 그보다 더 행복한 일은 없을 것이다. 비록 거기에는 미치지 못한다 할지라도 우리들의 사회·역사적 과제가 요청하는 어떤 과업에 과감하게 뛰어들 수만 있다면 생의 의의와 목적을 찾는 데 큰 도움이 될 줄로 생각된다.

그리고 그 어떤 편에도 도달하지 못하는 사람은 스스로의 소질과 재능에 따라 주어진 책임에 충분할 것뿐이다. 그것으로 족하며 결코 낙오의 느낌을 가질 필요는 없다.

큰 집을 짓기 위하여서는 참으로 많은 재료가 필요하며, 제각기 모양이 다른 돌들이 중요한 위치를 차지하게 된다는 사실을 잊어서는 안 된다. 큰 조화의 세계와 역사에서 본다면 어느 개인도 버림받거나 소홀히 여김을 당해서는 안 되는 것이 우리들의 세상이다.

우리는 지금까지 우리들의 일생을 소년·청년·장년기로 나누어 왔다.

장년기는 다른 어느 기간보다도 길다. 그것은 많은 활동과 사업에서 결실을 거두어야 하는 시기인 때문이다. 길게 잡는다면 28-29세에서 55-56세까지일 것이며, 최근은 25-26세에서 60을 넘는 나이에 도달하는 경우도 있다. 적어도 30년간, 또는 40년의 기간을 말할 수도 있을 것이다. 그러므로 성공과 실패도 이 기간에 속하는 문제이며, 행복과 불행을 논하는 것도 대개는 장년기의 생활과 활동성 여하를 말함이다.

이제 이 장년기를 통하여 반드시 요청되는 또 하나의 신념, 뜻 있는 인생의 조건이 있다면, 그것은 확고한 신념의 소유자가 되어야 한다는 점이다. 물론 신념은 장년기에만 필요한 것은 아니다. 그러나 장년기를 신념 없이 보내거나 살아버린다면 그는 목적 없는 여행, 내용 없는 수고를 한 것과 마찬가지의 공허감을 스스로 느끼게 될 것이다. 장년기의 신념만이 일생의 내용이며 평생의 결실이며 죽은 뒤의 이름이 되는 것이다.

그러므로 청년기를 보내고 장년기를 맞이하면서 반드시 지녀야 할 무엇이 있다면 그것은 삶에의 뜻이며 인생의 신념이다. 일생의 목적과 한 번밖에 없는 인생 게임의 경기장에 임하는 성실한 태세를 갖추어야 하며, 그것이 곧 다름 아닌 장년기의 신념인 것이다.

그러면 장년기를 맞이하고 보내는 우리들은 어떤 신념을 가져야 하는가? 무엇보다도 필요한 것은 어떠한 목적에 관한 신념이다. 민족 경제를 바로잡는 일에 이바지하겠다든지, 올바른 교육을 통하여 국민 도의를 재건한다든지, 고귀한 예술을 통하여 삶의 내용을 윤택하게 하도록 노력한다든지, 의식주의 간편과 합리화에서 사회생활에 협조한다는 등의 모든 것들이 하나의 생활 목적과 신념에서 주어지는 일이라 생각된다.

이는 종교가, 학자, 예술가에게 국한된 것이 아니며, 모든 생활인들은 제각기의 목적과 신념이 있어야 한다. 작은 마을을 생산 면에서 개량하여 생활수준을 높인다든지, 보다 선한 뜻을 가지고 살아갈 수 있도록 법과 도덕에 뜻을 두는 것도 마찬가지일 것이다.

별로 목적과 신념이 없어도 살아갈 수 있지 않느냐고 반문할지 모른다. 물론 밥 먹고 일하는 생활은 특별히 높은 목적이나 신념을 요하지 않는다. 그러나 목적도 신념도 없는 생활은 오래지 않아 우리들의 노력과 활동에 회의와 권태를 가져오며 스스로의 하는 일에 대하여 불만과 멸시를 초래하게 된다.

'이것이 삶의 목적인가?' '이러기 위하여 살아야 하는가?' 하는 질문이 곧 그것이다. 이러한 회의와 권태 속에는 자족과 자존심을 찾을 수 없기 때문에 스스로 일하고 있으면서도 항상 불행과 고통, 정신적인 공허를 넘어서지 못한다. 우리는 언제나 높은 목적, 깊은 신념의 소유자가 되지 않으면 안 된다. 또 이러한 신념의 소유자가 된다는 것은 우리들로 하여금 부수적인 두 가지 의의를 겸하여 차지하게 한다.

그 하나는 악에서의 구출이다. 누구든지 삶의 목적과 신념을 가지고 일하는 사람은 비록 종사하는 일에 약간의 성공과 만족이 온다 하여도 결코 가벼운 향락으로 휩쓸려 들지 않는다. 그러나 신념과 목적을 잃은 사람들은 주어진 재산, 얻어진 세력과 지위를 그대로 쾌락과 향락의 방편으로 삼아버린다.

즐거움과 행복을 구하는 것이 인생일진대, 쾌락과 향락을 멀리하는 것이 절대적인 조건은 못 된다. 그러나 육체적인 쾌락, 일시적인 허영과 향락에 도취된다는 것은 결코 좋은 일이 아니며, 유구한 행복, 값있는 삶의 결실을 찾는 방도도 못 된다.

둘째로, 장년기를 통한 생의 신념과 목적은 우리들로 하여금 불필요한 직업 전환 및 잘못된 시간과 정력 소모를 방지해준다.

여기 길 가는 두 사람이 있다 하자. 목적이 있는 사람은 조금도 불필요하게 시간과 노력을 소비하는 일이 없다. 목적과 신념이 고귀한 뜻을 향하기 때문이다. 그러나 같은 길을 택한 또 한 사람은

영원과 사랑의 대화

목적이 없기 때문에 대부분의 시간과 정력을 도중에서 필요 없는 일에 낭비해버린다.

인간들의 일생도 마찬가지다. 목적과 신념이 있는 사람은 항상 같은 방향과 뜻에서 적극적이며 건설적인 활동을 거듭할 수 있으나 그것을 결한 사람은 시간과 정신력을 불필요하게 소모시킨다.

또 어떻게 보든지 자주 있는 직업 전환은 실패와 불행의 조건이 되지 않을 수 없다. 그리고 많은 사람들의 직업 전환은 역시 목적과 신념의 결여에서 오는 결과임을 잊어서는 안 된다. 그러므로 장년기를 확고한 신념으로 보낸다는 일은 무엇보다도 귀한 정신적 태도인 것이다.

그리고 긴 장년기를 살아가면서 우리들이 반드시 각오해야 할 또 하나의 신념이 필요하다. 물론 복잡하고 제각기 환경이 다른 인생을 살아가는 데 지녀야 할 신념이 한두 가지일 리는 없다. 그러나 누구든지 일생을 뜻있고 보람 있게 살아가기 위하여 이 한 가지의 각오는 절대로 필요하다. 즉, '어떻게 악을 이겨나갈 수 있는가?' 하는 신념이다.

사람의 일생을 등산에 비교한다면 정신적인 면에서는 등산의 수고가 곧 악에의 항쟁인 것이다. 높은 산정에서의 즐거움과 행복, 그것은 악과 싸워서 승리한 사람에게 주어진 만족과 행복 외에 다른 것이 아니다.

어떤 술책을 쓰지 않고 모든 악과 싸워 승리할 수 있을까? 이러한 문제에 대하여 과감하고도 자신 있는 해답과 신념을 가진 사람들에

의하여 문화가 건설되어왔고 역사가 발전을 거듭해왔다면, 앞으로
도 우리들의 일생은 악과 싸워 선을 건설하며 민족과 조국의 과업
을 영원한 반석 위에 재건하는 정신적 신념과 사명을 잃어서는 안
된다.

사람들은 이러한 정신적 태도를 중요시하지 않는다. '어떻게 되
겠지' 하는 심정으로 끝내버린다. 그러나 높은 신념을 뜻하는 사람
이라면, 각오와 준비를 더 중하게 보는 법이다. 인생의 등산에서도
마찬가지다. 정신적인 행렬의 낙오자가 되지 않으며 보람 있는 삶
의 자취를 후손들에게 남겨주기 위하여서는 언제나 악에의 항쟁,
그로 인한 승리에서 얻어지는 만족과 행복을 잊어서는 안 된다.

우리들이 목적과 신념을 높이 평가하면서 악에 대한 승리의 신념
을 보다 중요시하는 이유도 여기에 있다.

산딸기의 교훈

어렸을 때 부친에게서 들은 이야기다. 확실히 기억하지는 못하나 벤저민 프랭클린의 이야기가 아니었던가 싶다. 어느 가을날 오후 프랭클린은 채둥우리를 들고 집을 나서려고 했다. 친구들과 어울려 산딸기를 따러 가기로 했던 것이다. 아버지가 어디를 가느냐고 물었다. 소년은 '산딸기를 따러 간다'고 대답했다. 아버지는 잠시 아들을 불러 세우고 이렇게 말해주었다.

"산딸기를 따러 가거든 이렇게 해라. 네 친구들은 '여기에 딸기가 많이 있다' 하면 그리로 몰려갈 것이다. 그러나 너는 한 곳에 이르거든 거기 있는 딸기를 다 딴 뒤 다른 곳으로 옮아가고, 또 거기에 있는 것을 충분히 딴 뒤에 다음 장소로 옮겨가도록 해라. 돌아올 때쯤 되면 아마 네가 가장 많은 딸기를 땄을 것이다."

아들은 친구들과 산으로 갔다. 과연 산딸기가 많이 있었다. 1, 2분 동안 따고 있는데 한 아이가 '저기에는 더 많다'라고 하면서 달려갔다. 아이들이 우르르 따라갔다. 또 다른 아이가 '이리 와. 여기가 더 많아' 하고 떠들어댔다. 아이들은 또 그리로 달려갔다.

소년은 같이 달려가고 싶었지만 아버지의 교훈을 머리에 떠올렸다. 자기 앞에 있는 딸기를 다 딴 뒤에 또 옆 딸기넝쿨로 옮겨갔다. 그것을 모조리 따 넣은 뒤에 또 옆으로 갔다.

먼저 뛰어다니던 친구들이 더 갈 곳이 없으니까 처음 장소로 돌아왔다. 남기고 갔던 딸기들을 따고 싶어서였다.

오랜 시간이 흘렀다. 해가 서산 위에 걸렸다. 아이들은 서로의 채 등우리를 비교해보았다. 누가 더 많이 땄는지 알고 싶어서였다. 모두들 놀랐다. 제자리에서 조용히 따고 있었던 소년의 것이 가장 많았기 때문이다. 그러나 더 이상하게 생각한 어린이는 부친의 교훈을 듣고 온 소년이었다. 자신도 그렇게 많이 딸 줄은 몰랐다.

얼마 뒤 이 소년은 부친과 사별했다. 자신은 이미 사회인이 되어 있었다. 그는 어떤 직장에 가든지 부친의 얘기를 잊지 않았다. 무슨 일에든지 손을 대면 그 일은 끝까지 성사시켜나갔다. 충분히 성과와 능력을 자인하게 되면 그 남은 힘을 발휘할 수 있는 다음 일을 맡았다. 누구보다도 서서히, 그러나 자신과 신념을 갖고 일을 추진시켜나갔다.

그러나 동료 친구들은 그렇지 않았다. 모두 출세를 서두르고 높은 지위를 따라가며 봉급이 많은 곳으로 직장을 옮겨갔다.

그도 처음에는 자신만이 낙오자가 되는 것 같아 불안했다. 그러나 산딸기의 교훈을 잊지 않았다. 마침내는 내가 더 많은 일을 하게 된다고 확신하게 되었다. 인생의 경기는 마라톤과 비슷하다. 도중에 앞선다고 해서 승리자가 되는 것은 아니다. 누가 최후의 결승점에서 승리하느냐가 문제이다. 중요한 것은 누가 높은 지위에 있느냐가 아니라 누가 더 많은 일을 했느냐.

이 소년이 자기 부친의 나이만큼 늙었을 때 어린 아들에게 또 같은 얘기를 해주었을 것이다. 할아버지가 들려준 산딸기의 교훈을. 그것은 조용한 인생의 교훈이자 진리일 수 있기 때문이다.

내가 잘 아는 친구 한 사람은 대단히 유능하고 수완이 좋은 사람이었다. 그러나 너무 일찍 출세를 서둘렀다. 윗사람의 인정을 받아 가장 적은 나이로 그 직장의 중책을 맡았다.

그러나 얼마 안 가서 그 직책에서 물러나게 되었다. 아직은 그 일을 감당키 어려운 연령과 경력이었던 것이다. 5년만 천천히 순서를 밟아 올라갔더라면 그는 그 기관의 가장 높은 직책까지 맡을 수 있었을 것이다. 일찍 큰 실패를 한 사람에게는 윗사람이나 동료들이 다시 기회를 줄 수가 없게 되는 것이 보통이다.

지금 나는 또 다른 한 사람을 알고 있으나 그의 이름을 얘기할 수는 없다. 아직 살아 있으며 우리들 대부분이 알고 있는 인사이기 때문이다.

그는 누구보다도 천천히 하나하나의 과정과 순서를 밟으면서 승진해 올라갔다. 그보다 출세를 서두른 동료들은 일찍 높은 지위를 얻었으나 곧 도중에 하차하는 결과를 가져왔다. 경쟁이 심한 사회였기 때문이다.

그러나 그는 늦게 뒤따라갔으나 마침내는 그 엄청나게 큰 기관의 최고 책임자에까지 올라갔다. 결국 일찍 서두른 사람들은 20년 동안에 70의 일을 했지만, 그는 30년 동안에 100의 일을 할 수 있었다. 그 때문에 최고의 지위까지 오를 수 있게 되었던 것이다.

산딸기의 교훈은 우리 모두의 것일 수도 있지 않을까.

무엇이 의미 있는 삶인가

1

사람은 왜 사는 것일까?

나는 지금까지 여러 차례 같은 질문을 던져보았다.

30년이나 지난 일이다.

내가 Y 대학에 처음 봉직했을 때였다. 대학 옆, 우리 마을에는 한 정신질환자가 있었다. 나이는 마흔쯤 되었을까. 집이 어디였는지도 모른다. 다 떨어진 남루한 옷을 걸치고 있었다.

눈비가 오지 않는 날이면 거의 매일같이 모습을 보이는 것이었다. 얼굴을 앞으로 떨어뜨리고는 언제나 혼자서 중얼거리고 있었다. 한마디도 제대로 알아들을 수 없었다. 어떤 때는 불평어린 목소리이기도 했고, 때로는 혼자서 웃음을 터뜨리기도 했다.

간혹 내가 자기에게 관심을 모으는 듯싶으면 곧 얼굴을 보이곤 했다. 그로부터 3, 4년이 지난 후부터는 자취를 감추고 말았다.

오늘 아침 나는 잊었던 옛날의 기억을 되씹으면서 '지금 그 사람은 어떻게 되었을까' 하고 생각해보았다. 나도 오래지 않아 정년으로 학교를 떠날 나이가 되는데….

그런 정신질환자는 왜 살아야 하는 것일까.

내가 아는 한 목사가 있었다.

딸들은 몇이 있었으나 아들은 하나밖에 없었다. 그 아들이 고등학교 2학년에 다니고 있을 때였다. 전신의 피곤과 더불어 이름 모를 병을 앓기 시작했다. 몇 차례 의사의 면밀한 진단을 받았다. 그 결과는 놀랍게도 백혈병으로 나타났다. 부모는 절망에 가까운 처지에 놓이게 되었다.

얼마 후, 아들은 생명을 연장하기 위해 한쪽 다리를 절단하는 수술을 받아야 했다. 그래도 병세는 호전되지 못했다. 결국 부모는 고등학교 3학년 아들을 다시는 만나지 못하는 저세상으로 보내지 않을 수가 없게 되었다.

그러나 그 사실을 삶의 희망으로 가득 차 있는 아들에게는 차마 알려줄 수가 없었다. 아버지와 의사는 계속 좋아지고 있다는 말로 위로를 거듭할 뿐이었다.

영원과 사랑의 대화

그러나 운명의 날은 다가오고 있었다. 의사와 부모는 아들의 생명이 얼마 더 남지 않았음을 짐작하기에 이르렀다.

밤이 새도록 잠을 이루지 못한 부모는 마침내 결단을 내렸다.

다음 날 아침, 목사는 아들의 병상 위에 올라앉아 아들을 품 안에 꼭 껴안았다. 그리고 진실을 알려주었다.

"아들아, 내가 지금 무슨 말을 하더라도 놀라지는 마라. 지금까지는 나나 의사 선생님이 너를 위해서 병이 좋아진다고 얘기를 했지만, 사실은 네 병이 조금씩 나빠지고 있었다. 그런데 의사 선생님의 생각으로는 네가 앞으로 이 세상에 오래 살 수가 없겠다는 이야기다. 그러니까 네가 먼저 하나님 앞에 가서 우리를 기다려주어야 하겠다. 내 말을 알아들었지?"

아들은 놀란 듯이 아버지의 얼굴을 쳐다보았다. 모든 것을 알았다는 듯이 아버지 품에 몸을 기댄 채 흐느껴 울기 시작했다. 아버지와 어머니도 함께 울었다.

오랜 울음의 시간이 지난 뒤 아버지는 말했다.

"며칠 남지 않은 동안에 우리 하나님께로 갈 준비를 갖추기로 하자."

억지로라도 태연함을 가장할 수밖에 없었다. 아들도 눈물을 닦았다. 그렇게 하겠다고 머리를 끄덕였다.

그 뒤 며칠 동안 아버지 목사는 다른 가족들과 친구들에게 마지막 작별의 기회를 만들어주었다.

며칠 뒤 아들은 눈을 감았다.

몇 달 뒤 나는 그 목사를 만났다. 검었던 머리에 눈에 띌 정도로 백발이 섞여 있었다.

그 소년은 생명이 싱싱해야 할 나이에 왜 세상을 떠나야 하는 것일까. 그 부모는 왜 그런 고통을 겪어야 하는 것일까.

나는 6·25 전쟁이 한 고비를 넘었을 때 고향을 찾았다. 평양에서 20리쯤 떨어진 시골이었다.

그때 나는 공산군들이 북으로 후퇴하면서 수없이 많은 민주 진영 인사들을 살해한 사실을 알게 되었다. 피살자들 중에는 나이 어린 청소년들도 끼어 있었다. 가족을 함께 처치했기 때문이었다. 어떤 시체들은 우물 속에서 발견되었고, 내 사촌 동생의 경우는 연못 속에서 썩은 시체로 발견되었다. 약 160구나 되는 시체들 속에서 허리끈의 버클을 보고 찾을 수 있을 정도였다.

이런 전쟁의 비극을 겪은 사람들은 누구나 예외 없이 '이런 비참을 겪으면서도 인간은 살아야 하는가'를 묻지 않을 수 없게 된다.

《순교자》에 나오는 주인공이 이런 비극을 겪으면서 '신은 존재하지 않는다'라고 고백하는 것은 잘못이 아닐 것이다. 지금도 역사의 비극을 겪는 사람들이 '신은 죽었거나 이미 존재하지 않는다'고 외치는 데도 이유는 있는 것이다.

이런 모든 사실을 알고 있으면서도 인간은 살아야 하는가.

영원과 사랑의 대화

2

톨스토이가 소개해준 동양의 우화가 생각난다. 어떤 사람이 들길을 가다가 사자를 만났다. 잡아먹히지 않기 위해 도망을 친다. 그러나 사자의 이빨이 발꿈치에 다다랐다.

그는 살길을 찾다가 앞에 있는 빈 우물로 뛰어들었다. 마침 우물에 걸쳐 있는 나뭇가지를 붙들었다. 길손은 한숨을 돌려 우물 위를 쳐다보았다. 사자가 올라오기만 하면 잡아먹으려고 으르렁대고 있었다.

일단 위기를 모면한 길손은 우물 속 밑을 내려다보았다. 놀랍게도 거기에도 또 죽음이 기다리고 있었다. 큰 구렁이가 길손이 떨어지기를 기다리고 있지 않은가. 길손은 한 가닥 나뭇가지에 자기 생명을 의탁할 수밖에 없었다. 이 나무야 안전하겠지 싶어 위를 올려다보았다. 그런데 이 어쩐 일인가. 두 마리의 쥐가 교대해가면서 나뭇가지를 갉아먹고 있지 않은가. 흰쥐가 물어뜯고 나면 까만 쥐가 또 물어뜯어 이미 가지의 대부분이 잘려 있었다. 밤과 낮이 교대해가면서 죽음의 시각을 재촉하고 있었다.

이제 길손에게 남은 것은 죽음뿐이다. 밖으로 나가면 사자의 밥이 되고 밑으로 떨어지면 구렁이에게 잡아먹히게 된다. 그렇다고 해서 그 나뭇가지도 오래 지탱되는 것은 아니다. 길손은 다가오는 죽음을 각오해야만 한다. 남은 것은 얼마의 시간뿐이다.

그때였다. 길손은 머리를 들었다. 바로 머리 위에서 꿀벌이 나는 소리가 들렸기 때문이다. 바로 자기 옆 나뭇가지에 꿀벌들이 꿀을 치고 있었다. 길손은 머리를 들어 혀를 내밀고 그 꿀벌들이 저장해 놓은 꿀을 핥아먹기로 했다. 죽음은 오더라도 꿀은 먹어야 하겠기 때문이다.

바로 우리 삶이 그런 것이다. 어차피 죽음은 찾아오기 마련이나 그때까지 벌꿀을 따 먹으면서 삶을 연장해가는 인생일 따름이다. 그리고 그것은 한 사람도 예외 없이 겪어야 하는 인생의 운명이다.

그렇다고 해도 만일 인간에게 죽음이 없다면 어떻게 되겠는가.

사람이 죽지 않고 영구히 살 수 있다면 그 결과는 어떻게 되겠는가. 우선 지구는 늙어서 거동할 수 없는 노인들로 가득 찰 것이며 그들은 일을 할 수 없기 때문에 인류는 식량난으로 기아 상태를 면할 수 없을 것이다.

그리고 죽을 수 없는 정신질환자, 죽음보다도 더 비참한 삶을 이어가야 할 불구자들, 인생의 의미를 포기해버린 정신적 허무주의자, 스스로 마음과 몸을 가눌 수 없는 이들로 넘쳐나 세상은 저주스러운 지옥으로 화해버리고 말 것이다. 노인들의 몸에서는 악취가 풍길 것이며 주검보다도 더 비참한 버림받은 생명체들로 세상은 가득 차고 말 것이다.

언젠가 신문에서 읽은 바가 생각난다. 늙도록 작품 활동을 한 서머싯 몸이 90회 생일이 되었을 때 기자들이 축하의 뜻을 전했다. 그때에 몸은 '이제는 지쳐서 더 살고 싶은 생각이 없다'고 말했다. 그 사람뿐이 아니다. 건강하게 오래 산 노인들 중에서도 죽음이 더 값진 길일 것으로 추측하는 사람들이 우리 주변에 얼마든지 있다.

그렇게 본다면 죽음은 인간에게 주어진 하나의 축복의 선물일지도 모른다. 만일 누가 나에게 '영원히 살기를 원하느냐'고 묻는다면 나 자신도 건강하게 오래 살고 싶은 생각은 있어도 영원히 살고 싶지는 않다고 말할 것이다. 그리고 그것이 지혜로운 대답일 것이다. 인생의 무거운 짐을 지고 영원히 산다는 것은 그 자체가 저주스러운 지옥일 수 있기 때문이다.

그렇다고 죽고 싶지 않다든지, 죽음이 없었으면 좋겠다는 생각은 그 자체가 잘못일 것이다. 자살이나 안락사를 허용하는 것도 잘못은 아니다. 죽음보다 비참한 삶은 이어갈 필요가 없기 때문이다.

3

그렇다면 우리에게 남는 문제는 무엇인가. 태어나기 이전의 문제를 묻거나 죽음 뒤의 결과를 따지는 것은 어리석은 질문이 된다. 그것은 불필요한 인생의 넋두리에 지나지 않는다. 목적이 없이 태어났더라도 삶을 얻어 태어난 바에는 그 삶을 긍정할 수밖에 없으며, 사후의 실재는 알 수 없어도 주어진 과제는 우리들의 삶의 현실을 어떻게 값있게 살아가며 충족된 완성의 삶을 살아갈 수 있을까 하는 것이다.

우리에게 주어진 삶은 1에서부터 99까지의 공간에 있다. 그중에서 나는 어느 정도의 삶을 어떻게 살아가는가가 문제이다. 선택과 노력에 따라서 10 정도의 삶으로 그칠 수도 있고, 고귀한 일생을 사는 사람은 90의 인생을 차지할 수도 있다.

그러나 생각해보면 값있게 충실한 생을 영위하기 위해서 갖추어야 할 몇 가지 기본 조건은 있을 것이다.

우선 건강한 삶이 중요하다는 사실에는 누구도 이의를 달지 않을 것이다. 그러나 건강이 유일한 조건도 아니며 절대의 여건도 못 된다는 사실을 누구나 인정하고 있다. 어떤 사람은 병을 통하여 인생의 뜻을 깨닫기도 하며, 건강치 못한 사람은 모두가 불행해진다는 이론도 성립되지 못한다. 건강은 소망스러운 조건이다. 그러나 절대의 유일한 조건과 목적은 되지 못한다.

어느 정도의 경제력이 필요하다는 사실도 의심의 여지가 없다. 그러나 경제의 노예가 된다든지 경제가 절대의 조건이 된다면 그것 역시 행복과 값있는 인생의 전부는 되지 못한다. 오히려 경제 때문에 불행해지는 사람들이 있고, 인생을 파국으로 몰아넣는 일은 얼마든지 있다.

그러므로 우리는 값있는 일을 할 수 있을 정도의 건강이 필요하듯이 인생을 뜻있게 살 수 있는 최소한의 경제력은 필요한 여건으로 받아들여도 좋을 것이다. 가난한 사람이 없는 중산 사회를 요청하는 이유가 거기에 있다.

또 어떤 사람들은 행복한 가정을 가질 수 있어야 만족한 생활을 유지할 수 있다고 생각한다. 부모를 갖추는 일도 그 하나의 여건이며 복된 가정을 꾸미는 것도 중요한 과제가 된다.

그러나 부모를 갖추지 못했더라도 부모를 갖춘 사람보다 좋은 인생을 사는 경우는 얼마든지 있다. 좋은 가정은 노력해서 건설하는 것이지 저절로 주어지는 것은 아니다. 노력만 하면 얼마든지 행복해질 수 있는 사람이 불행을 자초하는 경우는 어디에나 있다.

4

그러면 왜, 그리고 어떻게 살아야 하는가 하는 물음에 대한 해답은 어디서 얻을 수 있는가.

지금까지 말해온 기본적인 조건들을 갖춘 후에도 인간답게 살며 삶을 충실히 영위해나가기 위해서는 어떤 책임들이 필요하겠는가.

우리는 다음의 몇 가지 문제를 생각할 수 있을 것 같다.

첫째는 계속적인 내 인격의 완성이 필요하다.

인간은 결국 자기 인격의 성장만큼의 생활을 할 수밖에 없다. 인격이 50이면 그 사람은 모든 면에서 50의 생활 이하에 머문다. 인격 이상의 삶을 누릴 수는 없기 때문이다. 그것은 그릇의 크기만큼 물건을 담을 수 있다는 이치와 마찬가지다.

철인 아리스토텔레스나 시인 괴테가 '인격이 최고의 행복이다'라고 말한 데는 이유가 있다. 그러므로 우리는 언제나 성실하게 자기의 인격을 완성시켜나가는 노력을 계속하지 않으면 안 된다. 인격의 핵심이 되는 것은 무엇인가. 자신에 대한 성실성이며 사리 판단에서 경건함을 갖는 일이다. 모든 일에 성실하며 생 자체에 대해 경건함을 갖는다면 우리는 지속적인 인격의 성장을 꾀할 수 있을 것이다.

둘째는 선하고 아름다운 인간관계를 높여가는 일이다. 우리는 공자를 존경하며 유교의 뜻을 높이 받들고 있다. 그 공자의 기본 정신이 무엇인가. 여러 가지 덕목들을 전해 듣는다. 그러나 목적은 하나이다. 어떻게 선하고 아름다운 인간관계를 육성해가는가 함이다. 아마 공자가 지금까지 살아 있다면 유교적인 인습이나 행사보다도 선하고 아름다운 인간관계를 무엇보다도 소중히 보아줄 것이 틀림이 없다. 인습과 행사는 목적이 아니기 때문이다.

셋째로 중요한 것은 삶에 대한 공감과 동참성이다.

만일 우리가 인간 운명의 공통성을 깨달으며 삶의 공존성을 알게 된다면 이 생의 동일성이 얼마나 중요한지 의심치 않을 것이다.

우리는 석가를 따르며 불교를 믿는다. 무엇 때문인가. 불교예술이나 불교도들이 벌이는 어떤 행사를 위해서가 아니다. 더욱이 큰 사찰이나 짓고 불공을 드려 복을 받고 싶다는 이기적 심정의 노예가 된다면 그것은 불교를 잘못 이해하는 것이다.

석가의 고귀한 정신이 있다면 그는 모든 인간이 갖고 있는 고뇌와 비참을 언제나 자신의 문제로 받아들이고 그 해결을 얻으려고 노력했다는 점이다. 고통에의 참여, 비참에의 동참이 없었다면 석가의 정신과 불교의 생명은 사라진 지 오래였을 것이다. 우리가 소

영원과 사랑의 대화

중히 여기는 것은 석가의 정신이다. 불교도들의 행사나 외형적 건설이 아니다.

바로 우리가 값있는 인생을 살아가는 데 필요한 것이 이 '삶에의 동참'이다. 이웃의 기쁨을 함께 기뻐하며 다른 사람의 슬픔과 고통을 내 것으로 받아들일 수 있는 정신적 자세인 것이다. 정치의 민주화나 노사 문제의 해결은 말할 필요도 없으며 우리가 걱정하는 사회의 모든 문제도 여기서부터 해결할 수 있다.

끝으로 한 가지만 더 추가키로 하자.

인간이 가장 귀하게 사는 길은 무엇인가. 때로는 나 자신의 것과 자신을 양보하거나 희생시키더라도 이웃과 사회를 위해 봉사할 수 있는 삶이다. 따져보면 역사와 사회의 영원한 건설은 그런 정신과 뜻에서 이루어진 것이다.

우리는 때때로 예수의 생활을 생각해본다. 그는 자신이 남긴 '한 알의 밀'의 교훈과 같이 죽음을 목적으로 일생을 살다 간 사람이었다. 자신의 죽음을 통하지 않고는 인류의 구원이 없다고 믿었으며 스스로를 신 앞에 있는 속죄양으로 자처했던 것이다. 결국은 그러한 정신의 실천이 시간을 영원으로 바꾸었으며 사라질 것들을 실재의 세계로 이끌어 올린 것이다.

만일 우리들이 그런 생활을 실천할 수만 있다면 우리는 누구보다도 고귀한 삶을 살 수 있을 것이다. 그리고 그 이상의 값있는 역사적 삶은 없지 않았는가. 죽음을 목적으로 살았기 때문에 죽음을 계기로 영원을 채울 수 있었으며 스스로를 부정했기 때문에 영원한

것을 건설한 삶을 살게 된 것이다. 예수는 바로 그렇게 사는 사람이
참 삶에 참여하는 사람인 동시에 영원에 동참하는 사람이라고 가르
쳤다.

왜 살아야 하는가.

만일 지금까지의 생각을 정리할 수 있다면 그래도 우리는 삶의
가치와 의미를 스스로 창조해나갈 수 있지 않을까.

　　　　　　　　　　　　　영원과 사랑의 대화

Ch. __3__

존재의 의미는 사랑이다

들녘이 보이는 청맥 1, 1990

어머니의 일생이란
꼭 그 꿈과도 같은 것이었다.
생의 무거운 짐을 홀로 지고
누구의 도움도 받지 못한 채
쓸쓸한 평생을
살아가고 있는 것이 아닌가.

아버지라는 직업

    아버지라는 직업이 있을 수 있을까. 사랑과 결혼을 생각하고 있는 젊은이들에게는 상상도 할 수 없는 원망스럽고 저주스러운 개념으로 들릴 것이다. 결혼을 취직으로 생각하는 여성들을 보는 것 같은 환멸을 느낄지도 모른다. 사랑과 결혼은 그만큼 존귀하고 지성스러운 마음의 위치를 차지하고 있기 때문이다.

    그러나 생각을 돌이켜본다면, 이 세상에 사랑이나 결혼에 못지않게 중대한 일은 얼마든지 있지 않을까? 군인도 하나의 직업이다. 그러나 유사시에는 생명을 내걸고 싸우는 직업이다. 예술도 때로는 하나의 직업이다. 그 속에 모든 정열과 가치를 퍼붓고 살아가는 평생의 직업이기도 하다. 우리는 직업란에 신부 또는 목사라 적는 사람들을 볼 수 있다. 그들은 일생의 직업을 성스러운 임무에 두고 있지 않은가. 이런 의미에서는 아버지도 하나의 직업성을 가진다고 보아도 반드시 책망의 대상이 된다고는 생각지 않는다. 뿐만 아니라 여러 자녀들을 슬하에 기르면서 대외적인 활동에까지 참여하는 책임을 지게 되면 아버지로서의 일도 상당히 직업적 성격을 가져오는 때가 많다.

다음과 같은 일들은, 어떻게 처리했으면 좋을지 모르는 아버지로서의 책임을 생각하게 한다.

상당히 더운 어떤 여름날이다.

방에서 책을 들추고 있는데 문밖에서 신 벗는 소리가 들린다. 아마 국민학교 졸업반에 있는 J의 동작인가 싶었다. 문을 열고 들어서더니 다녀온 인사를 한다.

"응, 오늘은 좀 더웠지? 이마에 땀이 다 났구나. 나가서 세수부터 해라."

훨씬 자란 아들놈이 퍽 대견스러워 보였다.

"예" 하고 대답을 하고는 밖으로 나가다가 돌아선다.

"아버지!"

"응."

"아버지도 장가를 갔습니까!"라고 묻는다.

나는 잠시 어이가 없어서 묻는 놈의 얼굴을 한참 넘겨다본다.

"그건 왜 묻니?"

"오늘 내 동무의 형님이 장가를 갔어요. 그래서 떡이랑 국수를 얻어먹었는데, 아버지도 장가를 갔는지 생각이 안 나서 물어본 거예요."

"그래? 그런데 생각해보니까 아버지가 장가를 갔을 것 같으냐, 아직 안 갔을 것 같으냐?"

"한참 생각해보았는데 확실치가 않아요. 그런 건 보았어야 알겠는데 도무지 본 기억이 없어요."

"그것 참! 어서 세수나 해라. 그런데 누구보고 물어보진 않았니?"

"아니요, 혼자 그저 생각해봤을 뿐이에요."

"그래. 어서 세수부터 해라."

이렇게 우물가로 내보낸 뒤, 나 혼자 걱정하는 것이었다. 키는 나만큼이나 크고 점잖기는 중학생 같은 놈의 질문이니 말이다.

그런데 그놈만이 그런 것이 아니다. 이번에 중학교 1학년에 입학한 딸아이가 또 며칠 전에는,

"가만 있자! 신랑이 여자던가 남자던가. 아버지! 누가 여자예요?"
묻는 것이었다.

하도 어이가 없어서,

"신랑이 여자지 신부가 여자니? 아직 그것도 몰라?" 슬쩍 돌려보았더니,

"아! 참, 비슷비슷하니까 알 수가 있어요?"라는 것이다.

"야! 그것이 무슨 숙제냐?"

"아니, 얘기책에 나와서 그래요."

천연덕스럽게 대답하지 않는가.

물론 나도 여러 해 동안 학교에서 교편을 잡았다. 성교육에 대한 얘기를 듣기도 했고 생각도 해본 셈이다. 그러나 이런 어린것들에게 어떻게 성교육을 했으면 좋을지 알 수가 없다. 우리 애들의 철이 늦기란 이만저만이 아니다.

국민학교 3학년짜리 계집애가 있다. 제법 우등생도 되고 머리도 퍽 좋은 편이다. 그런데 어떤 날은,

"내 동생 순이는 어머니가 낳고, 난 아마 할머니가 낳았을 거다. 코 생긴 걸 보니까 할머니 코와 똑같지 않아!"라는 것이다.

"그럼 어머니는 누가 낳았는데?" 물었더니,

"글쎄 아버지가 낳았을까?"라는 대답이다.

식구들이 온통 웃었다. 그러나 장본인은 아무 이상도 없다는 듯이 또 책만 읽고 있지 않은가. 답답한 일이다. 이런 자녀들을 기르는 아버지의 직업이란 참으로 따분한 일이다.

3년 전의 일이다. 국민학교 3학년에 다니는 U 놈이 늦도록 돌아오지 않았다. 저녁때가 됐는데 이상하다고 기다리고 있을 때, 대문 소리가 났다. 할머니가 보시더니 "U가 왔다"고 안심을 하시는 모양이다.

"학교를 끝내고 북아현동 ××네 집에 갔었어…."

땀을 닦으면서 식탁으로 끼어 앉는다.

"그래 ××네 집에 갔더니 볼 것이 많이 있던?"

아내는 어디까지나 교육적인 효과를 노리는 질문이다.

"응, 가보니까 굉장하더라. 이층집이지, 피아노가 있고 지프차도 있고, 전화가 다 있더라. ××네 집에 가보니까 우리 아버지는 아무 것도 아니더라. 공연히 집에서만 야단이지, ××네 아버지는 아주 근사하더라"는 것이다.

모두들 한바탕 웃었다. 나는 도무지 무어라 할 말이 없었다. 그놈의 판단에 잘못이 없었기 때문이다. 입맛이 향기롭지 않아 같이 웃다가 식탁을 물러나왔다.

그랬더니 큰놈이 U에게 무엇이라 설명을 하는 모양이었다.

"넌 돈만 많이 벌고 큰 집에서 살면 그것이 제일인 줄 알아? 그래도 우리 아버지는 철학자야! 교수도 괜찮은 거야…"라는 소리가 드문드문 들려왔다.

그러나 U 놈의 주장은 또렷했다.

"철학이 다 뭐야? 너 한번 ××네 집에 가봐라, 문제가 아니야!" 라는 것이다.

곤란한 일이다. 저놈에게 인생을 논할 수도 없고 가난의 미덕을 설명할 수도 없잖은가. 게다가 월사금도 밀리고 책 한 권도 못 사주게 된다면 그 꼴이 무엇인가.

아버지의 직업이란 좀체 쉬운 일이 아니다.

그런 일은 이번만이 아니다.

몇 달 전의 일이다. 신문을 보다가,

"모조리 못난 놈들만 사는 모양이지. 힘껏 한다는 것이 이 꼴이야" 하고 내던졌다.

×× 당의 인사 행정에 화가 났던 때문이다.

"아버지!"

"응."

"왜, 밤낮 화만 내지 말고 아버지가 했으면 되잖아요?"

"아버지가 하면야 되지!"

나는 어린것들이 안 듣는 줄 알았다가 그만 난처해지고 말았다.

'자기는 하지도 못하면서 밤낮 남들만 욕하나 봐.'

그놈은 내 태도가 아니꼬웠던 모양이다.

그래도 옆에 있던 큰놈이 아버지의 체면을 생각했던지,

"그 사람들은 정치가고 아버지는 선생 아니야? 그러니까 선생으로서의 일을 잘하면 정치가를 욕할 수도 있는 거야!" 훈계식으로 나왔다.

그 얘기를 듣고 먼저 놈은 가만있는데 이번에는 밑의 놈이,

"아버지, 아버지는 우리나라에서 유명하기로 몇째쯤이나 가요?"

이렇게 묻는 것이 아닌가. 이만저만 곤란한 문제가 아니다.

"그런 건 언니보고 물어봐라. 누가 그런 걸 헤어보면서 다닌다던…"

우물쭈물해버리고 말 수밖에. 난처한 문제들이다.

그러나 이보다 어려운 문제는 얼마든지 있다.

매주일 오후마다 청년들을 위한 집회를 가지는 것이 벌써 3년이

넘었다. 아내는 큰놈을 데리고 갔으면 좋을 텐데 왜 내버려두느냐는 것이다. 아내로서는, 아버지가 하는 일이면 큰 것들은 알아두어야 하지 않느냐는 뜻이다. 나도 할 수 없이,

"얘, 너 매주일 아버지의 강연회가 있는데 좀 들어두는 것이 좋지 않을까? 좀 어려울지 몰라도 듣도록 했으면 좋을 것 같다"라고 얘기해주었다.

권면의 효과가 있었던지, 몇 차례 큰놈이 강좌에 나왔다.

"네가 들어서 좀 도움이 됐다고 생각하니?" 하고 물었더니,

"예, 도움은 되겠지요. 그런데 아버지가 그렇게 말씀하시고 그렇게 하려고 하면 어렵지 않으세요?"라는 반문이 돌아왔다.

"물론 어렵지. 그러니까 세상에서 목사나 선생이 된다는 일은 참으로 어려운 일이다. 그래도 남을 위해서 얘기를 해달라니까 안 할 수도 없고…."

"그러니까 말이에요, 그렇게 좋은 얘기를 하고 그대로 실행하지 못하면 거짓말이 되잖아요? 차라리 가만 계시는 편이 낫지!"

그놈은 마치 자기를 아버지의 위치에 놓고 걱정해보는 셈이다. 그러니 아버지 된 사람은 어디 가서 말도 자유롭게 못할 팔자가 아닌가.

가난한 살림을 해온 가정에 사치나 분에 넘치는 옷차림과 식사 등은 전연 없는 셈이다. 재작년 여름, 햇볕이 너무 심하게 쬐어드니까 아내가 가벼운 천으로 마루방 창문에 커튼을 해 걸었다. 학교에

서 돌아온 작은놈이 한다는 소리가,

"아아, 이제는 우리도 점점 부자가 돼간다. 휘장이 다 생겼고, 근사한데. 이젠 방석만 해 깔면 우리 집도 고급이다"라는 것이다.

어른들은 쓴웃음을 웃었다. 그러고 보니 아직 우리 집에는 손님이 와도 방석을 내놓아본 일이 없다. 나도 앉아본 일이 없으니까.

가난의 탓인지 게으름의 결과인지는 모르나 사치와 허영은 완전히 자취를 감춘 셈이다. 반지를 낀다거나 귀걸이를 하는 일이 없기도 했다.

몇 해 전, 아내가 며칠 동안 선물로 받은 반지를 낀 적이 있었다. 나는 별로 큰 관심도 없이,

"귀부인이 되었군요. 건강이나 미관상 좋아 보이지 않는데…. 불필요한 관심은 쓸 필요도 없고… 그저 예수님의 가족만큼 가난하게 사는 편이 제일이지"라고 말했다.

그 뒤 아내의 반지는 자취를 감추었다. 나는 지금도 손가락에 아무것도 없는 편이 좋다고 생각하고 있다.

이런 분위기니까 애들에게 사치라고는 금물인 셈이다. 그러면 그럴수록 대수롭지 않은 물건에도 애들은 큰 기쁨을 느끼곤 한다.

며칠 전에도 여학교 1학년짜리가 새 옷이 한 벌 생겼다고 얼마나 좋아하는지 모른다. 5, 6일 동안은 기분이 좋아 공부에도 신이 나는 모양이다. 아내에게 물었더니 2, 3백 원짜리 옷이라는 것이다. 2, 3백 원의 값치고는 대단한 기쁨이라 생각하고 있었다.

영원과 사랑의 대화

그러나 요사이 나는 몇 주간 동안 어려운 문제를 지니고 있다. 저 어린것들을 어떻게 고생을 좀 시켜야겠는데 어떻게 하면 좋으냐는 방법 때문이다. 저렇게 옷 한 벌, 돈 백 원에 기쁨을 감추지 못하는 것들에게 고생을 시킨다는 것은 가슴 아픈 일이다. 생각하고 싶지도 않다. 맛있게 먹이고 예쁘게 입히고 즐겁게 놀리려면 불가능한 것은 아니다. 그러나 아무리 생각해도 고생은 시켜야겠다.

나는 어린 시절에 지나친 고생을 해왔지만, 그 고생의 값이 무척이나 귀했다는 것을 지금에 와서 더욱 깊이 느끼고 있다. 이제 저것들이 아무 고생도 없이 그대로 자란다면 약해지고 무능해지며, 스스로 앞날을 개척해가는 힘을 잃어버리게 될 것만 같아 보인다.

그래서 요사이 생각한 것이, 국민학교까지는 집에서 심부름이나 하면 되지만, 중학교에 들어간 뒤에는 어떤 일이나 책임을 지고 일하면 월급을 주기로 작정해보고 있다. 고등학교 때에는 완전히 일을 가져야 하며, 대학 때에는 수고의 대가 이외에는 경제적인 원조를 주지 않을 작정을 해보고 있다.

사랑하는 어린것들에게 고생을 시킨다는 일은 마음 편한 일이 아니다. 그러나 사랑하기 때문에 그들의 유능한 앞날을 위하여 고생을 시키고 채찍을 드는 것이 아버지라는 직업의 고달픈 책임이기도 하다.

그러나 나는 남들과 비교하여 또 하나의 무거운 책임을 지고 있다. 그것은 나의 자녀들에 대한 신앙적 책임이다. 종교인의 입장에서 본다면 가장 사랑하는 이들의 신앙적 태도만큼 큰 관심을 가지게 하는 일이 없다. 그 때문에 예수께서는 베드로를 사람을 낚는 어부로 만드셨고 무지한 자들에게, "나는 너희들의 생명은 천하를 주고도 바꿀 수 없는 것으로 본다"고 말씀하셨다.

그러니까 나의 자식들의 신앙에 대한 관심은 무엇보다도 강하다. 그러나 그 뜻이 강하기 때문에 그 방법은 더욱 어려운 것이다. 싫증을 느끼도록 강요한다면 혐오와 반발을 길러줄 것이며 그대로 내버려둔다면 종교에 무관해지고 만다. 그렇다고 일상적인 방법과 수단을 쓴다면 그것들의 마음의 고귀한 신앙을 세속적인 것으로 바꾸어버릴 가능성이 많아진다. 참으로 어렵고 근심스러운 일이다.

오랫동안 고민한 끝에, 한 가지 사실만을 아직은 얻고 있을 뿐이다. 어린것들의 신앙과 장래를 위하여 기도를 드리는 일이다. 모니카의 기도가 아우구스티누스를 찾았고 아우구스티누스의 인격과 신앙이 천수백 년 동안 유럽 세계를 이끌어갔다면, 어린것들의 앞날을 위한 기도야말로 아버지로서의 최고의 사명일는지도 모른다.

어머니와 딸

둘째 딸이 약혼을 결정짓는 날 아침이었다.

아내가 조반을 먹다가, "지난밤에 꿈을 꾸었어요. 내가 저 언덕 위에 있는 가게에 다녀오는데 방에서 아름다운 피아노 소리가 들려오더군요. Y가 피아노를 치고 있다고 생각했지요. 그 소리가 그렇게 아름다울 수가 없었어요. 그래서 손에 든 짐도 내려놓지 않고 Y의 방으로 갔지요. 그런데 Y가 없지 않아요? 지금까지 피아노 소리는 들렸는데 사람이 없어진 것이에요. 피아노 소리도 그쳤고, 그래서 울었어요. 피아노에 매달려 오래 울었어요. 아마 오늘은 결혼을 결정짓게 될 것 같아요…"라면서 떨리는 목소리를 가누지 못하고 있었다.

결국은 눈물을 닦으면서 조반을 중단하고야 말았다.

그 이야기를 들은 나도 똑같은 심정이었다. 그러나 딸애에게는 아무 말도 하지 않기로 했다.

그날 오후였다. 지금은 Y의 남편이 된 S 군이 모친과 함께 집으로 찾아왔다.

결국 우리는 약혼을 성립시켰다.

아내는 손님들을 정중히 환송했다. 그러나 그날은 종일 우울한 표정이었다. 생각해보면 슬퍼할 일도 아니고 눈물을 흘릴 경우도 아니다. 적당한 나이가 되었고, 사랑하게 되어 결혼을 하는 것은 당연한 일이다. 어떤 면에서는 없어서는 안 될 일이다. 기다렸던 인생과 가정적 절차의 필수과정이기도 하다. 그러나 사랑하는 정이란 생각과는 다르다. 이성으로만 판단할 수 있는 문제도 아니다.

나도 그날 밤에는 서재에 앉아 있었으나 도무지 일이 진전되지 않았다. 몇 차례 창밖을 내다보기도 했고, 뜰 안과 골목길을 거닐다가 돌아왔다. 차라리 당사자인 딸 Y는 자연스러운 것 같았다. 중대한 결정을 내렸기 때문에 어떤 안도감 비슷한 것을 느꼈을지도 모른다. 남편이 될 S 군과의 장래를 계획하고 있음직도 하다. 그래서 축하는 해주면서도 아내와 내 마음은 허전했다. 마음속 깊은 곳이 텅 비어오는 것 같은 심정이었다.

아내는 나에게 "자기네들이 좋아하니까 그래도 마음이 놓인다"고 말했다. 그러나 나는 "시집가는 날이면 자기가 더 쓸쓸해지겠지…"라고 말했다. 모든 딸들이 시집을 갈 때는 엄마와 둘이서 울고 있는 모습을 여러 번 보았기 때문이다. Y와 아내도 예외일 수는 없다.

몇 달 뒤 결혼식이 있었다.

Y는 아침부터 무거운 표정이었다. 아들 녀석들의 표정은 비교적 담담했다. 그러나 두 작은딸들의 안색은 굳어져 있었다.

엄마와 세 딸들이 피아노가 있는 방으로 몰려갔다. 나는 왜 가는지를 잘 알고 있다. 그러나 모르는 체해야 한다. 이런 때 선한 판단과 용기를 주는 것은 아버지의 책임이다. 슬픈 감정을 누르는 아버지의 지혜와 용기가 필요해진다.

한참 뒤 아내와 세 딸들이 방에서 나왔다. 아무 일도 없었다는 듯이 결혼식에 나갈 준비를 서둘고 있었다. 그러나 Y의 눈에는 눈물 자국이 남아 있었다. 나는 슬그머니 "엄마는 시집올 때 좋아만 했는데 너희들은 이상하다. 시집을 가지 못할까 봐 걱정하더니…"라면서 웃었다.

이렇게 약혼을 하고 시집을 간 Y가 벌써 딸들을 기르고 있다. 그 꼬마들이 자주 집에 찾아온다. 그 모습은 꼭 아내가 Y를 기를 때와 다름이 없다. 외손녀들을 달래주면서 아내는 '너희들 엄마가 너희들을 곱게 길러가지고는 또 울면서 시집을 보내겠구나. 그때쯤 되면 나는 이 세상에 없을지 모르지만, 인생이란 다 그렇고 그렇게 되어 있는 게다'라고 중얼거리고 있었다. 사랑에 지친 표정이라고나 할까.

그렇다. Y도 자기를 시집보내면서 허전해하던 부모의 심정을, 저 꼬마들을 길러 보낼 때는 가슴 벅차게 깨달을 것이다. '그래서 우리 어머니도 슬퍼했구나' 하고.

Y는 전공이 피아노였다. 결혼을 한 얼마 뒤 아내는 피아노를 보내주어야겠다는 제안을 했다. 나도 쾌히 승낙했다. 10여 년 동안 들려오던 피아노 소리가 멈추고 보니 집안은 더 허전한 것 같았다. 앞으로도 오랫동안 피아노 소리를 들을 길이 없게 되었다.

Y의 딸들이 피아노를 친다 해도 그때는 우리들도 이미 늙었을 것이고…. 그리고 보면 약혼을 결정짓기 전날 밤 아내의 꿈이 그대로 적중한 셈이다. 아름다운 피아노 소리가 끝나고 Y는 24년간 자랐던 집을 떠났으니까.

이렇게 생각해보면 한국 가정은 어머니와 딸들의 사랑과 눈물로 이어져가는 것 같다는 생각이 든다. 딸들을 사랑하지 않는 어머니가 어디 있겠는가. 그러나 한국의 어머니들은 울면서 시집을 가고, 울면서 딸들을 시집보내는 전통을 이어온 것이다. 옛날에도 그러했으나 아직도 그 정의 흐름은 오래 계속될 것이다.

그래서 아들을 장가보내는 부모들은 기쁨을 숨기지 못하나 딸들을 시집보내는 부모들은 눈물을 감추지 못한다는 말이 있다. 내 모친도 누나를 시집보낸 뒤 며칠을 말없이 눈물만 닦고 있었다.

그러나 생각해보면 그 눈물 속에 정이 흐르고 그 정들이 사랑의 샘이 되어 아름다운 인생의 열매들을 키우는 것이 아닐까. 그러한 눈물의 정이 없었다면 인생의 사랑과 아름다움이 어디서 싹틀 수 있겠는가.

고향의 가을

지난 정월이었다.

일본에 의사로 가 있던 H 형이 죽었다는 소식을 전해 들었다.

중학교 때부터의 친구였으니 45년간을 정으로 보낸 벗이다. 거의 20년 동안은 홈닥터의 수고도 맡아주었다. 가족들의 건강을 보살펴 주던 친구였다.

2년 전 부인이 먼저 일본에서 세상을 떠났다. 유골을 가져다 장례를 치르면서 "객지에서 눈을 감게 되어 가슴 아프다"는 말을 되풀이하고 있었다.

그런데 그 객지에서 자기마저 이 세상을 하직한 셈이다. 노년기에 집과 고국을 떠났다가 객지에서 두 내외가 세상을 뜬 것이다.

그 친구가 입버릇같이 하던 말이 생각난다. "70이 넘으면 모든 공

직과 의사의 일을 끝내고 고향에 가서 산 밑 숲이 우거진 곳에 오막
살이 초가를 짓고 살다가 죽었으면 좋겠다"는 말이었다. 서울에 있
을 때, 진찰실 문밖으로 바라다보이는 크지 않은 언덕 위의 숲을 보
면서 늘 하던 말이다.

이제는 그 어느 뜻도 채우지 못하고 타국 산천에 몸을 남기고 마
는 운명이 되었다.

인간은 나이 들수록 과거를 더 많이 생각하는 습관을 갖는 것 같
다. 그 과거가 잊을 수 없는 생의 고향으로 떠오르기 때문에 인간은
나이가 많아질수록 고향에의 그리움을 더 많이 갖는 것이다.

그 고향이 무엇인가. 외국에 나가 있는 사람들은 모국어가 고향
이라는 생각을 갖는다. 일본에 와 있던 독일의 쾨벨 교수는 독일 말
이 고향이라고 입버릇같이 되씹고 있었다. 독신으로 여생을 살다가
일본에서 죽었으니까 독일어가 고향이었을 것이다.

캐나다 밴쿠버에 목사 친구가 있다. 그 목사의 얘기가 생각난다.
캐나다 산속 깊은 곳에 한국서 이민 온 젊은 부부가 있었다. 그 부
인이 병으로 세상을 떠나게 되었다. 그 부인은 죽기 몇 시간 전에
"한국 사람들이 많이 모여서 이야기하는 것을 한번 보았으면 좋겠
다"는 말을 남겼다는 것이다.

그러나 우리들의 대부분은 말이 고향이라는 생각은 별로 하지 않
는다. 그 말 속에 살고 있기 때문이다.

요사이 나는 고향이 무엇인가 하는 생각을 되풀이해보곤 한다.

그런데 이상스럽게도 고향은 자연이었다는 생각이 들곤 한다. 내 친구도 50이 넘으면서는 자주 그런 말을 하고 있었다. 우리들 세대의 대부분이 농촌에서 자랐고 농촌은 한마디로 말해서 자연이기 때문일 것이다.

미국이나 캐나다에 이민으로 가 있는 한국인들이 서울을 다녀갈 때는 산수가 그려진 동양화를 즐겨 구해 간다. 한국의 산수를 방에 걸어놓으면 그렇게 위안이 될 수가 없다는 얘기들이다. 나이 든 사람들일수록 그런 심정이 짙어지는 것 같다.

나도 나이 든 탓일까.

해마다 자연에의 향수 비슷한 것을 더 깊이 느끼고 있다. 그때마다 20년의 어린 세월을 농촌에서 자랐으니까 할 수가 없다고 생각한다. 하기는 20년만이 아니다. 그 뒤에도 어디에 머물든지 하숙이나 집을 정할 때는 가장 앞서는 조건이 있다. 녹지대가 있는 공간이다.

지금 사는 신촌으로 처음 이사 올 때는 이 부근이 온통 빈터였다. 쓸모없는 단칸방의 셋방살이로부터 시작했을 때도 주변의 산들이 유일한 위안처가 되었다. 현재는 약간 넓은 정원을 갖고 있다. 그래서 집 밖으로 나가고 싶은 유혹은 별로 받는 일이 없이 지내고 있다.

이런 생활의 습관을 가지게 된 것도 어렸을 때 농촌과 자연을 벗삼고 살아온 결과였을 것으로 생각한다.

농촌의 1년은 자연의 변화와 더불어 시작되고 끝난다. 같은 온도의 기후라고 해도 봄의 섭씨 20도와 가을의 20도는 다르다. 추운 겨울이 지나고 여름을 예고해주는 20도는 노곤하고, 꽃들이 피는 계절이지만 가을의 20도는 더위가 가시고 겨울이 다가옴을 상기시키며 긴장된 준비를 갖추게 한다.

농촌의 봄은 모든 것이 바쁜 계절이다. 농사를 짓기 시작하며 근육의 피곤을 피어오르는 자연에 쏟아야 하는 매일이 계속된다. 그러나 가을은 똑같이 바쁘더라도 피곤이 풀리는 느긋한 심정을 느끼게 한다. 곧 겨울의 안식이 다가올 것이라는 여유가 약속된 시간이다. 그래서 봄밤은 짧고 피곤하게 잠들게 되나 가을밤은 길게 느껴지며 생각의 여유를 갖게 해준다.

뜰에 멍석을 깔고 모기쑥 연기를 부채로 날리면서 긴 시간을 앉거나 누워서 보낸다. 장마를 겪던 고생스러움도 회상해보며 허리가 아프게 밭이랑에서 김을 매던 더운 여름 저녁도 옛날의 일같이 기억에 떠올려본다.

반딧불이들이 여기저기서 날아왔다가는 정처도 없이 사라져 간다. 어떤 때는 하늘의 별과 반딧불을 착각하기도 한다. 멀리 보이는 반딧불이는 흡사 별이 움직이는 것 같아 보이기 때문이다.

가을의 서늘함이란 피부 속까지 정신을 맑게 해주는 묘약과 같다. 생각을 가다듬게 해주며 마음과 정신의 빈 공간을 채우고 싶은 의욕을 일깨워준다. 가을이 독서와 사색의 계절이라는 것도 이러한 자연적 분위기가 주는 마음의 변화 때문일지 모른다.

그러나 이러한 가을의 느낌은 철들었을 때의 것이다. 아주 어렸

영원과 사랑의 대화

을 때는 마음과 몸과 생활이 온통 자연과 하나가 된다.

꽃을 따기 위해 달리는 마음은 꽃과 하나가 된다. 기러기 소리에 귀를 기울일 때는 나 자신이 기러기와 같이 정처 없이 날아가버린다. 귀뚜라미 소리가 그렇게 외롭고 정답게 들려올 수가 없다. 밤 깊은 줄 모르고 듣다가 잠들곤 한다. 하늘의 별들은 아무리 세어보아도 그 수를 알 수가 없다. 초가지붕에 매달려 있는 박들은 낮보다도 더 희게 보이는 때가 있고, 박꽃은 밤이 오기를 기다렸다가 그 희고 맑음을 뽐내는 것 같기도 하다.

어떤 때는 친척집 아저씨를 따라 밤 냇가로 나간다. 초롱불을 켜 들고 물이 빠져나간 냇가를 걸으면 강으로 옮겨가던 게들이 황급히 물속으로 뛰어들거나 냇바닥 속에 몸을 숨긴다. 그놈들을 하나씩 잡아 수숫대나무 다래끼에 잡아넣는 재미는 무엇이라고 표현할 수가 없다.

어떤 때는 큰 게에게 손가락을 물린다. 손가락이 잘려나갈 듯 아픔을 느낀다. 하는 수 없이 게를 얕은 물속이나 모래밭 으슥한 곳으로 놓아줄 듯이 손을 내민다. 그러면 게들이 약삭빠르게 집게를 풀고 달음질친다. 그러나 게가 인간의 지혜야 따를 수 있는가. 이번에는 물리지 않고 곱게 잡아넣는다.

두세 시간 냇가를 더듬으면서 잡다 보면 다래끼가 가득 찰 정도로 무거워진다. 그 게들을 풋고추와 고추장에 쪄먹을 생각을 하면서 깊은 밤 논두렁길을 따라 집으로 돌아오곤 한다.

길가의 수숫대들이 선들바람에 소리를 내는가 하면 먼 산 밑까지 뻗어 있는 논밭엔 가득히 익은 곡식들이 주인을 기다리고 있다.

시골의 달빛은 유달리 밝은 법이다. 한두 개의 별들이 하늘 저쪽 밑으로 떨어지는 것이 보인다. 우리는 어렸을 때부터 그것을 별들이 장가를 간다고 말해왔다. 나도 이다음에 커서는 저 별과 같이 어떤 먼 곳으로 장가를 가겠지 생각하곤 했다.

이런 일들은 게 사냥으로 그치지 않았다. 가을이 되면 벼가 빨리 익게 하기 위해 논의 물을 빼야 한다. 그때는 논에 있던 물고기, 뱀장어, 게들이 흐르는 물줄기를 따라 수문 밖으로 밀려 나온다.

그물을 대고 물고기와 뱀장어를 잡는 재미가 더 즐겁다. 그것은 낮의 일이기 때문에 시간 가는 줄을 모른다.

이렇게 해서 인생은 즐겁고 자연은 아름다운 친구가 된다.

그러나 나는 이 자연을 오래 떠나 살았다. 도시의 소음, 정신적인 피곤, 사회문제들이 가져다주는 억압감 등이 온통 내 마음과 주변을 둘러싸고 있다.

그런 나에게는 자연이 고향일 수밖에 없다.

금년 가을쯤은 좀 더 밝고 즐거운 가을이 되었으면 좋겠다.

낙엽에 부치고 싶은 마음

'효孝'는 인간의 대륜大倫이라고 한다. 우리들이 가정생활을 영위하고 있는 한, 부모에 대한 효도만큼 귀한 일은 없을 것이다. 가정 윤리를 중심 삼는 동양 도덕은 말할 것도 없지만, 서양 윤리의 원천이 되어 있는 성서에서도 부모를 공경하며 그 뜻을 준행하는 이가 땅에서 복을 받는다고 가르쳐주었다.

효가 얼마나 존귀한가는 더 말할 필요도 없다.

나는 어렸을 때 부모에게 효를 다해야 한다고 배웠다. 중학교에 다니면서 유교의 교훈을 들을 때도 효의 존엄성을 가슴 깊이 깨달은 것 같다. 그러나 한 번도 효다운 효를 해본 일이 없이 오늘에 이르렀다. 오히려 요사이는 부모를 사랑하며 효를 다한다는 것은 거짓에 가까울 정도로 불가능한 일이며, 밑으로 자식들을 사랑하는 것이 효를 대신하는 일이 아닌가 생각할 정도로 효에 대한 관심을 바꾸고 있으며, 효의 불가능함을 깨닫기 시작하고 있다.

나이 20이 되기까지는 자기 자신도 모르는 생활을 하고 있었으니 효를 지킨다는 일은 거의 불가능한 셈이었다. 그런데 나는 20이 되면서 몇 해 동안 공부를 한답시고 그나마 부모의 슬하를 떠나 있었으니 효의 길은 끊어지고 만 셈이었다.

부모님에게 효를 할 수 있는 유일한 기회는 해방을 전후한 3년인 셈이었다. 그러나 해방 전 1년은 나 자신의 불우한 처신을 거들지도 못한 형편이었다. 해방 후 1년간은 해방의 환희에 붙잡혀 무엇인가 해보느라고 부모님을 돌보아드릴 여유조차 없었다.

해방 2년 뒤 나는 돌도 채 되지 못한 아들을 업고 아내와 같이 38선을 넘어야 했다. 낮에 온 가족이 모여서 마지막 기도를 드렸다. 아들과 손자를 사선을 넘어 보내는 부모는 시종 말이 없었다. 어머니는 눈물만 흘리고 있었고, 아버지는 아무 말도 못하고 있었다. 소나무 밑 좁은 오솔길을 걸어 떠났다. 어머니는 멀리까지 치맛자락을 적시며 바라보고 있었다. 그러나 부친은 흐르는 눈물을 닦지도 않았다. 아들, 며느리, 손자가 보이지 않게 될 때까지 부모님은 서서 눈물을 흘리고 있었다.

나는 지금도 그때 일을 생각하면 가슴이 무거워진다. 9·28 때 잠시 평양을 다녀왔기 때문에 나는 부친을 몇 날 뵈올 수가 있었으나 부친은 종내 며느리와 손자를 대할 기회를 땅 위에서는 잃고 말았다. 생각하면 불효한 자식이었다. 백 번 눈물을 흘린다고 부친의 그 뜻을 짐작이나 할 수 있을까.

중공군이 남하한다는 소식을 들은 부친은 자유의 나라 남한을 향해 떠났다. 늙은 몸과 피곤한 다리를 끌면서 해주로의 길을 택했던 모양이다. 아들과 손자가 있는 남한을 찾아 떠났던 것이다. 그러나 그 뜻은 수포로 돌아갔다. 길은 막히고 자식들을 찾을 가망은 없어지고 말았다. 부친은 산 속에 있는 텅 빈 오막살이로 되돌아갔다.

그 뒤 소식을 나는 알지 못한다. 봄볕이 찾아들어도 단풍잎이 굴러가도 자식들의 생각으로 일어날 부친을 생각하면 가슴이 아파진다. 그 약한 몸으로 아직 생존해 계시는지 알 길조차 막연하다. 만이로 태어나 부친의 임종마저 보지 못한 불행한 아들이 되어버렸다.

나에게 백의 뜻이 있고 천의 용기가 있은들 무엇 하랴. 용서와 속죄를 빌고 싶은 마음뿐이다. 옛 글귀에 "바람이 부니 나무가 흔들리지 않을 수 없고, 부모가 계시지 않으니 이제 그 뜻을 어이하리"라는 말이 있지만 그 애절한 심정이 나의 것으로 변할 줄은 생각조차 해보지 못했다.

아무리 생각해도 나는 효를 못한 불행한 자식이다. 그렇게 생각하면 할수록 지난날들의 기억이 꼬리를 물고 되살아난다.

어렸을 때 이야기이다. 모친이 밭으로 나가면 집에는 나와 부친만이 남는다. 부친은 나를 혼자 버려둘 수 없기 때문에 같이 산으로 나무를 하러 가자고 타이른다. 그러나 소나무 우거진 산에서 혼자 쓸쓸한 시간을 보내는 것을 싫어했던 나는 집에 남든가 동리 아이들과 놀러 가는 편을 즐기곤 했다. 그렇게 되면 으레 부친은 두 가지 조건을 제시하는 것이었다. 산에까지 지게를 태워준다는 것과 옛이야기를 들려준다는 약속이었다.

흔들거리는 지게를 타고 산에 올라가는 재미도 좋았지만 쉬는 틈을 타서 들려주는 옛이야기는 더욱 즐거웠다. 부친은 주로 석가님, 공자님, 예수님 이야기를 해주었다. 그리고 일본이 어떻게 우리 민족을 불행하게 만들었는가 하는 이야기도 들려주었다.

이야기 시간을 제외하고는 긴긴 시간을 혼자서 나무 밑 바위에서 보내야 한다. 해가 서산에 비끼고, 포플러 나무 그늘이 들에 길게 드리우게 되면, 나는 아버지의 뒤를 따라 집으로 돌아온다.

저녁을 끝낸 뒤에는 곧 어머니 무릎에 잠드는 것이었다.

그 뒤 나는 자라서 청년이 되고 장년이 된 셈이다. 그런데 나이 들수록 인생은 고독하고 많은 일에 부딪칠수록 인간은 더욱 피곤해지는 모양이다. 오늘도 가능하기만 하다면 한 번 더 아버지의 지게를 타고 산으로 올라가보고 싶다. 그러고는 그 뒤 누구에게서도 들을 수 없었던 값 귀한 옛날이야기를 아버지에게서 한 번만 더 들을 수 있다면….

그러나 부질없는 생각이다. 나는 이미 나이 들었고, 부친은 여기 계시지 않는다. 요사이 몇 달 동안은 꿈에도 부친이 나타나지를 않는다.

부친은 불행한 청소년기를 보냈다. 학교라고는 다녀본 일이 없었고 따뜻한 어머니의 사랑을 받은 일도 없었다. 그러나 청년기의 자습으로 글을 배웠고 무척 많은 책을 읽었다. 성경만도 모두 일곱 번을 통독하였다고 들었다.

그렇기 때문에 부친은 책을 무척 좋아했고, 기회만 있으면 나에게 좋은 책을 쓰는 일이 무엇보다도 귀한 일이라고 타이르곤 했다. 누구보고 이야기는 안 했지만 '저놈이 이다음에 자라서 책이라도 한 권쯤 써주겠는지?' 생각하였을 것이다. 부친의 평생소원이었고, 당신이 다시 세상에 태어날 수 있다면 유일한 희망이 그것이었을지 모른다.

그러므로 내가 대학으로 고학의 길을 떠날 때도 가장 만족했고, 철학과에 적을 두었다고 보고드렸을 때는 무척 기뻐도 하였다.

나는 여러 해 전 나의 처녀 저서로《철학개론》을 출판했다. 그 책의 서문을 쓰면서 몇 번 눈물을 흘렸다. 그 책은 부친에게 드리고 싶은, 또 드려야 할 책인데 부친은 여기 계시지 않는다.

친지들이 출판 기념회를 갖자고 청해왔으나 나는 굳이 사양했다. 부친께 드리지 못할 책을 어떻게 나 자신의 기쁨으로 바꿀 수 있었을까. 그 뒤 나는 여러 권의 책을 내놓았다. 그러나 그때마다 쓸쓸한 생각은 누를 수가 없었다. 모두가 부친에게 바쳐졌으면 싶은 책들이다.

요사이 나는 종교 강연집을 정리하고 있다. 가까운 시일에 책이 될 것으로 믿는다. 그러나 이 책도 바칠 곳이 없다. 보낼 곳이 없는 책이 되고 말았다. 이 책을 보내드리기에는 고향인 이북이 너무도 멀다. 원수 나라였던 일본에도 다녀왔고, 지구 저쪽 끝인 미국과 유럽에도 다녀왔는데, 내 부친이 계신 이북에만은 왜 다녀오지를 못한다는 말인가?

지난여름에는 서백림(서베를린)에서 동백림(동베를린)을 구경할 수 있었고, 요르단 왕국에서 이스라엘로 통하는 경계선도 넘을 수 있었는데 같은 혈족, 똑같은 말을 사용하고 있는 부친이 계신 내 고향에만은 왜 못 간단 말인가?

생각할수록 슬프고, 그리울수록 불효한 스스로가 원망스러울 뿐이다.

인간의 마음이란 이상하다. 어렸을 때는 날씨가 차도 부모에게, 운동화 뒤축이 터졌어도 아버지에게, 손끝에 가시가 찔렸어도 어머니에게 알려드려야 했다.

그러던 것이 철들면서부터는 모든 것을 나대로 살아왔다. 누구에게 알릴 필요도 없었고, 뜻을 전해야 하는 의무가 있는 것도 아니었다. 그렇게 10여 년을 살아왔다. 마음의 여유가 없었고, 나 중심의 생활을 넘어서지 못한 때문이다.

그러나 요사이는 약간씩 생활과 마음의 변화를 느끼고 있다. 정신적 여유도 생겼는가 하면 고독한 개인주의를 벗어나야 한다는 뜻도 깨닫게 되었다.

이러한 생활의 습성이 짙어감에 따라 마음 한편 구석은 나도 모르게 비어만 간다. 그것은 마음의 안방 한가운데 자리 잡고 있어야 할 부친이 없는 데서 오는 마음의 공허인 것 같다.

한평생 집다운 집을 가져보지 못한 부친에게 비록 작기는 하지만 집을 한 칸 마련했다는 기쁜 소식도 전해드릴 길이 없는가 하면, 그렇게 사랑해주시던 손자가 중학에 입학했지만 그 뜻을 전할 길조차 없다. 두 동생이 가정을 이루고 손자들이 자라고 있지만 그 사실을 알려줄 곳조차 없다.

한평생을 시골에 묻혀 살면서 기회만 있으면 서울 구경이라도 해보고 싶다던 뜻도 이제는 지난날의 꿈으로 화해버린 것이다. 병약한 맏자식인 나를 안으시고 남만큼 건강하기만 했으면 하시던 소원을 눈앞에 풀어보지 못한 채로 벌써 20년의 세월이 헛되이 흘러가고 말았다.

생각하면 어린이다운 심정이 여름 구름같이 가슴에 피어오른다.

오늘은 추석날 밤이다.

제법 서늘한 바람이 불어온다. 서울의 날씨가 이럴진대 이북의 가을은 더 한층 차가울 것이다. 의탁할 곳 없는 부친의 심정을 생각하면 어디론가 원망스러운 뜻을 호소해보고 싶다. 민족이 겪고 있는 비운이라 하지만 인간의 어엿한 길을 무너뜨리는 처사들은 더 계속되지 않아야만 한다.

지붕 위에서 낙엽들이 바람에 불려 하나둘 떨어진다. 아마 볕이 가려진다고 해서 잘라버린 등나무 가지에서 떨어진 잎일 것이다.

멀리 북쪽을 향하여 '아버지' 하고 불러보고 싶은 밤이다. 그러나 이제는 땅 위에서 '아버지'라고 부를 기회는 없어져버리고 말았다. 어린 것들은 한 번도 할아버지를 불러보지 못하는 가엾은 손자가 되어버리고 말았다.

이 심정을 어디로 전해 보낼까? 굴러가는 낙엽에 부쳐 멀리 북으로 전하고 싶은 생각이 든다.

영원과 사랑의 대화

생각나는 사람들 1

늙을수록 과거를 더 많이 생각하게 된다고 한다.

남겨진 앞날이 점점 짧아지니까 차라리 뒤를 돌아다보는 것일까?
그렇지 않으면 별로 신통한 내일이 있을 것 같지 않으니까 오히려
과거를 회상함으로써 어떤 아늑한 고향을 더듬어보는 것일까?

어쨌든 인간은 꿈을 가지고 살게 마련인데 내일의 꿈이 없으면
어제의 꿈을 다시 그려보는지도 모른다. 그리고 이러한 심정에서
과거를 더듬어보는 사람들은 될 수만 있으면 과거를 미화시키고 다
시 누려볼 수 없는 기분과 뜻과 기억의 자취에서 더듬게 마련이다.

그것은 마치 화가들이 자기의 작품 속에서 지난날의 인상과 화면
의 내용을 더듬는 것과도 비슷할 것이다. 항상 진취적이며 회상을
즐길 줄 모르는 괴테까지도 젊어서 써놓았던 산 위 정자의 시를 읊

고 울었다지 않은가?

그러나 나의 심정은 완전히 다르다. 아직 짧아지는 내일을 느껴본 바도 없으며, 항상 바쁘게 살아왔으므로 과거를 회상해볼 여유도 없는 편이다. 그러나 어제가 점점 많아지고 있으며 내일이 적어져가고 있는 것만은 어찌할 수 없는 사실이다.

이러다가는 과거의 생활 속에서 나에게 아름다운 인상과 귀한 정성, 사랑을 베풀어준 모든 분들을 완전히 잊어버리게 되지나 않을까 염려스럽다. 잠시 회상해보고, 사라져가는 마음의 모습들을 글로써 남겨둘 수 있다는 사실도 뜻 있는 일이라고 생각한다.

나는 그분들의 마음·동정·사랑의 접촉 때문에 살아왔으며, 그렇게 해서 바로 오늘의 내가 이루어진 것이다. 그러나 지금 사귀며 접촉을 가지고 있는 모든 사람들은 또 어떤 후일에야 인상과 감사의 대상이 되겠기 때문에 여기서는 꺼내지 않는 편이 좋을 것 같다.

1

1972년 봄, 나는 댈러스의 한 교회에서 설교를 끝냈다. 교포들을 위한 모임이었다.

옆방에서 커피를 나누고 있을 때, 70이 많이 넘은 미국 노파와 나보다 한 살 위인 그녀의 아들의 인사를 받았다. 그 노파는 나에게, "저는 옛날 평북 운산에 살았지요. 이 아들은 내 둘째인데 기미년

만세 때 낳았습니다. 내 남편은 북진서 광산 도로를 측량하고 있었습니다. 지금 여기에는 일이 있어 못 왔지만 내 며느리가 당신도 운산에 살았다기에 이렇게 찾아왔지요"라는 것이었다.

이야기해가는 도중에 우리는 즐거운 사실들을 알게 되었다. 내 부친이 바로 이 노파의 남편과 함께 일했다는 사실, 내 모친과 이 할머니가 같은 나이라는 것도 알았다.

나는 같이 온 아들 신사에게 "어려서 북진을 떠났기 때문에 지금은 아무 기억도 없습니다. 오래 살았더라면 우리도 친구가 될 뻔했지요?"라며 웃었다. 그는 웃으면서 "소나무가 우거진 높은 산들이 있고 깊은 골짜기로 맑은 물이 흐르던 것 같은 기억밖에 없습니다. 내 모친은 한국이 제2의 고향이라고 그럽니다만… 신혼생활을 했던 곳이기 때문에 더 인상적이었는지 모르지요"라고 말했다.

한참 뒤 나는 그 노파에게 "혹시 파우어라는 의사를 기억하십니까?"라고 물었다.

"그럼요. 어떻게 그 이름을 지금까지 기억하세요?"라면서 놀라는 표정이었다. 놀랄 만한 일이다. 네 살에 북진을 떠났는데 그 외국 의사 이름을 기억하고 있으니 말이다.

나는 "제가 유년기에 몹시 병약했습니다. 제 부모가 그 파우어라는 분에게 가서 제 병을 치료받곤 했지요. 저 때문에 무척 애태우셨다고 들었어요. 그래서 부모는 그분이 바로 제 생명의 은인이라고 항상 말해주었습니다"라고 설명했다.

노파는 "그분은 세상을 떠났고, 그 부인이 지금 노스캐롤라이나에 있습니다. 부인도 참 좋은 분이에요. 그 남편은 말할 것도 없고요. 우리 두 아들을 돌보아준 의사도 그분인걸요!"라면서 반겨했다.

그러나 나는 '어떤 운명의 신이 그 의사를 북진으로 보내주었고 사라져가던 내 생명의 불꽃을 되살려주었을까?' 하고 깊은 생각에 잠겼다.

잊을 수 없는 고마운 분이다.

2

나는 상당히 오랫동안 이모와 고모가 어떻게 다른지 몰랐다. 부친은 단 형제만의 가족이었기 때문에 촌수를 따질 수 있는 가족이라고는 사촌과 사촌동생들뿐이었다.

그런데 어머니 편으로는 외삼촌이 두 분, 이모가 두 분 있었고, 외할아버지도 계셨다. 그러나 모두가 초라하게 퇴락한 가족의 후예들 같았다. 외할아버지가 마음씨만 좋고 무능했기 때문에 가산을 지키지 못했던 모양이다. 큰외삼촌은 폐병으로 일찍 세상을 떠났고, 작은삼촌은 어떤 부잣집의 머슴 일을 하다가 데릴사위로 들어간 모양이다. 그러니까 이렇다 할 삼촌은 없었다. 그러나 큰이모는 나를 무척 사랑하고 아껴주었다. 나는 어렸을 때, 평안도 사투리 그대로 '아지미'라고 불렀다. 그리고 우리 아지미가 있다는 것이 얼마나 자랑스럽고 기쁜 일이었는지 모른다.

영원과 사랑의 대화

아지미는 외할아버지가 큰딸을 보고 싶어 50리 길을 걸어올 때면 나에게 주라고 두세 가락의 엿, 10여 알의 눈깔사탕을 사서 보내곤 했다. 나는 기찻삯이 없어 40, 50리를 걸어오시는 할아버지가 왜 좀 더 맛있는 과자를 많이 사오지 않을까 기다려보기도 했다.

소학교 3학년 때 겨울이었다. 친척집이라고는 별로 없는 나는 외할아버지에게 끌려 아지미네 집으로 놀러 갔다. 이제 생각해보니 일주일간이나 머물렀던 모양이다. 아지미네 집은 몹시 초라했다. 동리에서도 제일 작았고 비가 오는 여름이면 뜰 안까지 장마가 든다고 들었다. 가난한 아지미는 나를 얼마나 극진히 우대해주었는지 모른다. 그 재미에 나는 집으로 가는 것까지 잊고 있었다. 그때 나는 고소한 깨소금을 무척 많이 얻어먹었다. 일주일 동안 깨만 먹었던 것 같다. 아지미는 잔칫집, 생일집마다 가서는 일을 해주고 먹을 것을 얻어다가는 나만 주었던 것이다.

어느 날 아침이었다. 문밖에서 아버지의 음성이 들리지 않는가! 문을 열고 보았더니 아버지께서 "야, 학교가 어제 개학했는데 집에 올 생각도 안 하니?" 그러시면서 들어오셨다.

그날 오후, 집으로 돌아올 때도 아지미는 나에게 종이봉투에 깨를 한 봉지 싸주었다.

여러 해 뒤에 들었다. 아지미네가 그해 남의 밭을 하나 빌려 깨 농사를 지었는데 그 깨를 내가 한 주일 동안에 다 먹고 왔다는 것이다. 그러나 이렇게 착한 아지미도 불우한 여인이었다. 한 딸과 세 아들을 남겨놓고 객지에서 세상을 떠났다.

7, 8년 전의 일이다. 어머니께서 동대문 부근 시장에서 돌아오는데 어떤 엿 장수가 "엿이오, 엿이오!" 하면서 고함을 지르고 있었다고 했다. 아무리 보아도 죽은 아지미의 남편 같더라는 것이다. 찾아가 물었더니 틀림없는 아지미의 남편이었다. 살림을 해나갈 수 없어서 큰딸은 누구를 주어버렸고 세 아들은 고아원에 맡기고 말았다는 얘기였다.

어머니께서 내 얘기를 하면서 집을 가르쳐주었지만 아직 한 번도 찾아오지를 않았다. 참으로 인생은 무상한 것이다.

3

나는 소학교도 두 곳, 중학교도 두 곳을 다닌 셈이다. 고향 마을 학교에서 4년, 고향서 10여 리 떨어진 소학교를 두 해 다녔다. 그런데 이상한 것은, 두 곳에서 나를 가르쳐준 분은 다 같이 윤 선생이었다. 똑같이 키가 크고 열성이 있는 분들이었다.

처음 윤 선생은 그 뒤 목사가 되었고 6·25 전란 시 피난을 오셨다가 인천서 세상을 떠났다. 여섯 식구를 이끌어가시다가 병과 굶주림으로 돌아가셨다.

둘째 번 윤 선생은 이 세상에서 공부가 무엇인지를 처음으로 나에게 가르쳐준 분이다. 엄격한 숙제, 용서가 없는 책망, 만일 그분이 없었더라면 중학교 진학은 아주 불가능했을지도 모른다. 고마운 분이다. 지금은 어디 계시는지도 모른다.

어떤 날 오후였다. 나는 도화 시간이 되었는데 먼저 시간에 그리다 남겨둔 도화지를 집에서 잊고 왔음이 생각났다.

"선생님, 먼저 시간에 그려두었던 도화지는 잊고 왔는데 어떻게 하면 좋습니까?"

"어디서 잊었는데?"

"집에서 못 가지고 왔습니다."

"거짓말 아니야?"

"정말입니다."

한참 무엇을 생각한 선생님은

"그러면 집에 가서 가져와"라고 명령을 하셨다.

나는 10여 리나 되는 집으로 달려가 그 도화지를 들고 다시 학교로 갔다. 이미 학교는 파해 있었으며 윤 선생만이 사무실에 앉아 계셨다.

"여기 가져왔습니다."

"응, 됐다. 거짓말을 하는 학생은 나쁜 애야"라고 말했다.

아마 선생님은 내가 거짓말을 한 것으로 생각했던 모양이다. 그러나 그날 뜨거운 햇볕을 받으면서 25리나 마라톤을 했던 관계로 나는 여러 날 동안 다리의 근육이 아파 다리를 절어야 했다. 그래도 왜 그런지 윤 선생이 싫거나 밉지는 않았다. 지금도 생각해보면 그저 무서운 선생님일 뿐이다.

4

중학교 1학년 때 일이다.

나는 우연한 기회에 간단한 상품을 탔다. 세계를 일주하던 어떤 외국인 목사의 "이 세상에서 강한 것이 무엇인가?"라는 질문에 "정의입니다. 사람이 의롭게만 살면 아무 두려울 것이 없기 때문입니다"라고 답해 얻은 상이었다.

이 상을 받기 사흘 전이다. 한문 선생께서 강의를 시작하기 전에 "이 반에 김형석이라는 학생이 있나?"라고 물으셨다. 나는 "예" 하고 일어섰다. "응, 너냐?" 그러시더니 그대로 앉아 있으라는 것이다. 밑도 끝도 없는 일이었다.

2, 3년이 지나서다. 어느 날 오후에 청소 감독을 받기 위하여 교무실로 들어갔으나 넓은 교무실은 완전히 비어 있었다. 이상하다 싶어 뒷방인 양호실을 지나 나오려는데 바로 그 한문 선생께서 낮잠을 주무시고 계셨다. 발소리를 죽여 나오려 할 때, 선생님이 물었다.

"그 누구냐?"

"접니다."

"응, 형석이냐? 어서 이리 좀 와! 요새 공부 잘하니?"

"예!"

"어디, 좀 이상하게 생각할지 모르지만 네 손금을 좀 보자"라고 말씀하시더니, 한참 두 손의 금을 열심히 보시지 않는가!

나는 참으로 놀랐다. 한참 보시더니 "좋다" 하시고는 그대로 침대

영원과 사랑의 대화

에 누우신다. 나는 그 뒤 누구보고도 이 얘기를 한 일이 없었다. 어쩐지 성스러운 비밀을 빼앗길 것 같은 기분이었다.

몇 해 전의 일이다. 어느 친구의 얘기를 들으니까, 학교를 그만두신 그 선생님은 토정비결을 보고 손금을 보아주는 직업을 가졌다가 세상을 떠났다는 것이다. 다들 이상하다고 말했지만 나는 그럴 것이라고 속으로 짐작해버렸다. 좋은 말씀도 들려주시고 교회의 중책도 가지고 계셨던 분이, 한때는 그 지방에서 재사才士라고 불리던 분이.

나는 처음으로, 인간에게는 일생을 통하여 변하지 않는 마음과 생활을 지닌다는 것이 퍽이나 어려운 일이라고 생각해보았다.

5

일생을 통하여 도저히 잊을 수 없는 또 한 사람의 외국인이 있다. M이라는 선교사였다. 30여 년을 한국에서 보냈고 지금은 노년기를 미국서 보내고 있는 분이다.

어느 주일날 저녁때였다. 다음날은 일찍부터 학교에 행사가 있기 때문에 나는 비가 내리려 하는 신작로 길을 재촉하고 있었다. 나의 작은 두 발이 20리가 넘는 길을 단축시켜 가는 모습은 쓸쓸하기도 했다.

바로 그때 내 옆에 어떤 고급 자동차가 한 대 멎었다. 창문이 열리더니 M 목사의 부드럽게 웃는 얼굴이 나타났다.

"어디로 가지요? 학생, 같이 타고 갑시다"라고 말한다.

나는 너무 황송해서 할 말을 잊어버렸다. 차를 타고 얼마 못 가서 비가 쏟아지기 시작했다. 선교사는 내가 머물러야 하는 집까지 데려다주고 돌아갔다. 그것이 인연이 되어 나는 M 목사님을 자주 대하게 되었고 M 목사님도 내 이름을 기억하게 되었다.

중학을 마친 뒤, 대학에 갈 재력이 없어 한 해를 쉬고 있을 때, 어느 날 M 목사를 댁에서 뵈었다. 목사님과 저녁을 같이한 뒤, "나는 오랫동안 영화를 본 일이 없는데 좋은 음악영화가 왔으니까 같이 안 가보겠소?"라는 권면을 받았다.

나는 미국 목사와 같이 영화를 보러 간다는 일이 퍽도 즐거웠고 황송스러운 생각이 들었다. 그때 많이 유행하고 있던 디애나 더빈의 노래를 주제로 한 영화였다. 돌아오는 길에 M 목사는, "김 선생, 제일 소원이 무엇입니까?" 하고 물었다. 나는, "우선 대학에 가고 싶습니다"라고 대답했다. 얼마 동안 침묵을 지키고 계시던 목사님이, "그러면 그 문제를 다음 토요일에 좀 더 생각해봅시다"라고 말했다.

다음 토요일, 내가 목사님 댁을 방문했을 때는 시골 교회에 나가고 계시지 않았다. 그 대신, 밤 아홉시 반에 돌아올 테니까 시간이 허락되면 기다리고 안 되면 다음 날 오후라도 좋으니 찾아달라는 쪽지를 남겨주었다.

물론 나는 아홉시 반에 다시 갔다. 목사님은 나를 좋은 응접실로 안내하면서,

영원과 사랑의 대화

"내 방에는 좋지 못한 환자가 있으니 여기서 간단히 얘기하기로 합시다"라고 말했다.

"누가 병중에 계십니까?"

"아니, 우리 가족이 아니고 시골 교회에 갔더니 어떤 환자가 있는데 아마 장질부사인 모양입니다. 그대로 남겨두면 죽을 것 같아서 차에 싣고 왔는데 ××병원에 의사가 없습니다. 그래서 지금 또 사람을 보냈으나 아마 오늘 밤은 내 방에서 자야 할 것 같습니다"라는 것이었다.

"목사님, 그런 일이라면 제가 좀 도와드릴까요?"

"아니지요, 아주 무서운 병인걸요! 나는 괜찮지만… 그런데 우리 요전에 의논했던 대학 가는 문제 말입니다. 만일 김 선생이 북경 대학으로 가겠다면 내가 친구에게 부탁해서 학자금을 얻도록 해보겠고, 또 일본으로 가겠다면 내가 1년 학비는 돕도록 해볼까 합니다. 어느 편이든지 좋으니까 결정지어보시오"라는 결론을 주었다.

나는 그때 일본어에는 부자유가 없었으나 중국어는 전연 몰랐다. 또 친구들이 전부 일본으로 가 있었기 때문에 후자의 편을 택했다.

그러나 내 마음을 더 움직여준 것은 M 목사의 생활이었다.

언젠가 한번 그분과 같이 시골 교회로 예배를 보러 떠났다. 예배가 끝난 뒤 점심 대접을 받게 된 것이다.

"김 선생, 나는 매운 것을 못 먹으며 생채소를 먹을 수가 없어요. 그런데 먹지 않으면 교인들이 섭섭해하니까 내 몫을 덜어서 자셔주세요"라는 부탁을 해왔다.

나는 그대로 했다. 그러나 목사님은 그날 오후 몹시 시장했던 모양이다. 시내로 들어오기가 바쁘게 같이 식당으로 향했다. 그러면서,

"우리 자동차가 참 좋지요? 내가 재작년에 미국 갈 때, 자동차를 팔아서 가난한 교회를 짓는 데 도와주었지요. 그랬더니 미국의 어떤 장로가 그 얘기를 듣고 아주 좋은 차를 선사했어요."

"참 고마운 일입니다."

"예, 이 차를 팔아서 또 가난한 교회를 도우면 누가 더 좋은 차를 줄지도 모르지요…. 내가 선교사가 된 것은 예수님의 사랑을 조금이라도 보답하자는 것이었는데 오히려 더 많은 사랑을 받기만 하고 있어요."

이렇게 말하는 M 목사는 감격에 가득 차 있었다.

뜻이 이루어져 유학의 길을 떠나기로 결정이 된 뒤 M 목사를 뵈었다. 캄캄한 밤이었다. 목사님은 잔디밭에 앉아서 여러 가지 얘기를 하시다가,

"김 선생이 애써 공부를 하겠다는 목적은 무엇이지요?"라고 물었다.

"하나님의 뜻에 따라 우리나라를 섬기려 합니다."

"예, 나는 힘과 시간이 허락되는 대로 한국을 돕고 싶습니다. 그러나 너무 어려운 일입니다. 나는 이번 전쟁이 끝나기 전에 한국에 어떤 빛이 찾아오기를 기도합니다. 이번의 중국과의 전쟁이 일본의 승리로 돌아가면 한국은 아주 일본의 것이 될 것 같습니다. 참 슬픈

일입니다. 그러나 이런 얘기는 누구와도 할 수 없습니다. 비록 기도를 드린다 해도 입속으로 드려야 할 얘기지요.”

1년 뒤, 여름방학 때 돌아왔다. M 목사는 정거장까지 마중을 나왔다.

“곧 집으로 가렵니까? 집에는 내가 연락을 해줄 테니까 우리 집에서 한 이틀 쉬십시오.”

차 안에서 하는 얘기였다.

“네, 목사님께서 원하시면 그렇게 하겠습니다.”

“고맙습니다.”

같이 저녁을 나눈 뒤였다.

“김 선생, 나는 두 주일 후에 미국으로 가야 합니다. 전쟁이 더 커질지 모르겠습니다. 내 서재에 책이 상당히 있는데 김 선생이 원하는 것이 있으면 골라두시오. 내가 후일에 보내주겠습니다. 그리고 책과 내가 가지고 갈 수 없는 물건들은 지하실 창고에 두고 가겠어요. 내 마음으로는 전부 김 선생을 주고 싶으나 일본 경찰의 오해를 받을 테니까 줄 수도 없군요.”

“목사님이 다시 오셔야지요!”

“다시 왔으면 좋겠습니다. 그러나 더 중대한 일은, 이번에 미국이 전쟁에 참가하게 되면 미국은 일본을 부수고 한국을 독립시켜주어야지요!”

나는 얘기를 듣고 한참 동안 목사님의 얼굴만 쳐다보았다.

“내일 저녁에 내가 김 선생 동리 앞의 미세스 P를 만나러 가는데 그때 같이 갑시다. 그래야 경찰들이 이상하게 생각지 않을 겁니다. 그리고 내가 떠날 때는 오지 마시오. 나는 가버리지만 김 선생에게 어려움이 오면 안 되지요"라고 덧붙였다.

그날 밤 M 목사는 몹시 괴로워하셨다. 아마 이것이 37년 동안이나 섬긴 한국과의 마지막 이별인 것으로 믿었던 모양이다. 그는 자주 울음 섞인 목소리를 내었고 눈물을 감추려 하지 않았다.

다음 날 저녁때, 나는 목사님의 차로 집까지 왔다. 목사님은 말없이 내 손을 꼭 쥐어주었다. 마지막 이별의 표시였다.

"안녕히 계십시오. 하나님께서 우리들과 우리들의 나라에 복 주실 줄 믿습니다"라는 말이 마지막 남긴 말이었다.

생각나는 사람들 2

1

중학교 3학년을 끝낸 뒤, 학교 사정 때문에 한 해를 쉬게 되었다.

그 한 해 동안에 나는 P 시의 시립도서관을 이용하여 철학에 관한 두 권의 책을 읽어보았다. 물론 그 내용은 거의 이해할 수 없었다. 데카르트, 칸트 같은 사람의 이름이나 기억되었고, 철학의 중요한 부문의 제목들이 머리에 떠오를 정도였다. 그러나 그런 문제에 관하여 물을 만한 선생도 없었다.

언젠가 일본의 대학을 나온 선생님에게 "유기적인 것과 무기적인 것의 구별이 무엇입니까?" 하고 물었더니, 그 선생님은 "함수탄소가 있는 것은 유기물이고 그것이 없는 것은 무기물"이라는 대답을 주었을 뿐이다. 철학적 질문을 꺼냈다가 화학적 해답을 받고는 어이가 없어서 침묵을 지켜버리고 말았다. 물론 그것은 나의 잘못이었다. 남자에게 치맛감을 물은 것과 마찬가지였으니까.

그러던 나에게 대학에서 철학이라는 과목에 접하게 된 시간은 온갖 기대와 신비의 순간이 아닐 수 없었다.

나는 우선 N이라는 철학 교수가 어떤 분인가 인상부터 검토하기 시작했다. 키가 큰 분이었는데 온화와 정열이 한곳에 뭉친 듯싶은 인상이었다. 말은 몹시 부드럽고 목소리는 비교적 잔잔한 편이었다. 시간과 강의의 충실성이란 이만저만한 분이 아니었다.

얼마 지나는 동안에 상당히 많은 학생들이 철학에 싫증을 느끼기 시작한 모양이다. 유머도 있고 철학자들의 에피소드도 들었으면 좋겠는데 딱딱하고 이론적인 강의를 그대로 90분씩이나 연장시키니 학생들의 권태도 무리가 없는 바가 아니다. N 교수도 강의 시간에는 몹시 피곤을 느끼는 모양이었다.

그러는 동안에 시험을 보기에 이르렀고, 대다수의 학생들은 마음에 없는 철학 때문에 두통을 앓게 되었다. 필수 교양 과목인 철학을 버릴 수도 없는 일이다. 어느 날 N 교수는, "이번에 시험 채점을 해보고 두 가지 의외의 사실을 발견했습니다. 그 하나는 여러분들의 성적이 상상보다 나빴다는 점입니다. 그리고 외부에서 온 학생들이 참으로 좋은 일본어를 쓰고 있다는 점입니다"라는 말을 해주었다.

얼마 뒤, 성적을 받았을 때 나는 약간 의아해졌다. 철학에는 만점을 맞았기 때문이다.

영원과 사랑의 대화

어느 토요일 오후, 나는 시외로 가는 성선省線 전차를 타고 있었다. 약속했던 대로 N 교수의 댁을 방문하기 위해서다.

N 교수는 방에서 책을 읽고 있었다. 내가 들어갔을 때, 접는 것을 보니까 불어로 쓰인 미학에 관한 책이었다.

뜰은 넓었으나 집은 작은 편이었고, 사모님 한 분만이 계시는 듯 애들의 모습은 보이지 않았다. 방 한편 옆에는 어울리지 않게 좋은 피아노가 한 대 있었다.

"사모님께서 음악을 하십니까?" 이렇게 물었더니,

"예, 음악을 약간 공부했나 봅니다"라고 말하며 빙그레 웃었다.

그런데 옆에 계시던 사모님이,

"피아노는 저보다 선생님이 더 많이 치시지요"라는 것이었다.

나는 약간 의아하게 생각했다. N 교수가 피아노를 치리라고는 생각 못했었다. 그저 미학을 하시니까 음악을 듣는가 보다 싶었을 뿐이었다.

그런데 작년 독일서 돌아오던 J 형이 모교에 들러 N 교수를 찾았더니 비엔나에 가고 안 계시더라는 것이다. 세계 피아노 연주가 협회에 일본 대표로 참석했다는 얘기였다. 지금도 나에게는 전연 꿈같은 이야기다. 그 점잖은 철학자가 피아노 연주를 겸하다니….

내가 찾아간 저녁때 N 교수는 이런 얘기를 했다.

"김 군은 기독교인이지요? 한국에 돌아가거든 기독교 신앙의 한국적인 성격을 잊지 말아주세요. 결국 신앙이란 나에게 주어진 환경과 위치에 직접 신의 뜻을 받아들이는 것이 아니겠어요? 그러면서도 세계 모든 지역에 사는 사람들이 한 형제가 될 수 있는…"

2

또 한 분 R이라는 독일인 신부 교수가 있었다. 영문학을 강의하는 다감하고도 지성스러운 성격의 소유자였다. 그때 38, 39세쯤이 아니었던가 짐작된다. 많은 학생들의 호감을 받고 있었다.

어느 날, H라는 일본인에게 R 교수의 이야기를 학생들이 꺼내었더니 H 교수는 다음과 같이 말해주었다.

"그래요, 참 재미있고 좋은 분입니다. 나는 아무도 모르는 그 교수의 에피소드를 한 가지 알고 있지요. 그 교수가 이곳으로 오기 전에는 일본 남부에 있었습니다. 벌써 여러 해 전인데요, 어느 날 그곳에 있는 귀족집 아가씨가 나를 찾아와서 R 교수를 좀 소개하라는 거예요. 그 이유는, 독일로 유학을 가고 싶은데 R 신부님에게 회화를 공부했으면 하는 겁니다. 그래서 소개를 했지요. 약 반년간 그 아가씨는 열심히 공부를 했고, R 교수도 그때는 좀 한가로웠으니까 많은 시간을 낼 수 있었던 모양입니다. 그런데 이 아가씨는 상대방이 신부이고 또 좋은 분이니까 친절이 약간 지나쳤던 모양입니다. 그러는 동안에 R 교수도 본래 부드럽고 다감한 분이니까 서로 퍽 가까워졌던 것 같습니다. 신부라는 성직만 아니었다면 결혼을 했을 정도로 말이오….

영원과 사랑의 대화

언젠가 R 교수가 갑자기 저에게 이곳을 떠나게 되었다고 말해왔어요. 그래서 명령이냐 자원이냐 하고 물었지요. R 교수는 빙그레 웃으면서 이번에는 자원이기도 하다고 말하지 않아요? 나는 다시, 왜 여기가 좋은데 떠나느냐고 물었더니 R 교수는 약간 얼굴을 붉히면서 '당신 때문입니다' 그러는 거예요. 나는 속으로 의아하게 생각하면서 '내가 왜?' 그랬지요. 그는 '아가씨를 소개해준 것은 당신이거든요'라고 어깨를 툭 쳤습니다. 나는 다시 무슨 얘기를 꺼내려 했으나 '그 이유는 더 묻지 말기로 합시다' 그러는 거예요. 그 뒤, 얼마 안 있다가 이곳으로 옮겨 왔어요."

짓궂은 친구 놈이 "그 뒤 그 아가씨는 어떻게 되었어요?" 하고 물었으나 H 교수는 "아마 독일로 갔겠지요"라고 대답했다. 이 얘기를 들은 뒤부터 나는 왜 그런지 R 교수가 퍽 친밀해지는 것 같았다.

그 뒤 나는 R 교수에게 짧은 일본 민요 하나를 배웠다. 기회가 있으면 H 교수의 얘기를 꺼내서 웃어보고 싶었는데 끝내 그 기회는 오지 않았다. 물었더라면 무어라고 대답했을까.

"모든 사람들은 그 어떤 꿈들이 있지 않아요"라고 대답했을까?

3

우리 과의 과장은 지메스라는 독일 분이었다. 키가 작고 당당한 체구, 초콜릿색의 짧은 머리카락을 가진 분이다. 몇 가지 괴상한 성격을 가지고 있어서 이따금 학생들의 웃음거리가 되었다.

그분은 흑판에 쓴 글자가 잘못되면 언제든지 손가락에 침을 뱉어서 지운다. 우리들이 웃어대도 태연하다. 또 본래가 독일말이 '크', '테', '파' 같은 발음이 많은데다가 이분의 발음은 특별히 강했다. 그러므로 누구도 그 교수 앞자리에는 앉지 않는다. 강의가 끝날 무렵이면 몇 개의 책상은 온통 침투성이가 되는 때문이다.

언젠가 과에서 야외로 등산을 떠났다. 기차에서 내려보니 지메스 교수가 까만 모자를 쓰고 있었다. 한두 친구가 "저 양반, 모자를 들고 온 것을 본 일이 없는데 웬 모자야?"라고 묻기 시작했다. 그러나 누구도 그 수수께끼를 알아내지는 못했다. 후에 안 일이지만, 지메스 교수는 모자를 똘똘 말아서 주머니에 넣고 다니는 모양이었다.

산길을 돌고 있을 때, 큰 뱀 한 마리가 우리들의 길을 앞질러 갔다. 재빠른 1학년 학생들이 그 뱀을 돌로 쳐 잡았다. 뱀은 길 가운데서 죽어버렸다. 그런데 속에는 무엇인가 공같이 둥근 것이 들어 있었다. 모두들 무엇인가 싶어 호기심을 일으켰다. 한 학생이 "무엇인지 맞히는 이에게는 맥주가 한 병!"이라고 선언했다.

맥주 때문에 마침내 뱀의 배를 가르게 된 것이다. 배를 가르고 보았더니 개구리가 한 마리 산 채로 뛰어나왔다. 그러고는 훌쩍 길 아래로 점프해버리는 것이 아닌가.

모두들 신기하게 생각되어 한바탕 가벼운 감탄과 함께 웃었다. 이것을 물끄러미 보고 있던 지메스 교수는 커다랗게 일본말로, "야!

영원과 사랑의 대화

죽은 존재 속에서 생명이 있는 존재가 튀어나왔다"고 말했다.

모두들 웃었다. 확실히 철학적인 일본말이다. 지메스 교수는 아직 그때의 일을 기억하고 있는지 모르겠다.

4

그러나 누구보다도 나에게 깊은 인상을 남겨준 교수는 Y 교수였다. 나는 지금 내가 강의하고 있는 모습과 공부하는 태도를 누구에게서 가장 많이 본받고 있을까 하고 생각해본다. 그러면 역시 Y 교수라고 대답할 수밖에 없다.

이름은 많이 들었지만 대해보기는 교실에서가 처음이었다. 지나치게 작은 키였다. 의자에 앉으면 발이 마루에 닿기 어려울 정도였고, 흑판은 언제나 밑으로 3분의 1쯤밖에는 사용하지 못했다.

땅에 끌릴 정도로 큰 가방에는 항상 5, 6권의 서책들이 무겁게 매달려 있었다. 눈이 전 얼굴의 4분의 1을 점령하고 있을 정도로 크면서도 항상 이글이글 불타고 있었다.

우리에게는 보통 독어를 많이 사용했으나 불어 책을 많이 번역해 출판하고 있었다. 희랍어를 시작해서 1개월 안에 신약성서를 읽었다고 전해질 정도로 수재였다.

그가 프랑스에 갔을 때, 자크 마리탱 교수가 너무나 작은 학생이 왔으니까 몇 살인지 짐작을 못했다는 얘기도 있었다. 그러나 후에 마리탱 교수는 누구에게나 Y 교수는 비상한 수재라고 칭찬했던 모양이다.

사모님이 세상을 떠나 계시지 않았다.

몹시 더운 여름날에도 춘추복을 입은 채 땀을 흘리면서 강의실로 들어온다. 우리는 보다 못해 "선생님, 저고리와 조끼를 벗으시지요"라고 권했다.

"아! 참, 조끼를 벗을 때가 왔지요?"

그러시더니 교실 한구석에서 벗으신 뒤에 강의를 계속한다.

우리는 자주 그의 건강을 염려했다. 그러나 도무지 어떻게 할 수가 없었다. 학문 이외의 얘기란 전연 관심이 없는 분이니까.

몇 해 전 소식을 들었다. 지나친 학구 생활 때문에 폐환으로 세상을 떠났다는 것이다. 많은 사람의 아낌과 촉망을 받고 있었으나, 50이 못 되는 나이로 그렇게 지성스레 계속하던 학업을 놓고야 말았다.

이 글들이 책이 되어 나올 때쯤은 그립던 모교를 방문하고 있을 것으로 생각한다. 시간만 허락된다면 은사의 묘지라도 찾아보고 싶은 심정이다. 그분의 노력의 반, 성실성의 3분의 1만이라도 가질 수 있다면 얼마나 좋을까.

5

고학을 하고 있던 이른 봄날 아침이었다. 아직 자리에서 일어나지도 못한 채 잠들어 있는데 방문을 노크하는 소리가 들린다.

"누구세요?"라고 물으면서 그대로 누워 있었다. 목소리를 알고 일어나도 되겠기 때문이다.

"아직도 주무시는군요. 안녕히 주무셨어요?"

느릿느릿 들려오는 목소리는 단 두 마디로 분간할 수가 있었다. 아랫방 할머니의 목소리다. 70이 넘은 할머니가 홀로 계시면서 나와 같은 직장에서 일하고 있었다. 천주교 신자인 할머니는 누구에게나 친절했고 언제나 부드러운 마음씨를 가지고 계셨다. "들어오시지요." 나는 이불을 덮은 채 그대로 자리에 일어나 앉았다.

할머니는 들어와 앉으면서 흰 종이에 싼 물건을 바른편 앞으로 내밀었다. 그러고는 "축하를 올립니다" 하더니 정중히 인사를 하는 것이 아닌가.

나는 몹시 당황했다. 우선 답례를 한 뒤에 "오늘이 무슨 날이지요?"라고 물었다. 나는 직장 주인 할아버지의 무슨 날인가 보다 싶었다. 그러나 그렇다고 나보고 축하할 리도 만무했다. 무슨 국경일을 잊고 있었던가 싶었으나, 오늘도 학교로 나갈 준비를 하고 있었다.

"오늘이 무슨 날이라니? 축하할 만한 날이지요!"

나는 점점 더 이상해졌다. 이렇게 당연한 날을 잊을 수는 없을 텐데….

"할머니, 직장 주인님의 환갑입니까?" 하고 물었다. 할머니는 깜짝 놀라면서 말한다.

"어쩌면! 오늘이 김 선생 생일이 아니세요? 바로 ×월 ×일인데…."

"아아, 그렇군! 깜빡 잊었습니다."

"저것 봐, 생일을 다 잊어먹고… 고향에 계셨으면 어머님이 야단이셨을 텐데."

"그런데 할머니, 오늘이 제 생일인 줄 어떻게 아셨어요?"

"취직해 오실 때 냈던 이력서를 보았지요. 그리고 지난달 내가 묻지 않았어요? 한 달쯤 있으면 생일이 된다고…."

"예, 그랬습니다. 너무나 황송합니다."

"이거 생일 선물입니다. 무어 별것이 아니고요, 나막신을 한 켤레 사 왔어요. 언제나 구두만 신고 다니시는 것을 보니까 안됐기에 세수할 때나 산보 갈 때 신으시라고 사 왔어요. 상당히 좋은 겁니다. 매달 월급에서 60전씩 떼놓았다가 사 왔어요. 오늘은 신고서 같이 식당으로 가십시다."

"할머니, 고맙습니다. 생일을 기억해주신 것만 해도 감사한데…. 그럼 곧 일어나서 세수를 하고 떠나십시다."

할머니가 아래층으로 내려간 뒤 나는 옷을 갈아입고 처음으로 나막신을 끌고 밑으로 내려갔다. 돈이 없어서 나막신을 안 산 것은 아니었다. 왜 그런지 생리에 맞지 않기 때문에 꺼려왔던 것뿐이다. 이제 넉 달 동안이나 나를 위해 준비해준 나막신을 어떻게 거절할 수

영원과 사랑의 대화

있겠는가.

같은 직장이었던 식당으로 할머니를 모시고 나갔다. 모두들 내 나막신을 보고 얘기들이다. "훨씬 키가 커진 것 같습니다", "보기보다는 시원스러워 좋지요", "처음 신으면 약간 불안해지기도 합니다" 등등의….

나는 그때마다 할머니를 바라보았다. 할머니는 무척 기쁘신 모양이었다. 상당히 좋은 신이었기 때문에 오래 신을 수가 있었다.

그러나 그 뒤 그 나막신을 어떻게 했는지 도무지 기억이 없다. 물론 신다가 못 쓰게 되어 버렸겠는데, 언제쯤 어디에 버렸는지 모르겠다.

나는 지금도 나막신만 보면 그 할머니를 생각한다. 이제는 세상을 떠난 지 오래되었을 것이다. 홀로 계시던 분을 누가 어떻게 장례를 치러주었을까. 그 뒤에도 부드러운 마음과 고요한 심정으로 얼마나 좋은 뜻을 많이 남겨주었을까?

나는 그 할머니에게 나막신의 사랑을 갚을 기회를 종내 잃어버리고 말았다. 어떤 좋은 방법이 없을까 생각했으나, 때는 이미 늦었었다.

그런데 얼마 전, 여름의 일이었다. 해수욕을 나갔다가 어떤 청년이 나막신을 끌고 지나가는 것을 보았다. 그리고 뜻밖의 좋은 생각이 머리에 떠올랐다.

'아, 좋은 길이 있다. 조금이라도 좋으니까 고학생을 돕기로 하자.

그리고 도움을 받은 학생이 학교를 졸업하게 되면 이번에는 그 학생으로 하여금 또 다른 학생을 돕도록 부탁하자. 그렇게 되면 적은 뜻이 점점 퍼져나가 오랜 뒤에는 장학의 뜻이 많은 사람에게 미칠 것이 아닌가! 과거에 나를 도와주신 또 한 분의 뜻도 아울러 그 길을 개척해보기로 하자'는 생각이었다.

지금은 안 계시는 이국의 할머니에게 마음으로 감사를 드린다.

6

주일이었다. 교회에 나갈 차비까지 떨어졌기 때문에 가까운 교회로 발걸음을 옮겼다. 예배가 끝난 뒤 머리를 숙이고 밖으로 나오려 하는데 서 계시던 목사님께서,

"오늘 우리 교회에 처음이지요?"라고 물었다.

"네!"라고 대답했더니,

"바쁘지 않으면 우리 집에서 좀 쉬어 가세요. 재미있는 얘기도 들려주고…"라고 권면해주었다.

나는 적적한 방에 돌아가야 별로 할일도 없었고 또 쉬는 날이라 목사님의 권면을 받아들이기로 했다. 간단한 점심을 나누면서 여러 가지 얘기를 하고 있었다.

이야기 끝에 나는 별로 계획도 없으면서 나의 최근의 살림살이에 관해 말하게 되었다. 몇 가지 얘기를 들으시더니,

"그것참, 어떻게 좋은 일터를 가져야겠습니다. 학업에도 지장이 많을 테고…"라고 말씀해주었다.

나는 상당히 긴 시간이 지났으므로 이제는 돌아가야겠다고 마음 먹었다. 일어서서 고마운 인사를 여쭙고 현관까지 나왔다. 그때 조금 뒤떨어져 나오시던 목사님께서,

"다음 주일 또 들르시겠어요? 전부터 다니시던 교회로 가셔도 좋고…. 참 좋은 얘기를 많이 해주셨습니다. 그런데 내가 댁으로 찾아가야 옳을지 모르겠지만, 이 봉투를 받아두어주세요. 별로 다른 생각은 말고 주님께서 가난하게 사는 우리들에게 주신 것으로만 믿어주세요."

이렇게 말씀하시면서 흰 봉투를 한 장 주머니에 넣어주셨다. 나는 어찌할 바를 몰랐으나 잠시 목사님의 얼굴을 뵈옵고 든 뜻을 알 수 있었다.

"공연한 괴로움을 드렸습니다. 무어라 말할 수 없이 고맙습니다"라고 인사를 드렸다. 목사님께서는,

"저도 힘써보지요. 혹시 가정교사 같은 일이라도 가능할는지…. 그러면 시간 있는 대로 들러주십시오"라고 답한다.

대문 밖에서 두 내외분의 인사를 받으며 집으로 돌아왔다. 집에 와 보니 목사님께서는 약 3주일간의 생활비를 주신 것이다. 당신이 친히 고학을 했다던 이야기, 그리스도께서는 가난의 미덕을 남겨주셨다는 말씀을 하시던 목사님께서 주신 것이니 그리스도를 대신하여 주신 것만 같았다.

얼마 지난 뒤 나는 방학을 맞아 고향에 돌아왔다. 학교로 돌아갈 때는 여전히 1개월의 생활비, 여비 이외에는 부모님의 도움을 청할 길이 없었다.

그러나 평생을 그렇게 살아왔으니까 '설마 어떻게 될 테지'라는 심정뿐이었다. 객지 살림이 다시 시작된 며칠 뒤, 나는 고마운 목사님 댁을 찾았다. 그 부드럽고 사랑스러운 모습이 앞으로는 나의 객지 생활의 고독을 많이 풀어주실 것만 같았다.

그러나 기쁨과 반가움을 가지고 목사님 댁을 방문했던 나는 의외의 사건에 부닥쳤다. 대문 안과 현관에는 이삿짐들이 놓여 있었고, 몇 분들이 우울과 침묵 속에서 짐들을 자동차에 실으려 하고 있지 않은가. 현관까지 들어서서 "실례합니다"를 두세 번 반복했을 때에야 심부름하는 여아가 나왔다.

"목사님 계시지요?" 하고 물었더니, 아마도 내 얼굴이 목소리와 더불어 기억에 떠올랐던 모양이다. 말도 없이 뛰어들어간다. 잠시후 사모님께서 나오셨다. 그러나 나를 보시는 사모님은 마음이 퍽 괴로우신 표정이었다. 잠시 말씀이 없으시다가,

"어서 올라오셔야겠는데… 오늘 우리가 이사를 합니다. 김 선생님, 듣고 섭섭해하지 마세요. 목사님께서 세상을 떠났습니다" 하시는 것이었다.

나는 너무나 뜻밖의 일이라 꿈인 것만 같았다.

"전부터 약간 건강은 좋지 못하신 편이었는데 갑자기 병세가 악화되었어요. 수술을 해보았으나 이미 늦었던가 봅니다."

나는 무슨 말도 할 수가 없었다. 사모님을 괴롭혀드릴 뿐이다. 이미 세상을 떠난 지가 20일이 되었고, 곧 사택을 비워주라는 생존 시의 뜻을 받들어 오늘은 이사를 간다는 것이었다.

"제가 짐이라도 좀 도와드릴까요?"

"아니요, 교회에서 전부 맡아서 해주십니다. 앞으로 교회에 오시면 새 주소를 알려드리지요. 그때 오셔서 여러 가지 얘기를 듣기로 하십시다."

나는 사모님의 마음과 이사하는 일을 위하여 곧 돌아서기로 했다. 대문 밖을 나서려는데 사모님께서,

"김 선생, 이거 적은 것이지만 목사님께서 주시는 가벼운 선물입니다. 김 선생께 전해주도록 말씀하셨어요. 마지막 기념으로 받아주세요"라고 말씀하셨다.

나는 말없이 섰다가 받아들고 돌아섰다. 눈물이 쏟아지려 했다. 몇 발짝을 걷다가 다시 뒤를 돌아다보았다. 사모님은 여전히 서 계셨다. 나는 한참 울고라도 싶은 심정이었다. 그러나 다시 발걸음을 옮기고 있을 때, 뜨거운 햇볕과 더불어 내 귀에 어떤 음성이 들려오는 것 같았다.

"김 군, 서러워 마시오. 내가 이렇게 주님과 같이 김 군 옆에 있지 않아요!"

나는 주변을 살펴보았다. 물론 아무도 없었다. 맑은 하늘을 쳐다보았다. 역시 빈 하늘이다. 그런데 눈을 감으면 여전히 목사님은 그리스도와 더불어 내 옆에 계시지 않는가, 이 글을 쓰고 있는 지금도.

꿈

　고향을 떠나 두세 달을 보낸 초여름 밤이었다. 그날은 왜 그런지 저녁때부터 어머니 생각이 머리에 무겁게 그림자를 드리우고 있었다. 어머니가 무척 보고 싶어졌다. 날개라도 있으면 이 저녁때, 온 식구가 둘러앉아 저녁을 먹는 식탁에 잠깐만이라도 다녀오고 싶은 심정이었다.

　스물한 살이 되기까지 한 번도 부모의 슬하를 떠나본 일이 없었기 때문에 지난 몇 달 동안은 고향과 가정, 그리고 어머니의 생각을 떼놓을 수가 없었다. 어떤 때는 길가의 애들 소리에 동생들의 얼굴을 떠올려보고야 지나갈 수 있을 정도였다.

　그러던 중에 오늘은 함께 고향을 떠나온 S 군을 만나 고향 이야기를 한참 하다가 돌아왔으니 집안 일들이 더 한층 그리워질 만도 하다.

늦도록 피곤하게 밭에서 일하다 들어오셨을 어머니의 초라한 모습을 그려보다가 잠이 들었다.

한없이 넓고 거친 들에 나 혼자 서 있었다. 둥그스름한 지구의 표면이 끝에서 다른 끝까지 보일 정도로 멀리까지 바라다보이는 황무지 한복판인 듯싶었다. 이름을 붙인다면 무한이라고나 할까, 어쨌든 한없이 넓은 들이었다.

그런데 이상하게도 한없이 먼 저쪽에서 내 앞까지, 또 내 앞에서 반대 방향으로 끝없이 먼 곳까지 두 줄로 된 기찻길이 깔려 있지 않는가. 그렇다고 기차가 다닌 흔적도 없었으며 다닐 만한 곳도 아니었다. 태곳적부터 오늘까지, 무한한 저쪽에서 끝없는 이쪽까지 그저 깔려 있을 뿐이었다. 무한이라는 이름이 적당한 철로였다. 어쩌면 저렇게 먼 길이 있을까 하는 생각에 잠겨 있는데 그 기찻길 저편 끝에서 작은 점과 같은 것이 나타나는 것이 아닌가.

무엇일까 바라보고 있는 동안에 그 점은 점점 커지기 시작하더니 한참 후에는 사람의 모습을 갖추기 시작했다. 그 그림자가 좀 더 커졌을 때는 중년기가 넘은 어느 부인이 머리에는 한없이 크고 무거운 짐을 이고 두 손에는 너무 무거워 땅에 질질 끌릴 정도의 짐을 들고 오는 것이 보이는 게 아닌가! 나는 속으로 깊은 동정을 느끼며 그 여인을 바라보고 있었다.

'저렇게 끝도 없이 먼 길을 저런 무거운 짐을 지고 가겠다는 것일까. 목적지까지 다 가지도 못하고 쓰러질 만한 길인데 왜 떠났을까?'

그렇게 생각하는 중에 여인의 그림자는 더 가까워졌다. 어떤 불행하고도 고달픈 사연이 있을까 하여 그 얼굴을 자세히 보았을 때 나는 깜짝 놀랐다. 그 여인은 바로 내 어머니가 아닌가.

"어머니, 웬일이십니까? 이 끝없이 먼 길을 어쩌자고 혼자서 떠나신 겁니까? 어서 그 짐을 하나라도 제게 주십시오."

나는 울고 싶은 심정으로 애걸했다. 그러나 어머니는 너무 무거운 짐을 이고 계셨기 때문에 얼굴도 돌리지 못하셨다. 겨우 눈동자만 돌려 나를 보시면서 말씀하셨다.

"아니다. 이것은 내가 책임져야 할 인생의 짐이다. 너에게는 네가 지고 갈 더 많은 짐이 있을 테니까, 그 책임이나 다해야지…."

어머니는 갈 길이 바쁘다는 듯이, 또 어떻게 보면 짐이 너무 무거워 잠시라도 머물 수 없다는 듯, 길을 재촉하고 계시지 않는가!

"어머니, 이 끝도 없는 길을 어디까지 가실 작정이십니까?"

내가 안타깝게 물었으나 어머니는 아무 대답도 없이 내 앞을 지나 그대로 가시는 것이었다.

"어머니!" 하고 크게 부르면서 동시에 나는 눈을 떴다. 꿈이었다. 나는 한참 동안 괴로운 생각에 잠겼다. 아직도 어머니의 음성이 사라지지 않은 것 같은데 확실히 꿈은 꿈이었다. 등골에 축축한 땀을 느꼈다. 다시 잠이 들 때까지 오랫동안 어머니 생각을 했다.

그렇다. 어머니의 일생이란 꼭 그 꿈과도 같은 것이었다. 생의 무거운 짐을 홀로 지고 누구의 도움도 받지 못한 채 쓸쓸한 평생을 살아가고 있는 것이 아닌가! 몇 번은 자살도 계획해보시고 어떤 때는 사는 것이 죽는 것보다도 싫다고 말씀하시더니…. 지금은 나 때문에 더 많은 고생을 하시는 것이 아닌가.

그러나 깊이 생각해보면 우리 어머니만이 그렇게 인생의 무거운 짐을 지고 고생하는 것은 아니다. 어머니께서 나를 보신다면 나 역시 마찬가지일 것이다. 누구나 자기가 가장 사랑하는 사람의 일생은 모두가 내가 본 어머니의 행로와 마찬가지 길을 걷는 것이 아닐까?

이 무거운 짐을 풀어 쉬게 해줄 사람은 누굴까? 그만큼 만인을 사랑할 수 있는 분이 누굴까? 그 일을 할 수 있을 만큼 전능하신 분은 누굴까? 이런 생각에 잠긴 채 다시 잠들었다.

Ch. __4__

어느 우인의 이야기들

들판이 보이는 황금보리밭, 1991

이렇게 해서 나는
남이 소유하는 것은 다 버려도
남이 자기의 것으로 할 수 없는 것은
모두 내 것으로 하자고
마음에 타일렀다.

나의 신입생 시절

어느 초겨울 오후의 일이다. 침침하고 서늘한 방 안에는 아무도 없었다. 책을 읽고 계시던 아버지께서 학교에서 돌아와 피곤하게 앉아 있는 나에게 다음과 같은 내용의 짧은 이야기를 해주셨다.

한 마리의 쥐는 나면서부터 곳간에 머물기 때문에 쌀을 먹고 자라지만 다른 한 마리의 쥐는 뒷간에 살고 있기 때문에 더러운 것을 먹고 자란다. 우리도 환경을 개척하지 못하면 결국은 마찬가지라는 것이었다.

가난한 가정의 맏아들로 태어났기 때문에, 중학교를 마친 뒤 학업을 단념하고 마을 초등학교 선생으로 머물고 있던 나에게 아버지께서 해주신 이야기다. 그 뜻과 이야기에 용기를 얻은 나는 돌아오는 봄에 귀여운 어린 학생들과 눈물의 작별을 나누고 마을 뒷산 오솔길을 넘어 유학의 길을 떠났다.

　이런 나에게 꿈이 있을 리 만무했다. 입학보다 직장을 얻느냐가 문제였고 공부보다는 먹을 것을 걱정해야 했기 때문이다. 외국에서 고학의 길을 개척한다는 것은 결코 쉬운 일이 아니었다.

　그러나 뜻이 있는 곳에는 언제나 길이 열리는 법이다. 하늘은 선의의 노력을 버리지 않는 모양이다. 몇 달 지나는 동안에 수입도 생겼고 작은 방에는 몇 권의 책들이 어깨를 가지런히 하게 되었다. 현실의 무거운 짐에서 벗어나 겨우 숨을 돌리게 된 셈이었다.

　어렴풋이 생각은 있었으나 몇 분의 교수님과 상의한 결과 철학과에 적을 두기로 했다. 그때 나는 마치 하늘의 많은 별들이 가냘픈 내 어깨에 실리는 것 같은 정신적 압박감을 느꼈다. 그렇지만 철학을 공부할 수 있다는 생각에 벅차고 감격스러웠다. 그래서 나는 무거운 흥분에 잠긴 채 며칠을 지냈다.

　열두 살 때 일이다. 어머니의 죽음으로 하루하루를 눈물로 보내고 있는 어린 친구를 본 적이 있다. 해가 지고 어두워지는데 거친 들에 혼자 쓰러져 있는 것 같은 친구의 모습을 잊을 수가 없었다. 그때 죽음에 대한 공포와 영원에 관한 신비로운 동경심에 붙잡힌 채 며칠을 보냈다.

　3년 뒤, 나는 할머니의 죽음을 겪었고, 장례식이 있던 날 오후 사람과 인생에 대한 짙은 회의에 잠겨 있었다. 마음의 공허는 결코 물질로 채워지는 것이 아니다. 그 후부터 몇 해 동안 할머니가 계시던

　　　　　　　　　　　　영원과 사랑의 대화

방에 들어설 때마다 내 마음 한가운데가 텅 비는 듯한 느낌을 받았다. 너무나 쓸쓸한 공허감이었다.

한때 톨스토이의 책을 많이 읽었다. 그에게 많은 것을 묻고 또 많은 것을 배웠다. 그러나 말년의 톨스토이는 오히려 더 무거운 질문을 나에게 던져주는 것 같았다. 신념을 잃고 깊은 회의에 빠진 채 맞이한 그의 최후에 나는 참으로 실망스러움을 감출 수 없었다.

그 뒤 나는 니체의 책을 읽었다. 그는 참으로 많은 문제를 제기했고 또 어떤 해결점을 주려고 노력했다. 그러나 결국에는 문제만 주었을 뿐이지 해결점을 주진 못했다. 그가 세계 운명을 긍정적으로 본 것 그 자체가 너무 무겁고 벅찬 과업이 아니었을까? 자기 자신은 웅장하고도 화려한 문장으로 설명을 덧붙여주었다 하나….

이러한 과거들이 나로 하여금 철학을 택하게 한 중요한 동기가 되었는지도 모른다. 그리고 또 한 가지 중요한 요소가 있었다면 도스토옙스키의 작품에서 접했던 인상들이 아니었나 싶다. 나는 도스토옙스키야말로 영원한 것에 대한 문제를 품었던 작가가 아닐까 어렴풋이 느끼고 있었다. 한마디로 표현한다면 영원한 것에 대한 그리움과 기대, 그것이 아직 철없는 나로 하여금 철학의 길을 택하게 만들었는지도 모른다.

어쨌든 이러한 생각의 분위기와 흐름이 나의 학창 시절을 만들어가고 있었을 때, 나는 또 한 가지 직업을 가져야만 했다. 학비를 벌고 먹을 것을 장만해야 했기 때문이었다.

2년 가까이 아르바이트를 하면서 머물게 된 곳이 도심지 어떤 공동기관 지하식당이었다. 오전 중에 들은 강의의 여운이 아직도 귀에 남아 있는 상태에서 분주히 식당으로 들어서면 여러 가지 뒤섞인 음식 냄새로 머리가 무거워진다. 손님들이 벌써 이 구석 저 구석을 차지하고 있었다.

처음에는 음식 접시를 나르거나 리어카에 짐을 싣고 나르는 노동을 하고 싶지는 않았다. 그러나 공부와 독서에 지친 머리를 다시 사무와 회계로 괴롭히고 싶지 않아 자진해서 택한 것이 음식 나르기와 짐을 운반하는 노동이었다. 운동하는 셈치고 노동을 한다는 것은 마음먹기에 따라서는 꽤 좋은 결과를 가져오기도 한다.

지금도 가끔 앞에 놓인 식당의 접시를 왼손 엄지손가락을 밖으로 빼고 손을 눕혀 잡아본다. 그러면 나의 고학생 시절의 근육이 되살아나는 것 같은 이상한 상념에 사로잡힌다. 역시 그때의 노동은 신선한 것이었나 보다. 모든 직원들과 같이 저녁 식사를 마치고 나면 밖은 벌써 어두워지려 한다. 나는 집으로 돌아오는 대로 책상 앞에 앉는다. 그러면 시간은 말없이 흘러간다. 어둠에 잠긴 공동묘지가 문 앞에서부터 멀리까지 뻗어 있으며 조용한 밤하늘이 유달리 다정해 보인 적도 있었다. 열두 시가 지나고 한 시가 가까워지면 그대로 자리에 쓰러져 잠든다. 이부자리를 개고 펼 필요가 없었고 7, 8권의 책들이 방에 펼쳐진 채로 흩어져 있었지만 그대로 좋았다.

내 방은 햇볕도 손님도 찾아오지 않는 이층 좁은 방이었다. 어떤 날은 별빛이 찬란한 밤하늘을 바라보다가 그대로 잠든 때도 있었다.

영원과 사랑의 대화

책을 읽다가 피곤을 느끼면 사색에 많은 시간을 보냈기 때문이다.

공동묘지의 밤은 더욱 고요했고 달빛을 받으며 서 있는 나무, 비석, 화초들은 옛날의 신비와 철학을 모두 지니고 있는 것 같았다.

그때 나는 헤겔, 쇼펜하우어, 그리고 키르케고르의 책을 읽고 있었다. 그 어느 하나도 버리고 싶지 않은 내용들이었다. 그러나 아무리 애써도 헤겔의 책은 이해가 안 되었다. 몰랐기 때문에 버리기 어려운 매력이 있었는지도 모르겠다. 그러나 이상하게도 해가 거듭될수록 헤겔이 점점 더 좋아졌다. 오늘날에는 많은 사람들의 비난의 대상이 되고 있으나 나는 헤겔의 위대함만은 인정해도 좋다고 생각한다. 여전히 이해하기 어려운 점이 많이 남아 있어도 말이다.

이 기간 동안 두세 가지 소득이 있었다.

그 첫째는 건강이다. 전쟁 중이어서 식량이 모자랐으나 식당에서 일했기 때문에 맛있는 것을 마음껏 먹을 수 있었다. 먹고 일하고, 일하고 또 먹었다. 아마 젊은 시절 중 가장 체중이 늘었던 시기였던 것 같다.

그 둘째는 예술을 본격적으로 접하게 되면서 미술품 감상에 점차 눈을 뜨게 된 것이다. 식당에는 값비싼 그림과 조각들이 연중 진열돼 있었다. 미를 찾는 나에게 얼마나 정신적 위안이 되었는지 모른다. 육체노동에 지친 내가 고귀한 예술품을 오랫동안 볼 수 있었다는 것은 큰 행복이 아닐 수 없었다.

그리고 또 하나의 부수입이 있었다면, 아름다운 이국 아가씨들의 미소를 접할 수 있었다는 것이다. 많은 손님들 틈에 예쁘고 다정한 아가씨들이 섞여 들어올 때가 있는데 아가씨들은 늙은 사람들보다는 젊은 고학생들에게 친절을 아끼지 않았다. 그도 그럴 것이 이왕이면 예쁜 아가씨들에게 먼저 요리를 주고픈 심정은 어쩌면 하늘이 내려준 심정이 아니겠는가. 친구 P 군은 항상 아가씨들만을 상대로 음식을 날랐는데 그 기억도 잊히지 않는다. 어떤 아가씨들은 주문을 할 때 옆에까지 다가와 "부탁합니다"라고 말하기도 했다. 언제나 그럴 때는 적극적인 여성들이 덕을 보게 마련이다. 그러나 서너 가지 음식을 옮겨주는 동안 대화를 나누던 아가씨들이 일어나 현관을 나서게 되면, 그리고 돌아서서 잠깐 작별의 미소를 지어줄 때는 어딘지 서운한 생각이 들기도 했다.

그때 두 달 반이나 계속해서 토요일 오후마다 찾아와주던 아가씨는 그 뒤 어떻게 되었을까?

무척 눈이 맑고 목소리가 부드러운 아가씨였는데….

영원과 사랑의 대화

칸트와 신문배달

아침저녁으로 대문 안에 두세 종류의 신문이 배달된다. 나는 그 어린 배달원들의 발자취, "신문이오!"라는 말이 남기고 간 여운에 깊은 공감을 느낀다. 젊은 시절, 나도 한때는 신문 배달원이었기 때문이다.

대학에 입학한 첫해, 늦은 여름에서 이른 겨울까지 일본 동경의 거리와 들길을 얼마나 뛰었는지 모른다. 그해에는 그칠 줄 모르는 가을비에 애도 많이 먹었다.

그때는 모든 조건이 지금과는 달랐다. 신문 부수가 수요량에 달하지 못했기에 집집에서 신문을 구독하느라고 배달원에게 미소의 청탁을 해오는가 하면 월말 수금 때는 가벼운 과자와 차를 대접하는 일도 있었으니 배달원치고는 좋은 대접을 받았던 셈이다.

또 한 가지 덕을 본 것은 우리가 분배소의 구역 책임자로 있었기 때문에 고향 청년 4, 5명에게 그나마 취직자리를 알선해줄 수 있었다는 점이다.

반년 동안 많은 한국의 고학생들이 우리 분배소의 혜택을 받고 떠났다. 그 젊은이들이 지금은 무엇을 하고 있을까 궁금하다.

나는 합숙을 하지 않았기 때문에 저녁 배달이 끝나고 내 방으로 돌아와서는 밤이 깊도록 책을 읽었다. 당시 학교에서 칸트에 대한 강의를 듣고 있었기 때문에 자연히 집에서 읽는 것도 칸트의 책이었다.

새벽에도 약 30분은 칸트의 책을 읽다가 분배소로 나가 신문 뭉치를 왼편 허리에 둘러메고 떠난다. 한 집씩 지나갈 때마다 짐은 점점 가벼워지지만 머리에는 칸트 생각이 점점 무겁게 떠오른다.

이미 신문을 넣는 일은 기계적이 되었기 때문에 나는 철학적인 상념에 잠긴 채 집으로 돌아온다. 동편 하늘에 태양이 떠오를 때면 오른편 어깨에서 왼편 허리로 걸쳐진 멜빵만이 남는다. 세수를 하고 조반을 먹는 맛이란 무엇이라고 형언할 수가 없다. 그리고 마라톤 연습이라도 하는 것처럼 학교로 향했다.

이러한 일이 굉장히 인상적이었는지, 나는 칸트의 책을 읽거나 강의를 할 때는 언젠지 모르게 신문 배달 시절을 생각하게 된다. 어떤 때는 칸트도 신문 배달을 하지 않았을까 착각을 일으킬 정도였다. 물론 칸트는 규칙적인 산보 이외에는 하지 않았지만….

신문 배달을 하는 우리에게는 두 가지 재미있는 특기가 있었다.

한 가지는 신문지를 삼각으로 묘하게 접어서 던지는 것인데 약 15미터 또는 20미터 가까이까지 날아간다. 그러므로 한 골목에 서서 여러 집에 던질 수도 있으며 때로는 2층 베란다로 던져주는 일도 있었다.

또 하나는 오른손으로 신문지를 반으로 접되 꺾지는 않고 휘어잡으면 드르륵 드르륵 하는 소리가 난다. 그 소리는 상당히 멀리까지 들린다. 비가 오는 날이어서 신문지가 젖을까 걱정하는 가정에서는 그 소리를 듣고 대문까지 마중 나오는 경우가 많았다.

그런데 어찌된 셈인지 나는 종내 그 소리 내는 기술을 배우지 못한 채 배달 일을 그만두게 되었다. 아마 누구보다도 재간이 없었던 모양이다.

지금도 가끔 비 오는 아침에 배달원들이 대문 밖에서 누군가 나오기를 기다리며, "신문이오, 신문이오!"를 외치며 서 있는 것을 볼 때는 '왜 그때 그 기술을 못 배웠을까. 저 애들에게 좀 가르쳐주었으면 좋겠는데…'라는 생각에 잠기기도 한다.

며칠 전 일이다. 신청도 하지 않은 신문을 억지로 배달해준 어린 학생이 대금을 청구하면서 한 달만 더 구독해달라는 것이었다. 처음에는 안 된다고 말했다. 그러나 그의 간곡한 눈초리에 부딪히자 그만 알았다고 대답해버렸다.

젊은 시절의 내가 생각났기 때문이다. 보지도 않는 신문을 받는다고 불평하던 아내도 그만 시무룩해 돌아서버리고 만다. 그도 그럴 것이 남편의 옛날 직업을 무시할 수는 없으니까.

부자가 된 이야기

돈을 벌어야 한다.

지금까지 이렇게 마음에 뜻을 세워본 일이 두 차례나 있었다.

열네 살 되던 해 봄. 친척집 사랑방에서 나오게 되면서 우리는 작은 오막살이를 세우게 되었다. 삼촌께서 넓은 밭모퉁이를 빌려주었기 때문이다. 기둥이 서고 지붕이 올라가고 담에 흙을 바르는 일들이 매일같이 계속됐다. 어머니의 굵은 팔과 내 어린 손이 그 모든 고역을 새벽부터 밤까지 감당해야 했다. 거의 두 주일이 되었을 때였다.

"애야, 우리 오늘 밤은 여기서 자볼까?"

밤이 깊도록 등잔불을 켜놓고 일을 하고 계시던 어머니께서는 새로 완성되어가는 오막살이에 무척 정이 드신 모양이었다. 나도 그대로 찬성했다.

아직 문짝이 달리지 못한 집이니까 달그림자가 찾아들고, 하늘의 별들이 세어보고 싶을 정도로 아름답게 밤새껏 우리 모자를 들여다보고 있었다. 나는 그날 밤 자정이 넘을 때까지 부친께서 무척이나 가난하게 사셨고, 그로 인하여 어머니께서 갖은 고생을 눈물과 한숨으로 겪어오셨다는 얘기도 들었다.

그날 밤 나는 마음속 깊이 다짐했다. '이다음 꼭 돈을 많이 벌어서 어머니를 호사스럽게 해드리고 말 테다'라고. 옆에 잠드신 어머니의 주름 잡힌 얼굴을 달빛에 내려다보면서 굳게 결심했다.

헛되이 10년이나 지났다. 외국에서 공부를 한답시고 4, 5년을 보낸 어느 초여름이었다. 한 달 뒤에는 그리운 고향으로 돌아간다는 편지를 띄우고 방학이 오기를 기다리고 있었다.

맑은 금요일 오후 학교에서 돌아왔을 때 내 책상 위에는 누이동생으로부터 온 한 장의 편지가 기다리고 있었다. 무척 반가웠다. 몇 주일이 지나면 이 편지 안에 쓰인 가족들을 고향에서 만날 것이라고 생각하니 한층 더 즐거웠다.

그러나 그 편지는 몇 가지의 즐거운 소식들 뒤에 퍽 서글픈 내용도 알려주고 있었다.

"…오빠, 이번 방학에 집으로 돌아오실 때는 동리 동편으로 오지 마시고 서편 길로 오시기 바랍니다. 우리는 지난봄에 할 수 없이 그 오막살이집마저 팔아버리고 말았습니다. 어머니께서는 며칠 밤을 새워가며 우셨습니다. 그러면서 '이 집은 너희 오빠하고 지은 집인데, 아예 팔았다는 말은 하지 마라' 하고 말씀하셔서 여태껏 알려드리지도 않았던 것입니다. 오빠도 퍽 섭섭하시겠지요. 어머니께서는 동리 사람들이 부끄럽다고 달 밝은 밤에 혼자서 이삿짐을 전부 머리에 이어 나르셨습니다. 지금은 서쪽 밤나무 집 큰어머님네 사랑방으로 이사 와 있습니다"라는 내용이었다.

나는 책상에 엎드려 깊은 슬픔에 잠겼다. 나도 모르는 사이에 두 눈에서는 눈물이 흐르고 있었다. 늙으신 어머니의 초라한 모습이 눈앞에 나타나는 것 같았다. 다섯 동생들이 남루한 어머니의 치맛자락을 붙들고 서 있는 것 같은 환상이 스쳐 지나갔다.

나는 '그렇다. 어쨌든 돈을 벌어야 한다. 불효자식은 안 되어야 하며 동생들을 나 같은 처지에 두어서도 안 되겠다'라고 중얼거렸다. 창문을 열고 밖을 내다보았으나 그렇게 밝던 하늘이 이미 저녁때가 된 듯이 캄캄해 보였다.

그러나 두 차례의 결심이 여름 구름과 같이 사라진 지 오래다.

학업을 끝내고 돌아올 때는 전시戰時여서 몇 권의 책마저 버리지 않을 수 없게 되었다. 일본 경찰을 피해야 하는 몇 해는 돈을 벌기는커녕 하루의 찬거리도 구할 길이 없었다.

해방은 즐거운 소식이었다. 그러나 2년 후의 삼팔선은 나를 여름 바지 한 벌과 노타이셔츠 한 벌의 소유자로 환원시키고야 말았다.

가까스로 몇 권의 책, 양말 켤레나 준비되었을까 싶은 여름, 벼르

영원과 사랑의 대화

고 별러서 높은 책상을 들여온 사흘 뒤에는 6·25 한국전쟁이 일어났다. 겨우 피난지에서 환도했을 때는 식구들이 잠잘 방도, 책장도, 꽂을 책도 없는 새살림이 시작될 수밖에는 도리가 없었다.

이제 와서 천직인 교육자의 일을 버릴 수도 없는 일이고 철학이라는 학문을 원망할 입장도 못 된다. 돈을 벌겠다는 생각은 꿈에서도 사라진 지 오래다. '너는 어려서부터 하도 욕심이 없더니 지금껏 그 몰골이지. 다 제 팔자는 할 수 없어…' 하시던 어머니의 말씀은 그대로 진리가 되어버리고 말았다.

그런데 내가 요사이는 부자가 된 것이다. 점점 더 부자가 되어가고 있는 것이 아닌가. 그 방법은 간단한 것이다.

'이왕 가난하게 살 바에는 철저히 가난해지자. 아무것도 소유하지 않으면 그뿐 아닌가!'

이러한 우연한 결심이 나로 하여금 지금의 부자가 되게 한 것이다. 한 평의 땅이 없으면 어떠냐. 푸른 하늘도 달도 별도 내 것이면 그뿐이다. 한 칸 방이 없다고! 아무런 애착도 없이 가고 싶은 곳 어디에나 가면 그만이 아닌가. 이렇게 해서 나는 남이 소유하는 것은 다 버려도 남이 자기의 것으로 할 수 없는 것은 모두 내 것으로 하자고 마음에 타일렀다.

소유를 거부한 뒤의 생활이란 여간 편안하고 유쾌한 것이 아니었다. 그리운 것도, 있어야 할 것도 별로 없다. '일용할 양식을 주옵소서' 하는 기도가 무엇인지 어렴풋이 알 것 같기도 하다.

그러나 남은 문제는 가족들에 대한 책임이다. 이왕 홀몸이었다면 만사는 해결된 셈이나 이제 와서 나는 모른다고 책임을 벗을 수도 없다. 아니, 그것이 삶의 또 하나의 의무임에는 틀림이 없다. 그러나 여기에 이상한 논리가 성립된다. 소유를 원하지 않는 사람에게는 모든 일이 그대로 봉사가 된다는 사실이다.

나는 학교에 봉사한다. 그리고 받는 월급은 그대로 가족을 위하여 봉사하는 셈이다. 그 돈은 한 푼도 내 소유는 못 된다. 가족을 가진 대가라고나 할까. 나는 하숙생 격으로 밥만 얻어먹으면 족하다.

이제 남은 문제는 옷과 구두, 몇 권의 책과 학용품들이다. 암만해도 그것은 단념할 수가 없다. 그래서 요사이는 정상적인 직장 수입 이외의 수입으로 그것을 충당하기로 작정하고 있다. 몇 푼 안 되는 원고료, 방송 출연료, 강연의 사례금 등으로 일용품을 대신해간다. 강연의 사례로 받은 넥타이를 팔아서 양말을 사기도 하며 흔히 원고료는 책값으로 나간다. 내의나 양말은 때로는 구멍이 나도록 기다려야 하는 때도 있으며, 두세 벌 걸치고 있는 양복은 정성껏 아끼지 않으면 안 된다.

값비싼 모자, 외국제 양복, 나일론 양말, 고급 구두 등은 아마도 팔자에 없을 것 같아 섭섭하기도 하다. 지난겨울에는 두세 켤레의 양말, 이번 여름은 자유시장에서 산 노타이셔츠 한 벌과 흰 러닝셔츠 두 벌로 지나야 할 것 같다. 또 그것으로 만족한다.

그러나 요사이는 점점 내 수입이 늘어간다. 부지런히 쓰면 책값도 나오고 와이셔츠와 넥타이는 2, 3년을 쓸 수 있을 정도다. 그렇

영원과 사랑의 대화

다고 해서 많은 책을 사는 것도 아니다. 요사이는 읽는 시간보다 생각하는 시간이 많아지기 때문에 1년에 36권 이상은 지나친 사치라고 규정해두고 있으며 옷은 철따라 한 벌만으로 족하기로 했다.

오랫동안 서재가 없었는데 지난가을에는 흙으로 담을 쌓고 텐트 조각을 얹어서 두 평짜리 토굴도 생겼다.

부지런히 벌어서 밀려오던 책값들도 거의 다 청산된 셈이다. 8월이 지나고 9월이 되면 5, 6천 원의 잔금이 생길 것 같고, 11월쯤 가서는 3년이나 신어서 물이 새고 먼지가 스며들어오는 비뚤어진 구두도 새것으로 바꿀 수 있을까 하고 계획을 세워본다.

이렇게 내 재산은 자꾸만 늘어가고 있다. 쓰고 남은 것이 부富라면 나는 지금 확실히 부자가 되어가고 있는 것이다. 30만 원만 생기면 하늘이 많이 보이는 산간에 오막살이 서재 생각도 해보고, 3천만 원만 생긴다면 가난한 학생들을 위하여 문화관이라도 한 채 장만해주고 싶은 꿈도 가져본다.

이렇게 생각해보면 참으로 나는 부자다. 어쨌든 부를 즐기는 사람이 되고 있으니까.

그러나 이러한 부에도 때때로 미안한 생각은 찾아든다. 그리스도께서는 나보다도 더 가난하셨으리라는 생각, 그리고 중년 이후의 석가도 나보다 부하지는 않았으리라는 생각 때문이다.

내가 바라는 생활

'당신이 지금 바라고 있는 생활은 어떤 것입니까? 그리고 누구에게나 공통적인 몇 가지 점을 이야기해주십시오.'

이렇게 묻는다면 나는 다음과 같이 대답하고 싶다.

1

나는 누가 무엇이라고 말하든지 내 여생을 한국에서 보내고 싶다.

나도 젊었을 때는 많은 꿈을 지니고 있었다. 그리고 세계의 여러 나라들을 잠깐씩이나마 구경할 수 있었다. 그러나 내가 살고 싶고, 살아야 할 곳은 한국이라는 사실을 의심치 않는다. 한국에서 보다

영원과 사랑의 대화

잘 살기 위하여 1, 2년 다녀온다면 모르지만 다른 어느 나라에서 내 남은 삶을 다 보내고 싶은 생각은 없다.

나는 한국의 기후가 세계 어느 곳보다도 좋다고 생각한다. 적도 지대의 무시무시한 더위, 북방의 심한 추위, 북유럽의 음산한 날씨, 비와 눈을 구경도 못하는 사막 지대, 이런 여러 지역에 비하여 우리 한국은 기후가 얼마나 좋은 곳인가?

나는 한국의 맑은 하늘을 좋아한다. 저렇게 맑고 깨끗한 하늘 밑에 사는 백성들의 마음이 얼마나 청아하며 예술적일까? 자꾸만 묻게 된다. 아테네, 로마 같은 나라들이 한때 세계를 영도한 사실도 그 나라 사람들이 한국과 같은 맑은 하늘 밑에서 자랐기 때문이 아닐까 생각한다.

나는 한국의 자연을 사랑한다. 세계 어느 나라가 이렇게 공원과 같이 아름답겠는가? 가꾸지 못한 책임은 우리들의 잘못이지만 백두산, 묘향산, 대동강 유역, 함경남북도와 동해안, 금강산과 그 줄기들, 다도해의 경치, 이 모두가 그대로 공원이 아니고 무엇인가?

나는 한국이 큰 나라가 아님을 좋아한다. 작고 아담한 나라들이 얼마나 정답고 알뜰하게 오순도순 살아갈 수 있는지 생각해보았는가? 오늘도 세계에서 가장 복스럽게 살고 있는 나라들의 대부분은 작은 나라들이다.

노르웨이, 스웨덴, 덴마크, 영국, 네덜란드, 벨기에, 스위스를 비롯한 유럽의 여러 나라들 모두 작은 나라들이다. 제네바에서 조반을, 파리에서 점심을, 런던에서 저녁을 먹을 수 있을 정도로 유럽에는 작은 나라들이 사이좋게 섞여 살고 있다. 전쟁보다는 평화, 투쟁보다는 자유, 경쟁보다는 사랑을 원한다면 나라가 작다는 것이 축복의 조건이 될 것으로 생각한다.

한국은 가난하다고 한다. 우리는 살기가 괴롭다고 한다. 그러나 언제나 가난하라는 법도 없으며, 괴로움을 즐거움으로 바꾸는 것이 우리들의 책임인 줄 안다. 오히려 나같이 무능한 사람에게도 많은 일이 요청되고 있는 한국이기에 나는 이 땅에 사는 보람이 있고 즐거운 매일을 살 수 있다고 생각한다.

그러나 이러한 우리나라에 대하여도 한두 가지 요청은 있다.

나는 서울에만 집중하는 대도회지 현상을 좋아하지 않는다. 인구가 10만 명 내지 20만 명씩의 아담한 도회지들이 문화와 경제생활의 조건들을 갖춘 대로 전국에 흩어져 있으면 좋겠다. 그러면 생활의 균등도 뒤따를 것이며 사람들도 부드러워질 것 같다.

나는 하루 속히 모든 국민들의 마음이 참과 아름다움을 나눌 수 있게 되기를 바란다. 감정의 순화도가 낮고 참과 아름다움을 나눌 수 없는 사회란 어디에서도 행복할 수가 없는 법이다. 우리는 우리들 스스로의 행복과 즐거움을 위하여 보다 많은 마음의 노력을 쌓아 올리지 않으면 안 되겠다.

이런 모든 것을 생각하면서 나는 내 남은 삶을 한국에서 보내고 싶다.

영원과 사랑의 대화

2

나는 언제나 중류사회를 좋아한다.

나는 어린 시절을 거의 밑바닥에 가까운 하류사회에서 자랐다. 지금은 겨우 중류사회의 한 모퉁이를 차지하게 된 셈이다. 그러나 이 이상도 원하지 않으며 또 그 필요를 느끼지도 않는다.

물론 우리나라에 무슨 상류사회가 있겠는가? 그러나 상류사회에 속한다고 자처하는 사람들을 나는 좋게 느낀 일이 없다. 그런 점에서 옛날과 같은 왕족, 귀족들이 없어졌다는 것을 나는 다행으로 생각하고 있다.

그러나 우리 사회대로의 상류사회가 있는 것 같다. 큼직한 집이나 짓고는 그 노예가 된 듯이 자랑삼는 사람들, 대수롭지 않은 지위라도 차지하게 되면 하늘에나 올라간 듯이 으스대는 인간들, 아무런 도움이나 참된 봉사도 남겨주지 못하는 명예기관의 회장, 위원장이랍시고 허세를 부리는 인물들, 이런 부류의 사람들에 섞인다는 것은 즐거운 일도 아니며 기대하는 바도 아니다.

건전하게 일하며 선한 뜻을 나누며 존경과 협력을 같이할 수 있는 중류사회에 산다는 일은 참으로 귀하다. 일이 없는 사람같이 불행한 인간도 없으며, 보람 있는 일을 가지고 있는 사람만큼 행복한 사람도 없는 법이다.

이런 의미에서 나는 중류사회를 사랑하며, 또 그 속에 살고 싶다.

3

따라서 나는 지나치게 많은 재산도 바라지 않으며 너무 관심의 대상이 되는 직업도 원하지 않는다. 물론 가난을 원하지는 않는다. 자녀들을 교육할 수 있으면 족하고 내가 보람 있는 일을 할 수 있을 때 경제적 뒷받침을 받을 수 있다면 그 이상의 즐거움은 없을 것 같다.

언제나 적당한 음식물이 요청되듯이 바르게 살 수 있는 최소한도의 경제력이면 좋을 것이다. 너무 많은 장난감 때문에 고민하는 어린아이가 되기보다는 두세 개의 장난감을 가지고 즐기는 어린아이가 더 즐거운 법이다.

너무 많은 사람들의 호기심이나 관심의 대상이 되는 직업도 원하지 않는다. 밤낮 신문에 그 얼굴이 실리며 한두 시간도 자기 마음대로 행동할 수 없는 직업, 말 한마디라도 삼가지 못하면 비판의 대상이 되는 직업을 나는 원하지 않는다. 우리에게 귀한 것은 직업보다도 그의 인간성이다. 인간성을 병들게 하며 스스로를 구속해야 하는 직업은 불행을 가져오기 쉬우므로 나는 원하지 않는다는 것이다.

가능만 하다면 너무 한가로운 생활과 더불어 지나치게 바쁜 생활도 피하고 싶다. 100의 일을 할 수 있는 사람도 언제나 정신적 책임은 80만큼 느끼는 것이 좋을지 모른다. 자전거에 송아지를 실은 것 같은 정신적 부담은 언제나 고통과 자기 환멸을 가져오기 쉽다. 사람은 자기가 할 수 있는 최대의 능력을 발휘할 수 있어야 한다. 그

러나 언제나 많은 정신적 가치와 행복은 이상理想을 가진 중용中庸
에서 이루어지는 것이다.

4

　모든 사람이 원하는 기본 조건 중 하나는 어느 정도의 건강이다.

　나는 이 점에 대해서는 전적으로 동감이다. 극히 소수의 사람에
게는 병이 정신적 개선의 계기가 되기도 하며 건강치 못한 것이 종
교적 신앙의 요건이 되는 때도 있다. 그러나 행복의 기본 조건의 하
나가 건강이라는 생각은 잘못이 아니다. 대개의 경우 모든 것은 건
강과 더불어 따라오며 모든 불행은 병고와 한가지로 찾아들게 마련
이다.

　그러므로 우리는 선천적인 불치의 질환이나 회복 불가능의 병고
는 없기를 바라고 있으며, 많은 사람들에게는 그것이 최대의 불행
이 아닐 수 없다. 또 병 때문에 자기의 책임과 하고 싶은 일들을 못
하게 된다면 그보다 가슴 아픈 일은 없을 것이다.

　그러나 대부분의 사람들은 노력과 정성에 의하여 어느 정도의 건
강은 유지할 수 있도록 되어 있다. 의사들의 말에 의하면 암이나 간
경화증, 악질적인 혈압, 우리나라에는 별로 없지만 백혈구 과다증,
이런 종류의 병만 아니라면 우리는 얼마든지 건강을 보존할 수 있
으며 또 원하는 일을 할 수 있을 정도의 건강은 지켜나가게 된다는

것이다.

오히려 보다 많은 불행과 불필요한 병고는 부주의와 무절제에서 오는 것 같다. 그리고 우리는 반드시 운동선수들과 같은 비상한 체력을 요구하는 것은 아니다. 병에 의한 고통을 제거하며 나에게 주어진 책임을 감당하는 데 지장이 없을 정도의 건강이면 그것으로 족하다.

실제로 나 같은 사람은 선천적으로 병약한 어린 시절을 보냈다. 그 때문에 건강의 값을 누구보다도 높이 평가하고 있다. 꾸준히 삼가고 노력한 결과로 별로 병석에 눕는 일도 없으며 건강 때문에 할 일을 못하는 처지에 이르지 않고 있다.

그러나 앞으로도 지금과 같은 최소한의 건강은 보존해나가고 싶다. 그것이 모든 진취적인 삶의 기본이라고 생각한다.

5

참다운 우정을 나눌 수 있는 벗들이 있기를 원한다.

좋은 이성異性을 택한 사람은 행복스러워진다. 그리고 좋은 벗을 가진 사람은 성공하게 된다고 믿는다.

대다수의 사람들은 좋은 벗을 사귈 수 있는 학창 시절과 젊은 시절을 헛되이 보낸 뒤 장년기에 접어들면서 인생행로의 고독을 느끼고 있다. 착한 아내가 있어야 하며 귀여운 자녀가 있어야 하듯이 반드시 선한 벗이 있어야 한다. 그리고 마음과 뜻을 나눌 수 있는 이웃이 있어야 한다.

그런데 이상스럽게도 아내와 자녀들은 백까지 생각하면서 벗과 이웃은 생각지 못하는 많은 불행한 사람들이 있다. 우리들의 행복과 보람 있는 삶을 위해서는 반드시 뜻을 같이할 수 있는 벗과, 어려움과 정을 나눌 수 있는 이웃이 있어야 한다.

그런 점에서 나는 과거의 우정 관계를 반성해보면서 좋은 벗과 착한 이웃이 있는 생활을 갖고 싶다. 그러나 이것은 기대한다고 이루어지는 것도 아니며 바란다고 채워지는 문제도 아니다. 참된 뜻과 성실한 노력이 없이는 이루어지지 않는 보화이다. 나는 노력하지 않으면서 누가 친구가 되어주기를 기다려서도 안 되며 아무런 협조나 봉사도 없이 선한 이웃이 맺어지는 일도 없다.

내가 먼저 참된 벗이 되며 자진해서 선한 이웃이 되도록 노력하지 않으면 그 때문에 오는 모든 행복과 즐거움은 곧 사라지고 말 것이다.

그래서 내가 바라는 참된 삶의 조건 중 가장 귀한 것의 하나는 선한 벗과 좋은 이웃들과 같이 사귀며 사는 일이다.

모든 문제를 숨김없이 이야기할 수 있는 벗, 즐거움과 고통을 나눌 수 있는 이웃이 있다면 그 얼마나 기쁘고 보람 있는 일이겠는가.

좀 더 많은 일을 하고 싶다. 우리들의 일생을 70년으로 잡는다면 그 절반이 되는 35년은 자신과 이웃을 위한 활동의 기간으로 삼을 수가 있을 것이다.

그리고 특별한 사람들 중에는 40년까지도 활동기로 삼을 수 있는 이가 있을 것 같다. 나머지 30년은 교육과 준비 기간 또는 노쇠기에 속하기 때문에 충분한 활동을 할 수 없는 세월이 될 것이다. 그러나 모든 사람들이 뜻과 신념을 갖는다면 30에서 70까지는 꾸준히, 그리고 많은 일을 할 수 있는 시기라고 생각한다.

결국은 얼마나 오래 사느냐가 아니라 얼마나 많은 삶의 값을 남기느냐가 문제라면 우리는 하루를 쪼개어가면서 일하고 싶은 의욕을 느끼게 된다.

어떤 일들이 필요하겠는가? 첫째는 자신의 내적 충족을 위한 일이며, 둘째는 이웃에게 봉사할 수 있는 일이겠다. 나 같은 사람의 입장을 말한다면, 힘껏 공부하고 많이 봉사해보았으면 좋겠다.

물론 진리를 탐구하는 학문에 끝이야 있겠는가. 여유와 자신을 가지고 오래 공부를 해나갈 수 있다면 그 이상 부러운 바가 없겠다.

그리고 힘이 미치는 대로 가난한 이웃, 불행한 형제들, 뜻을 기다리는 동족들에게 마음껏 봉사해보았으면 한이 없을 것 같다. 우리나라에는 만들어진 직장은 적다. 실직자가 많은 이유도 거기에 있다. 그러나 할 일은 너무나 많다. 조국의 발전이 늦어진 원인도 이 일들을 다하지 못한 때문이다. 보다 많은 일을 해서 조국에 이바지하고 싶다.

힘만 미친다면 자연과학, 예술 분야에도 손을 대보고 싶으며 여유만 있다면 사회적인 활동에도 뜻을 두고 싶다. 그러나 모든 것은 부질없는 생각이다. 오히려 나에게 그리운 것은 내가 하고 있는 학문에 보다 많고 깊은 정력과 뜻을 바치는 것이다.

그리고 지금 계획하고 있는 작은 정신적 봉사가 좀 더 보람 있게 지속되기를 바란다. 나는 교육계에 있으면서 학장이나 처장 같은 사무적인 보직을 원하지 않았다. 그러한 사무적인 일은 할 사람도 많으며 또 원하는 사람도 많이 있다.

만일 나에게 가능만 하다면 나는 내가 하고 있는 학문 이외에 어떤 정신적 분야에 공헌할 수 있는 길을 개척해보고 싶다. 인간은 이렇게 살아야 하며 조국은 이런 방향으로 나가야 한다는 자신 있는 뜻을 찾아 좀 더 많은 사람에게 전하고 싶다.

그리고 특히 이러한 뜻을 많은 젊은이들과 나누어 갖고 싶다. 나는 마음으로부터 많은 젊은이들 속에서 살고 싶다. 젊은이들과의 접촉은 나를 항상 젊게 해주며 새로운 용기를 갖도록 뒷받침해준다.

그런 점에서 내가 뜻하면서 이루어놓지 못한 모든 소원을 젊은이들 마음속에 심어주고 싶은 생각이 간절하다.

장년기는 장년기대로 좋고 노년기는 노년기대로 뜻이 있겠지만 일은 젊은이들을 위하여 하고 싶다.

7

끝으로 나에게 또 하나의 바라는 바가 있다면 그것은 스스로 만족할 수 있는 신앙생활을 하고 싶다는 것이다. 좋은 신앙생활을 원하지 않는 사람은 없다. 그러나 만족한 신앙생활을 갖는다는 것은 거의 불가능에 가까운 일인 것으로 생각한다.

참 신앙이란 인생에 대한 성실한 노력과 참된 판단에 의해서만 이루어지는 것이다. 그 성실은 전 인격의 결정이어야 하며 그때의 참이란 우리들의 모든 지혜를 침묵으로 이끄는 결단이기 때문에 우리들이 참다운 신앙을 갖는다는 것은 거의 스스로의 인간적 한계를 자각하지 않고서는 불가능한 일인 것이다.

그러나 인간은 누구나 삶의 경험이 깊어지며 인생의 지혜가 높아질수록 종교와 신앙에 대한 관심은 더해가는 것으로 생각한다. 이러한 정신적 기대, 영원과 실재의 뜻이 채워질 수만 있다면 우리들에게 더 고귀한 것이 무엇이겠는가. 그러므로 내가 원하고 있는 최후의 기대도 바로 여기에 있는 것이다.

만일 이러한 뜻이 우리들의 학문이나 지식으로 가능해진다면 밤잠을 잊고서라도 그 뜻이 이루어지도록 노력하겠다. 그러나 그 뜻은 이론이나 지식이 아닌 신앙적 결단이기 때문에 어려운 일이며, 또 종교적 신념이란 체험에서 얻어지는 것이므로 모든 삶과 인격의 대가로서만 채워질 수 있는 내용인 것이다.

이제 옛날부터 우리 역사에 빛나는 많은 종교적 성자들의 생활과 신념을 깨닫는다면 모든 것을 버리고 그러한 정신적 왕국으로 뛰어들고 싶은 생각이 간절하다. 그러나 그 뜻은 높은 데 있으며 그 실천은 시간 속에 영원을 받아들이지 않고는 불가능한 일이다.

그러나 만일 이 뜻이 이루어질 수만 있다면 우리는 남은 일생을 신념과 용기, 희망과 영광으로 보낼 수 있을 것이며 비록 죽음이 우리 앞에 임박하더라도 기쁨과 환희를 지니며 사망의 골짜기를 넘을 수 있을 것이다. 참 성공도 거기에 있을 것이지만 위대한 삶의 보람도 그때에 채워질 것으로 생각한다. 오히려 우리들의 현실이 하나의 예비적인 것으로 끝나고 영원과 충족은 이제부터라는 뜻이 가능해질 것 같다.

나의 마지막 기대는 이렇듯 종교적인 것인데, 이것은 비단 나에게 국한된 문제는 아닐 것 같다.

만일 이런 나의 바라는 뜻이 이루어진다면 나는 그것으로 참된 삶을 누릴 수 있을 것이다. 이 일들이 불가능한 꿈이라고만은 생각지 않는다. 신념이 있는 곳에는 모든 것이 가능하리라고 믿는다.

잠자리와 천재

더운 여름 오후였다.

정리하던 원고를 끝내보려고 두세 시간을 책상에 붙어 있었더니 피곤이 엄습했다. 무심코 얼굴을 창밖으로 향한 채 하늘을 쳐다보았다. 피곤할 때마다 갖는 버릇이었다.

그런데 이상한 한 장면이 기억 속에 떠올랐다.

땀이 이마와 콧등에 밸 정도로 따가운 볕이 내리쪼이는 오후, 혼자 어디선가 집으로 돌아오던 길이었다. 춘성이네 집 앞을 지나 몇 발자국을 더 걸어갔을 때 잔등이 빨간 잠자리 한 마리가 낡은 수수 바자 끝에 앉아 있지 않은가. '옳지, 고놈을 잡아야지' 생각한 나는 숨소리마저 죽여가면서 살금살금 잠자리가 앉은 바자가로 다가갔다. 잠자리는 머리를 양옆으로 한 번 돌리고 꼬리를 조금 위로 쳐들었다 놓더니 자는 듯이 움직이지를 않는다. 내 손은 점점 잠자리 꼬리에 가까워졌다. 마치 나에게는 눈만이 있고 잠자리는 꼬리만 있는 것 같았다.

꼬리를 꼭 잡았다. 잠자리는 빠져나와 날아보려고 애썼지만 꼼짝 못한 채 잡히고야 말았다. 나는 좋아라고 웃으며 길 위로 내려섰다. 그런데 오른쪽 발에서 철럭철럭 소리가 나지 않는가. 내려다보니 엄지발가락이 뚫어진 고무신 구멍으로 나와 있고 다 닳아 떨어진 뒤축이 걸릴 곳이 없으니까 발뒤축에 올라붙느라고 소리가 나는 것이었다.

나는 '아까 잠자리를 잡을 때는 소리가 안 나더니 왜 지금에야 소리가 날까' 생각해보았다. 그러나 알 수 없는 일이다. 아마 잠자리를 잘 잡으라고 소리가 안 났던 것이겠지 싶었다.

마을에서 신작로로 빠져나가는 달구지 길에는 아무도 보이지 않는다. 볕이 따갑기에 쳐다보았더니 하늘에는 한 점의 구름도 없었다. 모든 것이 더위에 잠들어 있었다.

나는 발꿈치에서 철럭대는 소리를 들으며 잠자리를 쥔 채 집이 있는 쪽으로 걸어갔다. 덥고 고요한 오후였다.

여섯이나 일곱 살쯤 되었을 때의 일이다.

하필이면 쇠털같이 많은 과거의 사실 중에서 이 장면만이 수십 년이 지난 지금, 이 순간에 떠오를까? 어쩌면 그 빨간 잠자리 잔등,

좌우로 흔들던 머리, 삐져나온 발가락이 유달리 생생히 기억에 남아 있을까.

알 수 없는 일이다. 생각하면 신기하기만 하다.

7, 8년 전의 일이다.

나는 프로이트의 《일상생활에 있어서의 정신 병리》라는 책을 주머니에서 꺼내 읽으면서 한국신학대학으로 갔다. 차 안에서 책을 읽는 습관을 계속하고 있던 때였다.

신학대학에서는 바로 몇 분 전에 예배가 시작되고 있었다. 교수와 학생들이 전부 채플에 모여 있었다. 나도 뒷자리에 앉아 설교에 귀를 기울였다. L이라는 여교수가 목소리마저 침착하게 또박또박 당신의 소신을 풀어나가는 설교였다.

그러나 이상한 일이다. 아나니아와 삽비라라는 부부가 베드로 앞에서 자신들의 거짓을 숨기려 했기 때문에 벌을 받았다는 〈사도행전〉의 이야기가 주제였다. 그런데 이 여교수는 여러 번 베드로를 바울이라고 말하는 것이다. 바울과는 아무런 상관도 없는 장면인데…. 그러나 청중들은 성경의 내용을 잘 알고 있었기 때문에 바울을 베드로로 정정하면서 설교를 끝까지 들을 수 있었다.

학생들이 흩어지고 교수들이 교수실에 돌아왔을 때 L 교수의 아버지 격이나 되는 최 목사께서 "L 교수의 설교는 참 좋았는데 왜 베드로를 바울이라고 그랬을까. 몇 차례 그러던데…"라고 말했다. L 교수는 약간 얼굴을 붉히면서 "그럴 리가 있어요? 제가 베드로와 바울을 분간 못하겠어요? 아무려면…"하고 항의를 한다. 하기야 신학교에 적을 둔 사람이면 베드로와 바울을 구별 못할 사람은 없을 것이다. 게다가 L 교수는 한평생을 신학에 바친 분이다.

최 목사는 "아아, 꼭 그랬대도. 내가 왜 거짓말을 할까? 저기 김 선생이 계시는군. 김 선생, L 교수가 베드로를 바울이라고 그랬습니까, 안 그랬습니까?" 하면서 나의 협조를 구한다. 나는 웃으면서 "몇 차례 그러시던데요!"라고 대답했다. L 교수는 몹시 당황하면서 "이상하다. 내가 왜 그랬을까. 베드로와 바울을 착각할 리는 없는데…" 상당히 불의의 과오에 후회를 하는 모양이었다.

나는 옆에 서 있다가 '옳지. 이런 경우였구나' 생각하면서 두 분에게 이야기를 꺼냈다. "왜 베드로를 바울로 착각을 일으켰는지, 착각이라기보다도 실수를 했는지 제가 설명해드릴까요? L 교수에게는 베드로나 바울이 똑같은 마음의 비중을 차지하고 있습니다. 두 사람 다 그리스도의 중요한 제자였으니까요. 그런데 공교롭게도 오늘 본문에 나온 다른 두 주인공의 이름이 아나니아와 삽비라였습니다. 즉, 두 사람의 이름 속에 '아' 발음이 다섯이나 들어가 있습니다. 그런데 '에'라는 모음은 하나도 나오지를 않았습니다. 그 때문에 '에' 발음으로 시작하는 베드로보다는 '아'로 시작하는 발음을 말하기가 훨씬 쉬웠던 것입니다. 말하자면 베드로와 바울은 같은 무게를 가지고 있는데, '아' 발음이 바울 편에 더해졌기 때문에 베드로를 바울이라고 발음한 것입니다."

내 설명을 들은 두 분은 놀라는 듯이 나를 넘겨다보았다.

L 교수는 "선생님은 참 놀라우신 분이군요. 그렇게 세밀한 정신 상태까지 어떻게 분석해내십니까" 하고 탄복했다.

나는 웃으면서 "아닙니다. 지금 이 책을 읽으면서 왔는데 이 책 속에 바로 그런 이야기들이 들어 있습니다"라고 말했다.

그러나 생각해보면 놀라운 일이다. 우리들의 정신 작용이 이렇게까지도 미묘한 활동을 전개시키고 있으니 말이다. 그러나 더 신기한 사실은 이러한 정신 작용이 그 복잡성을 자기 속에서 발견해낼 수 있도록 이중 작용을 한다는 일이다. 참으로 그 신기함에 놀라지 않을 수가 없다.

그런데 이러한 미묘하고도 다양성을 가진 정신 작용에도 정도의 차이가 있다. 그 작용이 월등하게 높은 사람들을 천재라고 부르는가 하면 현저히 뒤진 사람을 천치 바보라고도 한다. 실제로 교육에 부딪쳐보면 천 명 중 두세 명은 특출한 이가 있고 반대로 두세 명은 바보 축에 들 만한 사람이 있다.

그러나 외형적으로 본다면 천재와 천치를 나누어볼 표준이 없다. 체격이 크고 작은 것과 천분과는 상관이 없는 모양이다. 아리스토텔레스, 플라톤, 모차르트, 베토벤, 칸트, 하이네 등은 무척 작은 편이었다고 하며 괴테, 실러, 쇼펜하우어, 투르게네프 등은 대단히 큰 체구를 가지고 있었다 한다. 몸집이 크고 작은 것과는 하등의 관계를 갖고 있지 않은 것이 천분인 것 같다.

어떤 사람들은 대뇌의 무게가 천분과 상관이 있을 것이라는 판단을 내려보기도 했다. 남자의 뇌가 평균 1,350에서 1,400그램, 여자의 뇌가 평균 1,250에서 1,300그램이라고 한다. 문호 투르게네프가 2,012그램, 정치가 크롬웰이 2,000그램이나 되어 유달리 무거운 뇌를 갖고 있으나 유명한 해부학자 갈Gall은 1,189그램, 소설가 아나톨 프랑스는 1,017그램에 지나지 않았다고 한다. 그런데 어떤 간질병자 백치의 뇌는 2,850그램에 미치고 있다고 한다. 뇌의 무게가 그대로 천분을 보여주는 것도 아니다.

뚱뚱한 사람 중에는 루터, 다윈, 미라보 등이 있으나 여윈 인물 중에는 데카르트, 키르케고르, 헤겔 등이 속하고 있다. 천재가 된다는 것은 살찌고 마른 데 관계 있지도 않은 모양이다.

그러나 어떤 사람의 천분을 가리는 객관적 표준이 있다면 역시 그 지능의 차이를 살펴볼 수 있을 것이다. 100분의 100을 평균으로 본다면 확실히 그 표준이 엄청나게 높은 사람들이 있다. 이제 몇 사람의 소년기와 청년기를 중심으로 한 보고에 의하면, 괴테 185/100와 200/100, 라이프니츠 185/100와 190/100, J. S. 밀 190/100과 170/100, 파스칼 180/100과 180/100, 셸링 157/100과 160/100, 바이런 150/100과 160/100, 데카르트 150/100과 160/100, 헤겔 150/100과 160/100, 모차르트 150/100과 150/100, 갈릴레이 145/100와 155/100, 미켈란젤로 145/100와 155/100, 나폴레옹 135/100와 140/100 등으로 되어 있다.

물론 절대적이라는 것도 아니며, 이 밖에도 많은 사람이 있을 수 있다. 콕스라는 심리학자의 이론을 소개한 것뿐이다. 그에 의하면

볼테르는 요람 속에서 시를 지었다 하며 모차르트는 다섯 살 때 상당한 곡을 외우기도 했고 무도곡을 만들었다고도 한다. J. S. 밀은 세 살 때 그리스어를 배워 그 뒤 플라톤을 읽었고, 여덟 살 때는 오늘의 대학생들이 읽는 것을 읽었다 한다. 셸링은 열한 살 때 18, 19세의 청년들과 같은 학급에 입학해서 공부할 수 있었다고 한다.

이렇게 본다면 천재란 확실히 지능이 선천적으로 앞서 있으며 때로는 보통 사람들의 배를 깨닫기도 한다. 그런가 하면, 평균인의 반이나 4분의 1이 못 되는 사람도 있다.

그런데 이상한 것은 천재와 천치는 종이 한 장 차이라는 점이다. 다른 것은 전혀 못하면서 그림만 그리는 이가 있고, 일반적인 입장에서 본다면 어리석음을 면할 길이 없으나 어떤 면에서는 특출한 사람도 있다. 또 가벼운 간질병 환자들 중에 위대한 업적을 남긴 인물들이 얼마든지 있다.

생각해보면 하늘에는 제각기의 별들이 있어 아름다운 조화를 만들며 땅에는 모양과 색, 계절과 장소를 달리하는 많은 꽃들이 있어 아름다운 세상이 이루어지듯이, 인간들의 마음과 정신력도 제각기 달라 하나의 조화된 세계를 만들고 있는 것이 아닐까. 그 본래적이면서도 영구한 값은 하나님 이외는 알 이가 없을 것 같다.

앞서 우리는 지능을 중심으로 천재성을 찾아보았지만, 그들이 남긴 업적을 비교적 객관적인 입장에서 평가했을 때는 가장 역사적 변화와 업적을 많이 남긴 사람이 나폴레옹, 그리고 셰익스피어, 마

영원과 사랑의 대화

호메트, 볼테르, 베이컨, 아리스토텔레스, 괴테, 줄리어스 시저, 루터, 플라톤 등의 순서로 되어 있다.

이렇게 본다면 지능과 사회적 업적이 균형을 가져오는 것도 아닌 모양이다. 참으로 우리들의 정신력이란 무한의 깊이와 내용을 가진 것이다. 그것들이 수천 년의 역사를 통해 오늘에 이른 것이다.

그러면 이러한 정신력은 어디서 나온 것일까?

물질에서 생명이 나오고, 생명이 진화하여 식물, 동물, 인간으로 발전했으며 인간의 대뇌가 우리들의 생각, 사색을 만드는 것일까? 그렇다면 대뇌의 대소, 그 모양과 차이, 그 성질에 따라 지능의 차이도 있을 법한데 그것은 전혀 알 바 없다.

정신 작용은 대뇌의 무게나 형태와는 전혀 별개의 것일까? 생명이 물질에 깃들이고 있듯이 정신은 생명체에 머물고 있는 하나의 이질적인 존재일지도 모른다.

대뇌가 생각한다는 것도 믿기 어려운 일이다. 대뇌만이 있다고 해서 사고가 있을 리는 만무하지 않은가. 오히려 대뇌보다는 생명력 속에 정신적 작용이 있다고 보아야 옳지 않을까 싶기도 하다. 그러나 누구도 알 수 없는 일이다.

우리는 그 속에 살고 있는 전체의 한 부속품들이기 때문에 이러한 신비, 생명과 정신의 세계 속에 살고 있으면서 그 모든 것은 알지 못하고 있다.

프랑스의 위대한 과학적인 철학자 베르그송은, 대뇌가 운동의 준비처에 지나지 못하며 정신은 대뇌를 떠나 있는 활동적 실체라고 보았기 때문에 종교적 신앙에 도달했던 것 같다. 그것은 철학을 모르는 농부들이 영혼의 실재를 믿는 것과 마찬가지였을 것이다. 그러나 최근의 베르그송과 같은 뜻을 17세기의 파스칼도 가지고 있었기 때문에 단순한 신앙으로 돌아갔던 것이 아닐까.

20세기의 신비주의 전도자 선다싱은 우리들의 뇌는 오르간과 같고 정신은 오르간을 연주하는 사람과 같다고 비유했다. 정신은 대뇌가 없이는 작용을 못한다. 그러나 정신은 대뇌가 아니라는 것이다. 그러나 누구도 이런 깊은 문제에는 도달하지 못하고 있으며, 또 도달했다고 해서 그 문제의 해결이 주어지는 것도 아니다.

참으로 우리들의 세계는 신비와 수수께끼로 가득 차 있다. 한 마리의 잠자리에서 이 무궁한 우주에 이르기까지.

영원과 사랑의 대화

독수리 이야기

중학교 1학년 때였다.

선생님께서 이런 이야기를 들려주셨다.

한 농부가 높은 산에 올라갔다가 독수리 알을 구해 왔다. 계란과 함께 넣어두었더니 병아리들 틈에 독수리 새끼도 태어났다. 이 독수리 새끼는 자기는 보지 못하고 닭과 병아리들만 보고 자라서 자신을 병아리로 착각한 것이다. 병아리와 같이 뿅뿅거리며 자라다가 큰 닭들과 마찬가지로 꼬꼬댁거리면서 커갔다. 큰 독수리가 되었는데도 닭 구실밖에 못하는 것이었다. 안타깝게 생각한 농부는 이제는 독수리가 닭으로 끝나고 말 것인가 답답해했다.

어느 날, 그 집에 생물학을 연구하는 친구가 찾아왔다. 주인의 얘기를 들은 생물학자는 독수리를 하늘로 날려 보냈으나 꼬꼬댁거리면서 겁을 집어먹고 닭장으로 숨어들어갔다. 다음번에는 지붕 위에 올라가 날아가기를 바랐으나 역시 두 날개를 치면서 다른 닭들이 있는 구석으로 숨어들었다.

애석하게 생각한 생물학자는 다음 날 다시 찾아왔다. 그는 독수리를 안고 높은 산으로 올라갔다. "너는 새 중의 왕이다. 닭과는 다르다. 너 자신을 보지 못했다고 닭이 될 수는 없는 법이다"라고 말해주면서 넓은 들, 푸른 하늘, 구름이 떠다니는 아득히 먼 창공을 보여주었다.

독수리는 숨이 가빠지고 어깻죽지를 들먹이더니 두 눈이 빛나기 시작했다. 생물학자는 독수리에게 네가 살 곳, 네 본성으로 돌아가라고 말하면서 하늘 높이 날려 보냈다.

독수리는 날개를 치면서 멀리 들을 건너고 산 너머 자기가 갈 곳으로 날아갔다.

그 이야기를 들으면서 시골 초등학교에서 철없이 자란 나도 닭이 아닌 독수리로 다시 태어날 수 없을까 하는 생각을 해보았다.

우리 선생님은, 사람은 자신만의 소질과 개성이 있는데 그것을 발견하지 못하고 나도 남과 같을 뿐이라는 생각에 빠져 자신의 일생을 살리지 못하며 행복과 성공을 놓치는 일이 너무 많다, 인간은 백 사람이 백의 길을 택하도록 되어 있다, 제각기의 개성을 찾아 자신의 길을 선택하고 노력한다면 실패도 없고 불행도 없을 것이라고 말씀해주셨다.

영원과 사랑의 대화

5년 전쯤의 일이다.

미국 워싱턴 D.C.에 있는 한 고등학교 졸업생 중 네 명이 하버드 대학에 합격 통지를 받았다. 대단히 좋은 고등학교이다. 부시 대통령의 손자나 록펠러의 손자도 다니는 학교였다.

그런데 모두가 부러워하는 하버드 대학을 포기하고 세 명이 다른 대학으로 갔다. 미국 학생들은 여러 대학에 입학해놓고 그중의 한 학교를 택해 가도록 되어 있다.

한 학생은 자기는 산림학을 전공하고 싶다며 유타 대학을 선택하기로 했던 것이다. 다른 학생은 하버드 대학은 너무 진보적인 사조를 따른다며 자신은 보수적인 학교인 사우스캐롤라이나 대학으로 진학했다. 또 다른 한 학생은 대학원 때 하버드를 가고 학부는 규율이 엄한 예일을 가는 게 좋겠다고 선택을 했던 것이다.

만일 우리나라에서 서울대에 입학이 허락된 학생이 제주대나 강원대를 택하며, 전북대나 영남대를 지원한다면 이상할 것이다. 서울대보다는 연세대나 서강대를 택하는 것도 이해하기 힘들 것이다.

왜 그들은 그런 선택을 하는가. 자기 개성과 소질을 따라가기 때문이다. 그러니까 후에는 모두가 아메리카의 지도자로 성장할 수 있다. 자기 분야에서 최선을 다하기 때문이다.

나는 평생을 교육계에서 보냈다. 중고등학교와 대학에서 가르쳤다. 그때마다 아쉬운 것은 우리 학생들이 자신의 소질과 개성을 생각지 못하고 있다는 사실이다. 부모나 선생들도 그렇다. 어떻게 이름 있는 대학에 입학시키는가에 관심을 모으다 보면 사랑하는 자녀와 제자들의 소질과 개성을 돌보지 않게 된다. 고등학교의 명성을 높이기 위해 행복과 성공을 보장받을 수 있는 제자들을 희생시킨다는 것은 비교육적일 뿐 아니라 용서받을 수 없는 과오를 범하는 일이기도 하다. 그래서 대학을 끝낸 뒤 다른 학과로 바꾸기도 하며, 심지어는 전문대학으로 적을 옮기는 일도 있다.

자녀와 제자의 일생은 그 자체가 교육의 목적이지 다른 무엇을 위한 수단이 되어서는 안 된다. 백 사람이 한 가지 경기를 했을 때는 1, 2, 3등을 한 학생만이 즐거움을 누릴 수 있다. 그러나 백 사람이 백 가지 경기를 한다면 때에 따라서는 백 명 모두가 1등의 영광을 얻을 수 있다. 그것이 개성을 위한 교육이며 민주주의 교육의 방향이 바로 거기에 있는 것이다.

그러면 이러한 과오를 바로잡을 수 있는 당사자는 누구인가. 교육부의 정책일 수도 있다. 교육 개혁의 방향도 거기에 있다. 학부모들의 교육에 대한 바른 이해와 선택도 있어야 한다.

그러나 누구보다도 내가 중학교 1학년 때 독수리 얘기를 들려준 선생님과 같이 진정으로 제자들의 개성과 장래를 아끼고 위해주는 스승다운 스승이 있어야 한다. 환자에게는 좋은 의사가 필수적이듯이 제자들에게는 제자들을 진심으로 사랑하고 이끌어주는 스승이 있어야 한다.

옛날의 스승들에 비해 오히려 오늘의 교육자들이 그 책임을 다하지 못하는 것 같아 우려된다.

영원과 사랑의 대화

Ch. __**5**__

역사가 찾는 사람들

풍맥, 1985

진리가 영원하다는 것은
무엇인가.
그것은 불변성이 아니라
근원성에 있다.

누구를 위한 삶인가

"선생님! 인간이 자기를 위하여 사는 것이 옳습니까, 아니면 남들을 위하여 사는 것이 옳습니까?"

"왜 갑자기 그런 질문을 하죠?"

"지난 여름방학에 고향에 갔습니다. 그런데 불행하게도 제 친구의 부친이 세상을 떠났습니다. 친구는 무척 슬퍼했습니다. 처음에는 제 친구가 돌아가신 부친을 위해 슬퍼하는 줄 알았습니다. 그러나 얼마 뒤에, 아버지가 없는 자기 자신의 서러운 위치와 어두운 장래가 슬퍼서 울고 있다는 사실을 발견했습니다. 그 뒤부터 자주 생각해보았는데 인간이란 결국 자기를 위하여 살다가 죽게 마련인 것을 공연히 봉사정신이니 박애사상이니 이타주의니 하는 것이라고 생각되었습니다. 그래서 제 생각이 옳은가 그른가를 묻고 싶었던 것입니다."

어떤 학생과 이런 대화를 하게 되었을 때 나는 그 학생에게 다음과 같은 요지의 설명을 하였다.

인간이란 자기를 위하여 사는 것만도 아니며, 그렇다고 다른 사람을 위하여 사는 것도 아니다. 아무리 개인주의적인 생활을 한다 해도 어디선가는 다른 사람을 도와가며 살게 되어 있으며, 아무리 열성적으로 사람에게 봉사한다 하더라도 자기를 부정하거나 무로 돌릴 수는 없는 법이다. 100퍼센트의 이기주의자가 있을 수 없으며, 그와 정반대되는 봉사주의자도 있을 수 없다. 확실히 이기주의는 종국에 이르러서는 사회적인 파멸을 초래하고야 만다. 그렇다고 사회의 모든 사람들이 타인을 위하여 자신들을 완전히 희생시키며 부정할 수도 없다. 누구든지 희생을 위한 희생을 강요해서는 안 된다. 또 그것은 있을 수 없는 일이다.

그렇다면 우리는 누구를 위하여 사는 것일까? 자신을 위함인가, 타인을 위함인가? 실제로 인간의 삶은 자기를 위하는 것도 아니며, 타인만을 위한 것도 아니다.

인간은 언제나 보다 높은 가치를 이루기 위하여 살고 있는 것이다. 보다 고귀한 가치가 나에게 있다고 믿게 되면 천만인이 나를 반대할지라도 우리는 자신의 입장과 주장을 지키려고 한다. 그러나 보다 영원한 가치가 상대방에게 있다고 인정되면 그 가치가 성취되도록 하기 위하여 자신을 희생시키게 된다.

그러므로 모든 사람들이 나를 반대할지라도 강하게 자신을 지키던 사람이 때로는 조국과 민족을 위하여 웃으면서 생명을 바치기도 한다. 전자의 경우에는 삶의 참된 가치가 나에게 있었기 때문이며, 후자의 경우는 선과 진실의 가치가 타자에게 인정되었기 때문이다. 그러기에 양심이란 끝없는 가치를 사랑하는 것이며, 이성은 가치의 창조자인가 하면, 참다운 자유는 가치에 대한 신념과 용기가 없이는 무의미한 것이다.

우리들의 삶이란 꾸준한 가치의 충족을 통하여 발전하는 것이며, 인간들의 역사 그 자체가 무궁한 가치의 순례라고 보아야 하겠다.

나는 내 자신 속에 있는 가치를 발견하며, 삶의 의의를 높이는 이성을 간직하고 있으면서 삶의 현실이 그 가치와 동화될 수 있도록 노력하고 있다. 있어야 하며 이루어져야 할 가치에 동화되기 위하여 생의 온갖 노력과 희생을 짊어지는 데 삶의 모습이 나타나는 것이다.

그렇기 때문에 우리의 생은 항상 오늘의 가치를 지양止揚함으로써 내일의 새로운 가치를 발견한다. 지금의 가치를 지양시켜 영구한 가치를 탐구하는 과정을 끝없이 계속하는 도중에 문화는 향상되고 역사는 발전하며 삶의 의의는 커지는 것이다. 만일 이 수고와 노력이 없었더라면 오늘날 우리의 정신과 도덕은 어떻게 되었을까?

그러므로 새로운 시대의 윤리를 창조하기 위하여서는 먼저 새로운 가치의 표준과 내용을 확립하지 않으면 안 된다. 모든 낡은 가치의 표준관을 깨뜨려 부수고 새로운 가치의 표준관을 창조해야 한다는 프리드리히 니체의 주장이 이것이다.

그러나 우리의 과거가 전부 악과 무가치로 차 있는 것은 아니다. 전통이 없는 곳에 창조가 있다고 믿어서는 안 된다. 우리에게 주어진 새로운 윤리를 위한 정신적 과제는 오직 개선과 향상을 위해 영원한 가치를 탐구하고 실천하는 것이다. 나를 위하는가, 너를 위하는가 하는 편협하고 평면적인 사고를 버리고, 있어야 할 보다 높은 가치와 이루어져야 할 사회를 지향하지 않으면 안 된다. 정당의 대립은 조국을 위해 해소되어야 하며, 국가 간의 차이도 인류의 평화와 행복을 위하여 해결되어야 하는 것이다.

운명과의 대결

"네가 걸어가는 것을 보면 꼭 할아버지 생각이 난다. 할아버지가 그렇게 걸으셨단다"라는 말을 어머니에게서 자주 듣는다. 할아버지는 내가 두 살인가 세 살 났을 때 세상을 떠나셨다. 내가 내 다리로 걷기를 시작하기 전의 일이다.

뿐만 아니라 나는 할아버지를 본 기억도 없다. 내가 두 살 때, 겨우 한두 달 동안 할아버지가 사시는 본가로 어머니가 다녀갔을 뿐이니까, 일어서지도 못하는 나를 할아버지는 두 달 동안 보았을 뿐이다.

그런데 내 걸음이 할아버지를 닮았다니 우스운 일이다. 그러나 나는 도저히 어머니의 말을 부정하지는 못한다. 내 걸음이 할아버지를 닮았음은 틀림없는 사실이겠기 때문이다. 그러나 그뿐 아니다. 내 성격도 부모를 닮았을 것이며 취미, 품성은 모두가 내가 이 세상에 오기 전에 이미 결정적으로 주어진 것들이었다. 나로서는 어쩔 수 없는 숙명적인 일이다.

그리고 내가 지금 한국에 태어났다는 것도 하나의 운명적인 사실이다. 내가 이 시대를 택한 것도 아니며 한국에 나기를 원한 바도 없었다. 필연적인 조건이나 역사적인 원인이 있어 내가 여기에서 삶을 누리고 있는 것은 아니다. 하나의 우연이며 불가사의한 일에 지나지 못한다. 여름날 저녁에 한 마리 하루살이가 났다가 없어지는 것 같은, 물구덩이에 벌레 한 마리가 있다가 사라지는 것 같은, 누구도 알 수 없는 하나의 우연일 뿐이다.

그러나 이미 내가 주어진 뒤, 내 삶이 던져진 뒤에는 이 누구도 모르는 우연이 절대적인 필연성과 운명적인 결정성을 지니고 나에게 나타난다. 그리고 우리의 삶은 절대적인 것이 되며, 우리들의 생존성은 무엇보다도 고귀한 것으로 변한다. 정히 인간은 우연에서 절대, 무에서 유, 공허에서 실재를 얻는 것이 사실이다.

우리는 나로 하여금 나 되게 한 이러한 과거를 운명적인 것이라 불러본다. 그것은 자아의 생존성인 동시에 환경의 방대함과 무한성이 되기도 한다. 전자를 가리켜 야스퍼스는 '유래'라는 말을 사용했으며, 다수의 사람들은 후자를 운명적인 역사, 사회적 조건이라 이름 지어보고 있다.

그렇기 때문에 운명 같은 것이 있을 수 있을까 하고 주저하는 사람들에게도 이러한 생존의 유래성, 환경에 따르는 운명적 조건이

영원과 사랑의 대화

있음은 부정할 수가 없다. 우리는 모두가 주어진 존재 또는 던져진 생명이며, 인간은 누구나 사회 역사의 환경적 제약 밑에 살아가고 있다.

그러나 이렇게 운명적인 조건이 우리들을 둘러싸고 있다 해도 우리들의 자유는 또 어디까지나 자유다. 그것은 마치 경기를 시작할 때는 다 같은 선에서 출발하나 도달하는 시간과 결과는 전부가 다른 것과 마찬가지다. 비록 주어진 운명이 동일하고 환경적 조건이 같다 해도 노력과 수고의 결과에 따라 제각기 다른 삶의 결과와 성과를 가져오는 것이 인생이다.

자유와 노력의 필요는 여기에 있다. 어떤 사람은 스스로를 운명적인 과거와 주어진 환경에 맡겨버려 전연 창조와 혁신의 결과를 거둠이 없이 일생을 끝내버리는가 하면, 또 다른 사람은 노력과 정성에 의하여 상상을 불허하는 위치로까지 스스로의 삶의 길을 열어나간다.

이렇게 본다면 운명이 절대적인 것같이 자유도 또 절대적이다. 한 사람은 노력하여 공자가 되었고, 다른 사람들은 게을렀기 때문에 사회의 부유 분자로 끝나버렸다.

운명이라는 조건이 100이 있다 하자. 어떤 이는 그 100을 자유로운 노력으로 개선하지 않기 때문에 100 모두를 악과 거짓으로 채워버린다. 그러나 다른 사람은 스스로의 혁신과 정성스러운 노력에 의하여 100을 선과 영광으로 바꾸는 동시에, 노력에 따르는 새로운 100을 만들어가는 것이 아닌가. 그 거리는 점점 더 멀어지게 마련이다. 참으로 하늘은 노력하는 자에게는 더 주고, 게으른 자에게는 있는 것까지 빼앗아 가는가 싶다. 그러나 이러한 일은 개인에게만 속하지 않는다. 한 민족에 있어서도 마찬가지다. 여러 가지 운명적인 조건과 과거가 남겨준 무거운 삶의 짐들을 개척하거나 풀어버리고 새로운 길을 타개하는 민족은 과거를 새로운 희망과 신념으로 바꾸어나갔으나, 게으르고 노력할 줄 모르는 민족은 선조들이 남겨준 정신적 유산까지도 악과 저주의 결과로 떨구어버린다.

　우리는 과거의 운명적인 것들을 두려워 말자. 그것들 때문에 약해지지도 말며 스스로의 무능과 환경을 슬퍼하지도 말자. 오직 우리에게는 과감한 혁신, 강한 신념, 꾸준한 노력이 있을 뿐이다. 운명을 타개하고 개척하여 새로운 역사를 창조하는 민족의 선구자가 되며 시범자가 되어보자.

역사의 교훈 앞에서

나는 일제강점기에 태어나 성장했고 제2차 세계대전을 겪었다. 해방 후에는 공산치하에서 살아보기도 했다. 서울에 와서는 지루한 좌우투쟁의 모습을 보다가 6·25 한국전쟁을 치렀다. 이승만 정권과 4·19를 체험했고 5·16 쿠데타를 지나면서 오늘에 이르렀다.

이러한 역사의 소용돌이 속에서 나름대로 시간이 주는 몇 가지 교훈을 터득하게 되었다.

역사는 우리에게 모든 사건들을 긴 안목에서 보라는 가르침과, 판단은 언제나 미래지향적이어야 한다는 교훈을 남겨주었다.

우리 민족은 지나칠 정도로 조급해하기 때문에 역사적 안목이 필요하며, 동양의 전통이 보수적이기 때문에 미래를 개척하려는 진취적 정신이 아쉬웠던 것이다. 희망과 가치관은 미래를 위해 있는 것이다. 과거를 지키기 위해 필요한 것은 아니다.

그러한 역사적 교훈은 어떤 것들이었는가.

아무리 선한 목적이라고 해도 과정과 수단이 악한 것일 때는 그 뜻이 채워지지 않음은 물론 역사 무대에서는 죄악이 된다. 하물며 이기적인 목적이나 소수를 위한 목표에 악의 수단과 방법을 사용한다면 그 결과를 두고 역사의 심판을 모면할 수가 없다. 독일의 히틀러가 그런 과오를 범했고 공산주의 사회들이 같은 길을 택했다. 그러나 결국은 역사의 무대에서 사라지는 운명을 자초하고 말았다.

큰 역사에서만 그런 것은 아니다. 이승만 정권이 그러했고 유신헌법부터 전두환 정권이 끝날 때까지 우리들 자신이 역사적 과오를 범했다. 선한 목적 못지않게 중요한 것은 선한 방법과 과정인 것이다.

사람들은 진리는 영원한 것이며 불변한다고 믿어왔다. 나 자신도 그런 관념을 믿고 따랐다. 많은 종교지도자들이 그렇게 가르쳤고 이데올로기를 신봉하는 사람들이 같은 생각을 갖고 살았다. 하지만 영원한 진리는 영원불변의 진리가 아니라 영원히 새로워지는 진리여야 한다.

불변한다는 것은 이미 생명력을 잃은 것이다. 그것을 믿는 사람들은 아집과 독선에 빠지고 배타적일 뿐 아니라 폐쇄적인 삶과 사회를 만드는 돌이킬 수 없는 결과를 초래한다. 종교적 편견이 사회악을 조장하고 이데올로기의 절대성이 우리를 불행으로 이끌었던 사례를 많이 보지 않았는가.

예전 우리는 미전향 장기수들을 그들이 원하는 북으로 보낸 적이 있었다. 북에서는 그들을 영웅으로 환영했을 것이다. 그러나 그들은 세계역사가 새로워지며 인류의 행복과 자유추구가 더 값있는 방향으로 가고 있다는 사실을 알고 자신들의 고정관념과 불변의 진리에도 더 발전적인 변화가 있어야 한다는 것을 인정해야 한다.

나 자신도 공산주의를 용납할 수가 없어 탈북한 사람 중 하나이다. 6·25 한국전쟁이 끝나고 민주주의가 정착할 때까지는 그 사상이 변하지 않았다. 그러나 세계 여러 나라들을 여행하고 역사의 앞날을 생각하면서 공산주의의 잘못된 방법과 고정된 이념을 선한 방법과 미래지향적인 방향으로 이끌어 공존해야 할 때가 올 것이라는 신념을 굳히게 되었다. 지금은 그 정신이 통일의 길로 발전되기를 염원하고 있다.

그렇다면 진리가 영원하다는 것은 무엇인가. 그것은 불변성이 아니라 근원성에 있다. 근원성에 있다는 것은 '어떻게 하면 좀 더 많은 사람들이 인간답게 살 수 있는가?'를 찾아 전진하는 것이다. 인간답게 산다는 것은 자유를 바탕으로 한 행복을 약속해주는 일이다. 평등은 억압이나 통제에서 이루어지는 것이 아니라 협력과 사랑에서 가능해진다. 그렇지 않으면 평등을 위해 자유와 행복을 희생시키는 역기능에 빠지게 된다.

우리는 더 많은 사람들의 인간다운 삶과 행복을 위해서 이데올로기를 변질시켜야 하며 종교적 신앙을 고집해서도 안 된다. 이것이

지성인의 길이며 인간다운 선택이다.

　또 한 가지 역사로부터 받아들일 수 있는 지혜로운 교훈이 있다.

　거짓과 폭력은 언제 어디서나 죄악이라는 사실이다. 그것이 곧 진리이다. 정치계에서 이러한 악이 계속 발견된다.

　인류를 불행과 파멸로 이끌었던 온갖 거짓과 폭력의 자행은 정치인들의 오판과 이기적 목적 때문이었다. 모든 독재국가나 전체주의 사회에서는 그런 허위와 폭력이 정당화되었을 정도이다. 때로는 민족을 위한 이상주의 구현이라는, 허구로 가득 찬 명분 속에서 벌어졌던 것이다.

　나는 일제강점기에 그런 허위와 폭력을 수없이 많이 보았고 실제로 체험했다. 히틀러 정권은 그 대표적인 예라고 누구나 인정하고 있다. 공산주의도 그런 과오를 범했기 때문에 역사의 무대에서 스스로 문을 닫고 사라지는 운명을 초래할 수밖에 없었던 것이다.

　해방 후 반세기 동안의 우리 역사를 보아도 그렇다. 모든 거짓과 폭력은 우리를 고통과 파국으로 이끌었다. 그래도 오늘을 있게 한 것은 진실과 정의와 사랑의 노력이었다. 화려한 거짓에 속는 국민이 되어서도 안 되며 폭력 앞에 무릎을 꿇는 비굴한 삶을 살아서도 안 된다.

　작더라도 진실은 지키고 키워가며 정의와 사랑의 질서를 넓혀가는 노력이 우리 모두의 용기와 신념으로 이루어져야 하는 것이다. 이제 우리 모두 엄숙히 역사와 시간의 교훈을 받아들이고 실천해야겠다.

이상과 현실

칸트는 여러 점으로 존경받을 만한 사람이다. 특히 그의 엄격하고도 경건한 이상주의는 만인의 높임을 받고 있다.

그는 "모든 인간과 인격은 항상 목적은 될 수 있으나 결코 수단이 되어서는 안 된다"고 말했다. 참으로 훌륭한 생각이다. 인권 옹호 주간에 나붙는 백, 천의 표어보다 훌륭한 내용이다.

다시 그는, 우리는 무슨 행동을 하든지 만인이 다 그렇게 하더라도 좋을 만한 행동을 해야 한다고 가르쳐주었다. 그러므로 그는 우리들의 사회에는 거짓말이 있을 수 없으며 우리들 자신도 결코 거짓말을 해서는 안 된다고 결론을 내렸다.

그런데 모든 면에서 칸트로부터 출발한 독일의 철학자 쇼펜하우어는 그렇게도 존경하는 칸트(그는 언제나 '위대한 칸트'라고 부르고 있다)

의 학설인데도 불구하고 이러한 칸트의 주장에 반대하고 있다. 거짓말을 하지 않는 것은 좋다. 그러나 거짓말이 없이 어떻게 살 수 있는가. 의사가 생명이 위독한 환자에게 "그렇습니다. 당신은 죽을병에 걸려 있으며 3, 4일 후에는 죽을 것입니다"라고 말할 수 있는가.

우리들의 인격은 목적이 되어야지 수단이 될 수는 없다고 칸트는 말하나 그것 역시 우리들의 사회에서는 있을 수 없는 일이다. 한두 사람을 징계함으로써 만인에게 도움이 되겠기 때문에 벌을 가하며, 미개한 사회에서는 사형을 통하여 전체 국민의 안전과 질서를 보존하는 것이 아닌가. 이렇게 생각해보면 오히려 쇼펜하우어 편이 더 온당하며, 받아들일 만한 내용 같기도 하다. 물론 그렇다고 칸트의 생각과 사상이 잘못이라는 것은 아니다.

그러면 이 두 가지 차이는 어디서 온 것인가. 여러 가지 이유가 있다. 그러나 칸트는 이러한 이상적 사회는 이루어져야 한다는 이념을 중요시하고 있으며, 쇼펜하우어는 현실에 입각하여 사회와 역사를 발전시켜나가는 데는 이상적인 원리만으로는 안 된다는 입장이다. 이상주의와 현실주의의 차이, 혹은 연역적 사고방식과 귀납적 사고방식의 차이일지도 모른다.

이러한 사실은 얼마든지 있다. 톨스토이의 이상주의가 높이 평가는 받으면서도 풍부한 사회 경험을 쌓은 사람들의 동감을 덜 받는 이유도 거기에 있으며, 러셀이 굉장한 평화운동을 일으켜왔으나 노련한 영국 정치가들이 그리 큰 관심을 기울이지 않았던 이유도 마찬가지다.

차라리 간디나 슈바이처가 존경을 받는 것은, 현실을 떠난 이상이 아니고 깊은 현실 속에서 그만한 이상을 실천할 수 있었다는 점에서일 것이다. 현실을 모르는 이상주의는 불필요하며, 이상이 없는 현실주의는 누구도 요구하지 않는 것이 우리들의 생활이다.

그러면 이상과 현실, 뜻과 노력은 언제나 균형과 조화를 가져와야 한다는 결론에 도달하게 된다. 마치 공중의 새가 두 날개를 가지고 날아가듯이, 우리의 이상과 현실은 동시공존同時共存의 원리여야 한다. 어느 날개가 커도 안 되며, 어느 한쪽이 약해도 안 된다. 우리는 항상 자기 자신이 지나친 이상주의자는 아닌지, 또한 과도한 현실주의자가 아닌지, 비판과 시정을 게을리해서는 못 쓴다.

그러나 그보다 더욱 중대한 사실이 있다. 어떻게 우리들의 현실을 높은 이상으로 끌어올리는가 함이다. 무엇이, 무슨 힘이 우리들의 현실을 미래의 목적지까지 이끌어가느냐.

종교인들이나 교육자들은 높은 이상만 생각하고 주장했지, 어떻게 이상에 도달하는가를 생각지 못했다. 위선과 가식에 떨어진 이유가 거기에 있다. 한 방울의 눈물도 없이 자비가 어떻게 있을 수 있는가. 한 방울의 땀도 없이 어떻게 사랑이 가능할 수 있는지 모르겠다.

그러면 이러한 이상에의 능력, 높은 이상에 도달하게 하는 큰 힘은 무엇인가? 첫째는 가치에의 사랑이다. 철학이 진리에의 사랑이라면 가치에의 사랑은 생활의 진리인 것이다. 높고 귀한 인생의 가치를 찾아 끝없는 정열과 다함이 없는 흠모심에 사는 일이 없이는 현실의 이상화란 언제라도 불가능하다.

중세기의 많은 사상가들이, 가벼이 자족과 안일을 일삼는 기독교인들보다도 탐구하고 노력하는 스토아 학자들이 귀하다고 말한 이유도 여기에 있었다.

이상에의 도달을 위한 둘째 번 과제는 희생을 동반한 현실 부정이다. 항상 더 높고 귀한 것을 위하여 현실을 부정해나가는 것이 역사의 법칙이다. 내일을 위하여 오늘을 지양시키며, 선을 위하여 악을 부정하는 노력은 끊임없이 계속되어야 한다.

이것은 가치에 있어서의 부정인 동시에 생활을 동반하는 부정이기 때문에 언제나 스스로의 희생을 동반할 줄 알아야 한다. 얼마나 많은 사람들이 이 부정과 희생의 원칙을 몰랐기 때문에 사회의 불행과 민족의 비극을 초래했는지. 마침내는 자기 자신의 파멸과 종말을 역사의 심판대 위에서 선고받으면서도….

영원과 사랑의 대화

나와 스코필드 박사

1970년 3월.

나는 스코필드 박사를 돕고 있던 T 양으로부터 전화를 받았다. 병세가 악화되어가는 때문인지 친지들을 무척 보고 싶어 하니까 시간이 있으면 때때로 들러주시면 좋겠다는 얘기였다.

전화를 받은 다음날 오전, 나는 아내와 같이 메디컬센터의 병실을 찾았다. 몹시 여위기는 했으나 평화로운 안색, 또렷한 목소리에는 별로 변화가 없었다.

T 양이 약간 등과 머리를 높여드렸다. 열은 없는 듯했으나 손은 퍽 따사로웠다. 밖에서 들어온 내 손이 찼을지도 모른다.

"속히 좋아지셔야겠습니다. 많은 친구들이 회복을 기원하고 있습니다"라고 말했더니, 이런 대답이 돌아왔다.

"김 교수도 그렇게 생각하세요? 아니지요? 나는 이 침대에서 하나님의 부르심을 받을 겁니다. 지난번 캐나다를 떠나올 때부터 가졌던 생각입니다. 오직 한 가지 소원이 있다면, 부활절을 맞으면서 주님께로 갔으면 좋겠어요. 김 교수! 하나님의 부르심을 받는 데는 아무 미련도 없는데, 죽기 전에도 또 하늘나라에 가서도 꼭 한 가지 걱정만은 남아 있을 테니 그것을 어떻게 하지요?"

"무엇인데요?"

"한국의 부정부패 말입니다. 그리고 그 평계의 병 말입니다. 하나님께서는 나에게 한국의 부정부패를 보아야 하는 고통스러운 짐을 주셨나봐요"라면서 웃었다.

위트와 조크를 즐기는 스 박사의 얘기다. 그러나 그의 웃는 말 뒤에는 수십 년간 쌓였던 괴로운 심정이 그대로 숨겨져 있는 것이다.

"박사님, 맘 놓으십시오. 저희들이 노력하겠습니다. 또 한 사회가 그렇게 쉬 변할 수 있겠습니까. 오랜 세월이 걸리지요"라고 위로할 수밖에….

"김 교수나 몇 분들의 뜻은 잘 압니다. 그러나 문제는 정치가, 국회의원, 그 밖의 지도자들이지요. 내가 보기에는 여전한 것 같아요. 죽은 뒤에라도 한국에 부정부패가 없어졌다는 소식만 들으면 편할 수 있겠는데…. 나는 웃으면서 얘기합니다. 그러나 한국이 죽느냐 사느냐 하는 문제가 여기에 달렸다고 봅니다"라고 말하는 그는 몹시 쓸쓸한 표정으로 돌아갔다.

"그래도 지난번 들렀을 때보다는 퍽 기분이 좋아지신 것 같습니

영원과 사랑의 대화

다. 식사도 많이 하신 것 같고….”

"고맙습니다. 어젯밤에는 약 없이 잘 수 있었어요. 여러분의 기도로 고생이 줄어들었는지 모르지요. 그러나 내 척추는 여러 곳이 상했을 것입니다. 식사도 이렇게 등을 기대고 해야 합니다. 아마 내 힘으로 다시 일어설 수는 없을 거예요, 이 세상에서는…. 지난번 오셨을 때 옛날과 같이 마지막 식사라도 같이했으면 하는 생각을 했지요. 그러나 내 모습이 너무 초라해져서 내가 단념했어요. 아마 서울대학교 집에서 같이 식사한 것이 마지막이었지요?”

"그렇게 되었나 봅니다.”

"섭섭히 생각지 마세요. 하늘나라에서는 항상 같이 식사를 할 텐데요. 건강한 어린애들과 같이….” 이렇게 말하는 스 박사는 어린애같이 웃고 있었다.

나는 지난번 왔을 때 얘기를 되씹어보았다.

"이번에 한국으로 올 때는 마지막 길인 줄 알았어요. 그래서 캐나다와 미국에 있는 가족과 친구들에게는 작별 인사를 다 나누었지요. 사랑하는 벗들이 있는, 내가 가장 사랑하는 땅에 머무르고 싶었어요. 한국이 좋은 나라가 되면 내 소원은 다 되는 것이 아니겠어요? 50여 년 전에도 똑같은 생각을 가지고 한국으로 왔었으니까요.”

4월 12일 아침이었다.

일본 적군파 학생들이 몰고 온 '요도호' 사건, 와우 아파트 붕괴 사건, 정 모라는 여인의 피살 사건 등 우리 사회의 치부들이 가슴을 아프게 하고 있었던 일요일이었다.

서울 동쪽에 있는 공장에서 아침 예배를 끝내고 돌아왔는데 전화
가 걸려왔다. 스코필드 박사가 오늘을 넘기기 어려울 것 같다는 것
이다. 어제 오후 다섯 시부터 갑자기 위독해졌고 일곱 시부터는 의
식을 회복하지 못했다는 얘기다. 나는 의자에서 일어설 용기를 잃
은 것 같았다. 이렇게 어둠이 가득 찬 사회에서도 하나의 빛이 꺼지
는 것 같은 심정이었다.

그저께 들렀을 때도 "모든 준비는 끝났지만 5, 6일은 더 머무를
것 같으니까 나 때문에 맘 쓰지 말고 젊은이들을 위해 수고해달라"
고 당부했는데…. 그러고는 "부인과 성혜와 가족들에게 굿바이를
전해달라"더니 다시 보지 못할 예감을 느꼈던 모양이다.

병원으로 달려갔다. 몇 친구들이 침대 옆에 서 있었다.

나는 그의 귓가에 입을 대고 "저를 아시겠어요?"라고 물었다. 아
무 대답도 없었다. 이미 그의 영혼은 그 육체에 머무르고 있는 것
같지 않았다.

나는 눈물을 삼켰다. "내가 세상을 떠났다는 소식을 들어도 슬퍼
하지 말라"던 말이 떠올랐다. "나를 위해 울지 말고 너와 네 후손을
위해 울라"던 예수의 뜻과 통하는 스코필드 박사의 마음을 알 수
있을 것 같았다.

침대 옆을 지키다가 오후 강좌를 위해 병원을 떴다. 오후 3시
15분경 강좌를 끝내고 병원으로 달려갔다. 박사는 바로 몇 분 전에
운명했다.

영원과 사랑의 대화

YMCA에서 입관식이 있었다. 늦게 집으로 돌아왔다.

참으로 쓸쓸하고 허전한 저녁이었다.

4월 16일 오후, 비가 내리고 있었다. 스코필드 박사가 오래 머무르던 곳인 남대문교회에서 장례 예배가 있었다. 그날 오후 늦게 그분은 한강 남쪽 동작동 묘지에 길이 누워버렸다. 그에게는 그곳이 가장 사랑하는 한국 땅, 마지막 보금자리였을 것이다.

내가 그분을 알게 된 것은 큰딸 S를 통해서였다. S가 '요사이 여대생들은 화장에 관한 지식을 학문적 관심보다 더 요구하는 것 같다'는 글을 썼던 모양이다.

그 글이 계기가 되어 스코필드 박사를 알게 되었고, 부모님을 만나고 싶다는 요청이 있어 처음 뵙게 되었었다.

우리는 곧 가까운 친구가 되었다. 불편한 몸을 이끌고 신촌 집까지 찾아오는 일을 즐겼고, 3월 15일에는 꼭 초청을 받는 손님이 되었다. 그분의 생신날인 것이다.

언제나 4, 5명의 저명인사들, 그분의 가까운 친구 5, 6명, 20여 명의 고아들, 성경반에 나오는 중고등학생들, 물질과 정신적 도움을 받아 자란 대학생들이 모이곤 했다.

목사님들도 있었지만 기도나 이야기의 순서는 꼭 내 차례로 돌아오곤 했다. 그분의 요청이 있었기 때문에 나도 사양할 수가 없었다. 마지막 생일 때도 마찬가지였다.

어느 날 그는, "여러분들이 내 형제의 죽음을 위로해주셔서 감사합니다. 그러나 나는 건강하니까 안심하십시오"라고 말했다.

우리는 의아하게 생각했다.

"언제 형제분이 돌아가셨습니까? 아드님은 계시지만 형제분은 없는 줄 알았는데요?"라고 물었다.

"아아, 모르세요? 여기 몇 학생은 잘 알고 있는데…. 창경원에 있던 호랑이가 며칠 전에 죽지 않았어요?"라는 것이다.

우리는 한참 웃었다. 스코필드 박사의 별명은 '호랑이'였다. 한글 이름이 호랑이 '호'자가 들어간 '석호필石虎弼'이었고, 그분의 성격 때문인지 학생들도 '호랑이 할아버지'라고 불렀다. 박사 역시 편지를 쓸 때도 끝에 가서는 '호랑이 할아버지'라고 즐겨 썼고, 그 별칭을 좋아하고 있었다.

"나 호랑이 할아버지가 김포 공항에 도착하면 어린양들이 많이 마중 나오지"라면서 언제나 한국으로 돌아오기를 즐기고 있었다.

누구보다도 한국을 위하고 사랑하는 분이었다.

마지막 남겨놓은 유서도 간결한 것이었다. 초등학교 애들이 쓰다 버린 공책장 뚜껑 같은 종이에 부활과 여생에 관한 기대와 얘기가 있었고, 자기의 모든 것을 고아원 애들, 어린 학생들에게 써달라는 내용의 기록이었다.

일제 때 한국에 왔다가 3·1운동 뒤 일본에 의해 본국으로 추방될 때까지, 가난하고 불행한 한국을 위해 꾸준히 노력했다. 3·1운동 때 일본의 비인도적인 만행을 세상에 알려준 노고는 길이 존경과

영원과 사랑의 대화

감사의 대상이 되어왔다.

그러나 해방과 더불어 제2의 조국인 한국을 찾아온 그분은 또 여러 가지의 시련을 겪어야 했다. 바른 얘기와 충고를 서슴지 않는 그를 싫어한 것은 불행하게도 자유당 정권이었던 것이다. 이승만 대통령과 그 측근자들이 스코필드 박사를 즐기지 않았다. 그 정도가 심해지면 그는 잠시 본국을 다녀오곤 했다.

그러나 그분이 한국을 위하고 사랑하는 심정에는 변함이 없었다. 특히 우리 사회가 돌보지 않는 불행한 어린이들을 돕는 데는 모든 정성을 모으고 있었다.

나는 지금도 다음과 같은 그분의 얘기들을 기억하고 있다.

"김 선생은 월남 파병을 어떻게 생각하십니까. 내 의견으로는 파병을 해야 합니다. 다른 여러 가지 목적도 있고 또 적지 않은 수의 희생자도 날 것입니다. 그러나 전쟁 경험이 풍부한 군대를 갖는다는 것은 북쪽에 대한 우월한 힘이 되지요. 그리고 지금까지 갇혀 살던 한국의 젊은이들이 넓은 뜻과 큰 포부를 가지는 귀한 기회도 됩니다. 개인과 마찬가지로 국가도 위기와 시련을 자력으로 극복할 수 있어야지요…."

월남 파병이 논의될 때의 얘기다.

"김 선생, 얼마 전에 어떤 사립대학의 총장을 만났어요. 그에게 '의사도 하루에 30명 환자를 볼 수 있으면 30명에서 두세 명 넘는 환자까지는 받을 수 있어도 그 이상은 안 되지요. 힘이 미치지 못하는 일이니까요. 그런데 왜 대학이 정원의 배나 되는 학생들을 받습니까. 돈은 생길지 모르지만 무책임한 교육이 아니겠어요?'라고 말했지요. 그랬더니 무엇이라고 대답하는지 아세요? '정부가 90의 부정을 하는데 학교가 약간의 부정을 했대서 무슨 잘못입니까?' 하고 반문하는 거예요. 도대체 이 나라에는 아무 책임자도 없는 모양이지요?'라는 고충을 털어놓았다.

언젠가는, "김 선생, 내 개인적인 부탁이 하나 있는데, 국회의원들하고 한자리에서 얘기하거나 같이 다니지 마세요. 그 양반들 약간 돈 것이 아닙니까? 한국의 5급 공무원들이 한 달에 5천 원씩 받고 있는데 자기네들의 수입은 월봉 28만 원으로 만장일치 가결을 했다지요? 그것이 지도자고 애국자입니까? 우리가 알기는 영국이나 캐나다의 국회의원은 국회의원의 수당 정도밖에는 받지 않습니다. 제 살림도 못하는 친구들이 어떻게 국사를 걱정합니까. 자신의 영광과 안일을 위한다면 다른 일을 해야지요. 나는 아무리 이해하려 해도 이해할 수가 없어요"라는 말도 했다.

"이번에 한국으로 돌아오면서 미국에 있는 한 친구를 방문했습니다. 그이는 젊어서 실업계에 투신, 크게 성공한 사람이었지요. 그러나 40이 넘으면서부터는, 아메리카를 위하는 길은 누구나 다 열을 올리고 있는 실업이 아니라 정신과 도덕 운동임을 깨닫고 10여 년간 도덕 재무장 운동을 전개시킨 훌륭한 분입니다. 어느 날 그는 내가 머무르고 있는 응접실 옆방에서 밤늦게 찾아 들어왔습니다. 그러고는 '스 박사님, 저는 지금 제가 하고 있는 일이 귀하며 또 잘되어야겠기에 최선을 다하고 있습니다. 많은 재산과 노력을 기울이며 동분서주하고 있습니다. 그런데 50이 넘으면서부터는 왜 그런지 정신적 고독, 남모르는 우울함에 붙잡히는 때가 많습니다. 어떤 때는 밤 깊도록 혼자 외로워하는 때가 있습니다. 그런데 박사님을 뵈면 언제나 즐겁고 행복스러워 보이니 그 비결이 어디 있지요?'라고 물어왔습니다. 나는 잠시 생각 끝에 '그럴 것입니다. 나는 보시는 대로 한 다리가 불편한 불구지요, 하는 일도 대단치 못하지요, 불쌍한 어린이들을 위해서나 약간 도움이 된다고 할까요? 불행한 사람들이 많은 한국이라 도움은 못 되더라도 걱정은 하러 가는 처지가 아닙니까. 그러나 당신과 다른 점이 있다면 내 이 마음속에는 하나님이 계시지요. 그분과 같이 있기 때문에 언제나 위로와 감사를 받고 느끼며 삽니다'라고 대답했지요…"라는 얘기도 했다.

지금 스코필드 박사는 그 하나님의 품을 찾아간 것이다. 친구와 어린이들을 남겨둔 채. 그의 유서에도 '부활, 영원한 생명을 찾아서'라는 말이 남겨져 있듯이….

다시 시작하는 인생

낡은 해를 보내고 새해를 맞이하는 일도 수십 번 거듭되고 보니 별로 새로운 느낌을 가져오지 않는다.

더욱이 겨울이 깊어가는 때가 되면 11월에 들어서면서부터 해를 보내는 얘기나 글의 재촉을 받게 되며, 아직 12월도 되기 전에 새해를 위한 글이나 소감을 청탁받게 되니, 나 자신을 위해서는 송년의 고요함도, 해를 맞는 기쁨도 사라지기가 일쑤이다.

성탄을 맞이하는 일에서도 마찬가지다. 12월에 접어들면서부터 몇 차례의 크리스마스 행사에 참여하며 성탄에 관한 말을 하거나 글을 쓰게 되니, 내 마음의 성탄은 찾아오기도 전에 어느 사이에 지나간 것만 같아진다.

요사이는 이러한 내 생활에서도 여러 번 거듭하여 머릿속에 스치

영원과 사랑의 대화

고 지나가는 생각이 있다. 묵은해를 보내고 새해를 맞이하게 될 때면 더 간절하게 떠오르는 생각이다.

"내 인생의 게임을 다시 한 번 시작할 수는 없을까?" 하는 생각이다.

우리는 때때로 경기장에서 경기가 마음대로 안 되면 다시 시작하는 것을 보는 때가 있다. 영어로는 아마 '플레이 어게인'이라는 말을 쓰는가 한다. 일본 사람들도 자주 '사라니 플레이'라는 말을 사용한다. 어쨌든 게임을 다시 하자는 뜻이다. 말하자면 지금까지 살아오던 인생의 게임을 중단시켜 없던 것으로 하고 인생의 게임을 다시 한 번 새롭게 시작해보고 싶은 욕망이다. 만일 그런 일이 가능하다면 인간들은 무척 많은 것을 다짐할 것이다.

"그때는 정말 열심히 공부할 테야."

"그렇게만 된다면 남부럽지 않게 살아볼 테야."

"그것이 정말이라면 나는 내 일생을 이렇게는 만들지 않을 테야!"

"다시 한 번 기회를 준다면 그때는 이런 부끄러운 과오를 범하지 않을 테야."

"그것이 가능하다면 나는 이번에는 이러한 직업을 택하지 않겠어!"

"참말로 나에게 30년의 세월을 다시 줄 테야? 그렇게만 된다면 나는 보람 있고 빛나는 일생을 꼭 건설하겠는데….".

얼마나 많은 요청과 기대가 있을 것인가. 요사이 자주 내 머리에 떠오르는 부질없는 생각도 이런 종류의 것이기 때문에 스스로 부끄러움과 어리석음을 금하지 못하게 된다.

그러나 이러한 생각이 낡은 해를 보내고 새해를 맞이하게 되면 더 이상한 내용과 방향으로 나타난다.

"작년에도 예기치 않았던 병 때문에 완전히 다섯 달을 무의미하게 보내지 않았는가. 웬만하면 책이라도 한 권 꾸며볼 만한 시간을 대수롭지도 않은 일들 때문에 허비해버린 것이 아닌가."

이것도 같은 내용의 후회이다. 아마 이런 종류의 불행한 회고의 심정은 나에게만 있는 것은 아닌 모양이다.

괴테의 《파우스트》는 청춘을 다시 누릴 수 있다는 조건 때문에 일생을 바쳐 쌓아놓았던 연구와 진리의 상아탑을 버리지 않았는가.

괴테 이전의 (파우스트의) 전설에 의하면, 파우스트는 24년간 악마와 결탁하고 그동안 온갖 영광과 향락을 마음껏 누려보았으나 마침내 발견한 것은 회의와 허무, 속절없는 자기기만일 뿐이었다. 진정한 만족과 영원한 행복은 있을 수가 없었다. 이것을 깨달은 파우스트는 비로소 뉘우치게 되며 충심으로 신에게 용서와 긍휼을 엎드려 빌었다. 여기에 당황한 악마는 그 결정적인 순간에 저승에 있는 그리스 제일의 미인 헬레나를 끌어올려 파우스트의 품에 안겨준다. 헬레나의 아름다움에 도취된 파우스트는 다시 타락된 생활로 떨어져버리고 만다.

그러나 곧 24년이라는 약속한 기간이 끝나고 파우스트의 영혼은 무서운 폭풍우가 불어치는 밤, 악마에게 이끌려 지옥으로 끌려가버린다.

확실히 우리가 잃어버린 과거, 지나간 생활을 '플레이 어게인'만 할 수 있다면 그 일을 위하여 지불하지 못할 것이 무엇이 있겠는가.

생각하면 슬픈 일이다. 쓸쓸한 인생이다.

우리는 얼마나 많은 사람이 한순간의 과오 때문에 한평생을 눈물로 보내며, 한때 실수의 대가를 평생 갚고 있는지를 수없이 보게 된다. 그뿐만 아니라, 절대다수의 사람이 한 번밖에 없는 인생의 게임을 실패했기 때문에 참회와 눈물로 바로잡고자 애쓰고 있지 않은가.

이렇게 후회스러운 과거, 뉘우쳐지는 지난 일들을 새로운 뜻으로 메워보려는 기대와 희망을 어떻게 하면 좋은가. 참으로 나의 일생을 '플레이 어게인' 할 수는 없는가. 내 인생의 게임을 다시 시작해보는 방법은 없는가. 있다고만 하면 이보다 더 큰 행복과 기쁨이 어디 있으랴.

그러나 다시 생각해보면, 그 길은 얼마든지 있지 않을까 싶다. 확실히 있는 것만은 사실이다.

물론 20대, 30대의 젊은이들은 아직도 인생의 아침이거나 오전 중이기 때문에 계획성 있는 노력, 꾸준한 활동만 거듭한다면 무엇이라도 다시 얻을 수 있으니까 더 말할 필요가 없다. 아직도 인생의 경기에서 우승할 만한 여유와 기회는 얼마든지 있기 때문이다.

그러나 이미 40을 넘었거나 50이 지난 사람들에게도 인생을 되살려보는 일이 가능할까?

확실히 가능하다. 그리고 그것은 누구에게나 가능하다. 이제 곧 이 순간부터 내 일생의 경기를 다시 시작하는 일이다. 게을렀던 과거를 부지런한 현실로 바꾸는 일이며, 자신의 쾌락과 타성에 젖은 오늘까지의 생활을 새로운 방향으로 전개하는 일이다.

혹자는 이렇게 말할지 모른다. 그러기에는 나는 이미 늙었다고. 또는 나에게는 이미 청춘이 사라진 지 오래라고.

다 좋다. 청춘이 떠났어도 좋고 늙었어도 상관없다. 아직 나에게는 오늘이 있으며 내일이 있지 않은가? 무의미했던 과거보다도 보람 있는 내일이 기다리고 있지 않은가. 모든 잘못된 과거를 백지로 돌리고 새로운 자신의 역사를 창조할 장래라는 시간의 여백이 충분히 남아 있지 않은가. 얼마나 긴 시간이 흘러갔는지는 문제가 안 된다. 그러기에 아주 중대한 인생의 과제가 아직도 남아 있다는 사실을 잊어서는 안 된다. 언제나 인생의 새로운 게임은 과거로 돌아가는 것이 아니라 내일을 어떻게 건설하는가에 있다.

우리의 일생을 다시 살려 시작하는 일은 그 길밖에는 없다. 자기 자신의 심중에 "자, 이제부터는 '플레이 어게인'이다. 새로운 가치와 삶의 뜻을 찾아서 다시 살기 시작한다"라는 결정을 짓는 일이다. 그리고 그대로 살기 시작하는 것이다.

그대에게 청춘을 다시 돌려준다면 하고 싶은 일이 무엇인가? 그것을 이제 곧 착수하면 되지 않는가. 그 일을 지금부터 시작하면 되는 것이다.

영원과 사랑의 대화

물론 나는 지나치게 늙었다. 젊은 시절의 꿈에 비하면 지금 나에게는 아무런 능력도 없다. 그러니까 탄식하는 것이 아니냐고 반문할지도 모른다.

그러나 지금 불가능한 것은 영원히 불가능하다. 지금 할 수 있는 일마저 과거의 원한으로 돌려버리고 불평과 원망의 여생을 보내버린다면, 그것은 더 저주받을 일이 아니고 무엇인가. 비록 형태와 방향은 다르다 할지라도 우리는 어느 정도 잃어버린 과거를 다시 얻으며, 짓밟힌 지난날의 자존심을 다시 찾을 수 있는 것이 사실이다.

그리고 우리는 이러한 실례를 역사를 통하여 얼마든지 발견하고 있지 않은가. '승리는 최후의 5분에!'라는 말이 있다. 독일 격언에는 '마지막으로 웃는 자가 진정한 승자'라는 말이 있다.

소크라테스나 예수, 간디 같은 분들은 그들의 위대한 죽음을 통하여 훌륭한 인생을 더욱 빛나게 한 것이다. 예수와 더불어 십자가에 못 박혔던 한 강도는 수많은 인간이 땅 위에서 얻을 수 없었던 영혼의 구원 문제를 단 한순간, 그나마 죽음 직전에 얻은 것이 아닌가.

그러므로 이제 가치와 내용에서 자신의 인생을 '플레이 어게인' 하는 사람은 그 일에서 잃어버린 자신을 다시 찾을 수가 있지만, 그 일을 게을리하는 사람, 즉 이제 곧 새로운 생활로 바꾸지 못하는 사람은 20년, 30년 전으로 돌아간대도 마찬가지다. 게으른 사람은 시간의 여유가 있을수록 더 게을러지게 마련이다.

깊이 생각해보라. 인간에게는 이미 늦었다든가 이제는 할 수 없다는 일은 없는 법이다. 자기의 노력과 정성만 있다면 생명이 끝나는 순간까지 우리에게는 엄숙하고도 존귀한 사명이 얼마든지 있는 법이다.

오늘 우리는 전 세계의 기독교 특히 가톨릭교회의 초대 대표자인 예수의 제자 베드로를 안다.

베드로는 어부였다. 고기를 잡아 몇 식구의 식생활을 해결해야 하는 초라한 늙은이였다. 이미 수십 년을 물고기잡이에 다 허송해 버린 인생의 찌꺼기에 지나지 않은 사람이었다. 그는 남들과 마찬가지로 자기 자신을 그렇게 믿고 있었다.

그러나 그는 어느 날 그리스도를 발견했다. 그의 늙은 육체, 보잘 것없는 심중에는 새로운 불길이 타올랐다. 그는 마침내 전 세계를 불사르는 새로운 역사의 혁명을 이룩하고야 말았다.

어찌 그 한 사람에게만 한하랴. 가장 귀하고 값있는 삶이 언제나 우리 앞에 대기하고 있지만 우리는 그것을 받아들이려 하지 않는다. 그것은 시간의 문제가 아니며 젊음이나 육체의 문제가 아니다.

우리가 인생을 '플레이 어게인' 한다는 것은 더욱 유명해진다는 것이 아니다. 한 번 더 향락을 누리겠다는 것도 아니다. 하물며 좀 더 길게 육체의 생명을 연장해보겠다는 욕심이어서는 안 된다. 그 것은 인생의 질이며 내용의 문제이다. 그렇다면 인생의 새로운 출발은 이제 곧, 지금 당장에 있어야 할 것이 아니겠는가? 그것만이 우리의 뜻이며 진실한 신념일 것이다. 이 일을 못하는 사람은 언제라도 인생의 게임을 더욱 높은 것으로 바꾸지는 못한다.

영원과 사랑의 대화

오늘까지 어떻게 살아왔는지 따위는 물을 필요가 없다. 이제부터 새로운 가치와 인생의 의의를 발견하고 신념 있게 살아가면 되지 않는가! 이웃과 남들을 보며 비교할 필요가 없다. 내가 가장 진실하다고 믿으며, 나의 일생은 이러해야 한다는 방향으로 이제 곧 전환과 결단, 실천을 하면 되는 것이다.

이러한 점에서 우리는 모든 사람들이 인생의 게임을 '플레이 어게인' 하기를 원하는 것이다. 그리고 누구나 그렇게 할 수 있으며 또 해야만 한다.

공연히 불필요한 후회로 한숨을 지을 때가 아니다. 이제부터 우리는 우리 인생의 게임을 다시 시작하자. 최선의 노력으로 다시 출발하자. 역사는 언제나 이런 인간을 찾는 것이며 신은 항상 이러한 사람을 기다리는 것이다.

Ch. **6**

영원의 그리움

보리밭 사잇길-저녁놀, 1992

나는 지금도
종교는 체험이라고 믿는다.
체험에 의한 내적 확증이 없는 곳에
신앙적 진리는
불가능하다고 믿는다.

인생은 속아 사는 것일까
—아름다운 노년을 위하여

아침에 해가 뜨면 저녁때가 찾아오게 마련이다. 바쁜 사람에게는 석양이 속히 임박하는 법이다. 사람의 일생도 마찬가지다. 소년들에게 장년기, 노년기는 언제 올지 모르는 감감한 시기이다. 그러나 가을이 온다는 사실보다도 단풍을 먼저 보게 되듯이, 깨닫지도 못하는 사이에 늙어버린 자신을 발견하게 되는 것이 인생이다.

15년씩 두 학교에 봉직하고 나면 임기는 끝나게 되며 10년씩 세 직장에 머물고 보면 은퇴하는 자신을 발견하게 된다. 외국의 어떤 철학자는 "흑판을 향하여 30년, 흑판을 등지고 30년을 보냈는데 이제는 무덤이 기다리고 있을 뿐이다"라는 말을 남겼다. 학생 생활 30년, 선생으로 30년 있었는데 벌써 인생의 황혼이 되었다는 고백이다. 바위의 유구함은 말할 바도 안 되나, 소나무 한 그루에도 비할 바 없는 것이 우리 일생이다. 어쨌든 우리가 상상하고 기대했던 것보다는 너무나 짧은 동안에 인생의 노년기는 찾아들게 마련이다.

어떤 수상가의 이야기가 생각난다.

어린애들이 추운 겨울날 뜰에서 즐기다가 석양이 가까워지면 "자, 이제는 추워서 더 놀 수가 없으니 ○○네 집 처마 밑으로 볕을 쪼이러 가자" 하고 달음질들을 친다. 먼저 간 아이가 제일 좋은 자리에 앉으면서 "여기는 내 자리" 한다. 다음 아이는 그 옆자리를 차지하면서 "그러면 여기는 내 자리"라고 선언한다. 모두 자리를 잡은 뒤, 늦게 달려온 아이는 할 수 없이 맨 끝자리에 앉으면서 "그럼 난 여기라도 앉는다"며 열등감을 숨겨본다. 그리고 그곳도 차지하지 못한 아이는 그 옆자리에 와 서면서 "난 여기라도 서 있을 거야"라고 말한다. 그러나 곧 해가 지게 마련이며 잠시 후에는 모두가 각자 제 집으로 돌아가야만 한다.

파스칼에 의하면 인간들이 무엇을 소유한다는 사실이 이와 같다는 것이다. 어떤 사람은 명동이나 강남 한복판에 자리를 잡을 만큼 생존 경쟁에서 승리한다. 그 일에 뒤진 사람은 그 뒷골목을 차지하면서 "그럼 난 여기에나 머물지" 하며 자리를 잡는다. 그리고 생존 경쟁에 아주 진 사람은 그 어느 것도 소유하지 못한 채, "그러면 나는 여기에라도 머물러보지" 하면서 단념한다.

그러나 인생의 석양은 곧 찾아오게 마련이다. 잠시 볕을 쪼이던 장소를 다 버리고 각자 영원한 처소를 찾아 돌아가지 않으면 안 된다.

다가오는 인생의 노년기는 바로 이런 것이 아닌가 한다. 인생의 지

영원과 사랑의 대화

혜를 헛되이 버리지 않는 사람, 사람의 가치와 의의에 대해 생각해본 사람들은 누구나 노년기에 도달했을 때는 다시 한 번 인생의 길을 반성하고 비판해보게 마련이다. 그것은 마치 긴 여행을 끝낸 사람이 벗들에게 그동안 보고 느껴온 점을 이야기해주는 것과도 같다.

노년기에 이르러 지금까지의 생활의 의의를 묻지도 않는다면, 그리고 그 값을 반성해보지도 않는다면 그 얼마나 무책임한 일생일까? 그것은 장사를 한 뒤에 계산을 하지 않는 것같이 어리석으며, 중대한 일을 끝내면서 그 결과를 보지 않는 것같이 지혜롭지 못한 태도일 것이다.

그러면 이러한 인생의 노년기를 접하면서 우리가 지니게 되는, 또 공통적으로 가져야 하는 근본적인 과제는 무엇일까? 우리 자신은 어떠한 태도를 가지고 노년기에 임해야 하는가?

노년기를 가장 의미 있게 보낸 사람이 있다. 그 사람은 성공한 일생을 보냈다고 자타가 인정하고 있는 카를 힐티이다. 그의 일생과 저서에서 대략 다음과 같은 교훈을 받을 수 있지 않을까 생각한다. 누구나 인생의 석양을 맞이하게 되면, 즉 노년기에 당면하게 되면 거의 다음의 세 가지 태도 중 하나를 택하게 된다.

그 첫째 부류의 사람은 생의 종말, 즉 죽음과 허무가 가까워짐에 따라 인생의 무의미와 공허감을 점점 더 절박하게 느끼기 시작한다. 가족, 친구들의 죽음을 보며 역시 인생은 헛되다는 것을 느낀다. 죽음 앞에서는 성공과 실패의 차이가 없으며 부귀와 빈천의 구별이 없음을 발견한다. 그러므로 노년기를 맞이한 절대 다수의 사람들은 인생의 공허감 앞에서 지나간 과거가 모두 헛된 것이었다는 뼈저린 적막감에 사로잡혀버린다. 결국은 속아 살아온 것뿐이며 아무것도 아닌 것을 그 어떤 무엇이 있는 것같이 살아왔다는 쓸쓸함에 사로 잡힌다.

그러면 이제 일생의 해가 지기 전, 남은 몇 해 동안을 어떻게 보내면 좋은가? 그들은 대개가 지난 과거에 채워보지 못했던 인생의 향락을 늦게나마 다시 얻어보려고 허덕이게 된다. 사람들은 흔히 그것을 노욕이라 부른다. 맛있는 것을 좀 더 마음껏 먹어보며, 잃어버렸던 향락을 되찾아보려고 애쓴다. 이미 지나간 청춘의 잔재를 다시 얻어보려 하며, 사라진 인생의 잿더미 속에 혹시나 향락의 불티가 남아 있는지 더듬어본다.

그래서 만인의 존경을 받아오던 파우스트 박사도 청춘을 다시 얻을 수 있다는 조건 때문에 결국은 모든 것, 심지어는 영혼마저도 악마에게 맡겨버리고 말았던 것이 아닌가.

우리는 노쇠를 방지하며, 늙은 육체에 젊은 정욕을 되찾아준다는 많은 광고와 선전을 보고 있다. 결국은 허무한 일생일 바에야 차라리 못다 누린 향락이나 다시 한 번 얻어보다가 죽자는 심산이 대체로 지배적인 것이다. 그리고 우리는 이러한 사회적 현상을 언제 어디서나 발견하게 된다. 우리 자신이 생의 말년에 이르러 같은 운명에 떨어지지 않는다고 누가 장담할 수 있을까?

얼마나 많은 사람들이 이러한 실패와 허무의 노년기를 맞이하는

지 모른다. 그리고 그들의 대부분은 성격과 체질에 따라 늘그막에 다시 한 번 향락가를 더듬어보며, 인생의 갖은 추잡함을 재연해본다. 모름지기 그렇게 가련하고 서글픈 노년기는 없을 것이다. 일생을 실패한 사람이며, 평생을 헛되이 보낸 사람의 공통된 말로인 것이다.

노년기를 맞이하는 또 한 부류의 사람들이 있다. 그들은 비교적 경건하고 진실하게 일생을 살아온 사람들이다. 세상 사람들은 그들이 성공했다고 말하며, 또 존경받을 만한 사람이라고 칭찬한다. 그들의 이름은 자주 신문에 발표되며, 그들의 사회적 업적은 많은 사람들의 선망의 대상이 되어왔다. 벗들은 그를 부러워하며 청년들은 그들의 사회적 명성에 존경의 뜻을 보낸다. 참으로 그들이 늙는다는 것은 아까운 일이라고까지 말한다.

그러나 그들에게도 인생의 노년기는 찾아들게 마련이다. 서산에 지는 해가 말 없듯이 일생의 종말은 예고 없이 짙어만 간다.

그때 그들은 보다 많은 지혜와 보다 깊은 경험을 가지고 과거를 반성하고 사라진 지난날들이 간직해두었던 생의 의미를 더듬는다. 그러나 남는 것은 여전히 공허와 무의미뿐이다. 알렉산더 같은 위인도 갔고, 셰익스피어 같은 문인도 죽고 나니 그뿐 아닌가? 하물며 우리 같은 존재의 죽음이 무엇이란 말인가?

그들은 심한 고독과 뼈저린 허무감 속에 빠지고 만다. 앞을 바라다본다는 사실은 너무나 쓸쓸하고 기막히다. 그것은 마치 낭떠러지를 향하여 전진하는 것같이 답답하고도 절망적인 사실이다. 차라리 앞을 보기보다는 칭찬을 받고 존경의 대상이 되어왔던 과거를 회상하는 편이 마음 편하다. 그러므로 이들은 자주 아들 손자들에게 지난날의 이야기를 되씹어주며, 벗들과 후배들에게 과거의 업적들을 필요 이상으로 들추어 보여준다. 그것이 자기에게 정신적 위안이 되는 것은 물론, 듣는 이들에게도 적지 않은 교훈과 도움이 된다.

그러나 그들 자신도 먼저 부류의 사람들과 같이 인생이 허무하다는 것은 잘 알고 있다. 공연히 속아 살아왔다는 사실을 부정할 방도는 없다. 그렇다고 과거의 업적 때문에라도 이제 다시 노욕을 발산시키는 추태를 보일 수도 없다. 많은 사람들이 자기를 주목하고 있으며, 가족과 이웃들의 기대를 그렇게 가볍게 실망으로 이끌 수도 없다. 끝까지 체면을 지켜야 하며, 그래도 존귀했던 과거를 무로 돌려서는 안 된다.

그래서 그들은 좋은 의미의 위선을 달게 받아야 하며, 생의 회의와 짙은 공허감 속에서도 자신을 붙들도록 노력하지 않으면 안 된다. 그것은 이름을 더럽히지 않으려는 조심성이며, 죽은 뒤의 존경과 칭찬까지도 보존해야 한다는 의무감에 대한 충실이다. 의무적인 것, 그것이 그들을 최후의 타락과 실망에서 겨우 붙들어줄 뿐이다.

존경을 받을 만한 많은 사람들이 이러한 노년기를 가진다. 우리의 노년기 또한 이들의 생활과 같아질 수 있음을 부정할 수 없다.

그러나 여기에 제3의 부류가 있다. 그들은 늙음을 모르는 사람들이며 죽음이 눈앞에 당도할 때까지 젊은이다운 신념과 희망을 가지고 꾸준히 일하는 사람이다. 노년기에 이를수록 더욱 성스러워지며

영원과 사랑의 대화

나이와 마찬가지로 인생의 의의를 보다 깊이 발견해 나아가는 사람들이다. 항상 어린이 같은 고운 마음씨와 무엇인가 한 가지라도 더 남겨주고 싶은 심정에서 노년기를 보내는 이들이다. 이런 사람의 수가 아주 많다고는 할 수 없다. 그러나 실망할 정도로 그 수가 적은 것도 아니다.

인간이란 본래가 때를 달리해 제각기 충실하고도 아름다운 삶을 가지게 되는 것이라고 생각한다. 소년기에는 소년기다운 아름다움이 있고, 청년기에는 청년기다운 귀한 건실함이 있는가 하면, 장년기에는 장년기에만 볼 수 있는 성숙함과 신뢰감이 있는 법이다.

많은 여성은 늙는다는 사실을 좋아하지 않는다. 될 수만 있으면 20대의 젊음을 그대로 보존하려고 노력한다. 그러나 30대에는 30대의 미와 충실함이 있으며, 40대는 40대로서의 충만함과 아름다움이 있음을 잊어서는 안 된다.

그것은 마치 나무가 때에 따라 잎이 자라고 봉오리가 지며, 꽃이 폈다가 열매를 맺는 것과 마찬가지다. 꽃이 필 때는 꽃이 피는 것이 좋으나 가을의 그 열매가 더 아름답다는 것을 무시해서는 안 된다. 그리고 이 점에서는 남성들 역시 마찬가지다.

그렇다면 노년기에도 노년기다운 의미가 있어야 하지 않겠는가? 시드는 화초에 무슨 아름다움이 남아 있겠느냐며 내버려둘 수는 없다. 앞에서 말했던 두 종류의 노년상은 바로 그러한 심정이 나타난 것이다. 죽음과 공허 앞에서 꼼짝 못하고 인생 그 자체를 서글픈 운명에 내맡겨버리고 마는 삶의 태도인 것이다.

그러나 지금 이야기한 제3의 노년기를 맞이하는 사람들은 어떤 사람인가? 송죽과 같이 항상 푸르며 노년기를 가장 충만한 행복과 영광으로 맞이하는 사람은 어떤 사람일까?

거기에는 앞에서 말한 두 종류의 노년과 근본적으로 다른 조건이 있다. 그것은 다름 아닌 종교와 신앙, 내세관의 유무인 것이다. 이것이 있고 없음이, 그것을 가지고 못 가짐이 인생의 노년기를 절대적으로 지배해버리는 것이다.

인간은 본래가 종교적인 동물이다. 그리고 지혜롭게 살아가는 모든 사람들은 나이와 더불어 더 깊은 종교적 관심을 가지게 마련이며, 노년기는 종교적 신념의 여하를 결정짓기에 모든 환경과 조건이 채워지는 때라고 생각한다. 그러므로 신앙과 내세관을 확고히 소유하고 있는 사람은 누구라도 새로운 태양이 떠오르는 아침을 맞이하는 즐거움이 있다. 기대를 가지고 노년기를 준비하기 때문에 보다 귀한 업적을 남길 수 있는 기간을 보내게 된다.

그 얼마나 아름답고 귀한 노년기인가! 그리고 참으로 많은 사람들이 이러한 종교적 신념 속에서 노년기를 맞이해왔음을 잊어서는 안 된다.

인생이란 생활과 체험에서 오는 것이지, 결코 가벼운 추상이나 기대에서 오는 것이 아니다. 종교적인 신념이 이끌어주는 가장 고귀한 노년기의 아름다움과 성스러움을 소유하느냐 못하느냐가 얼마나 중대한지는 더 말할 필요도 없다.

그것은 일생의 실패와 성공을 구별 짓는 일일 뿐만 아니라, 나아가서는 볕을 쪼이던 아이들이 돌아가는 영원한 집의 유무도 구별하는 내용인 것이다. 유쾌한 놀이로 즐겁게 하루를 다 보낸 어린애들 중에 해가 졌으나 갈 곳 없는 한 아이가 있다면 얼마나 쓸쓸한 일인가.

인생의 노년기는 그 일을 위한 준비기임을 잊어서는 안 된다. 그러나 그것도 하루아침의 준비라기보다는 값있고 진실하게 살아온 일생의 보람 있는 결정이 아닐까. 누구나 노년기를 맞이하는 우리에게 반드시 필요하고 귀한 인생의 교훈임을 부정할 수가 없다.

그러나 이러한 근본적인 입장을 떠나서라도 누구나 맞이해야 하는 노년기를 위하여 다음의 몇 가지 뜻만은 기억해두는 편이 좋을 것이다.

대다수의 노인들은 늦은 가을을 맞이하는 화초와 같아서 그 몸가짐과 옷차림이 추해지며 아름다움을 잃어버리기 쉽다. 그러므로 나이가 들수록 몸가짐을 단정히 하며, 바른 생활상을 보이도록 노력해야 할 것이다. 그것은 많은 후진들을 위해서라도 반드시 해야 할 일이다. 모든 인생이 아름다워야 사회가 아름다워지며, 많은 노인들이 후대에 남기는 영향이 더욱 클 수 있기 때문이다.

노년들은 뒤따르는 장년들에 너무 의지해도 좋지 않으며, 지나치게 독선적인 고집을 부려도 옳지 못하다. 때때로 70세가 다 된 분이 중고등학교의 교장으로 계시는 경우가 있다. 그렇게 늙었으니까 이제는 그만 그 자리에서 물러나라는 것은 아니다. 그러나 10대를 교육하기 위하여 20, 30대의 젊은 선생들이 정열을 퍼붓고 있는데, 70대의 독선과 고집을 그대로 가진다면 그것은 사회나 본인을 위하여 좋은 일이 아니다.

동양 사람들은 연로한 분을 인간적으로나 직책상으로 우대하는 관습을 가지고 있다. 될 수만 있으면 배우고 복종하려 한다. 그러나 그것을 이용해 독선과 고집을 버리지 못한다면 그 이상 곤란한 일은 없다. 후진들에게 주는 폐단이 지나치게 크기 때문이다. 먼 길을 과감하게 걸어가야 할 우리의 앞길에 노인네들이 앞장선다는 일 자체가 삼가야 할 일일지도 모른다.

그렇다고 모든 일에 자신과 주장을 버리고 뒤따르는 세대에 의존만 하는 것도 안 된다. 경험이 지식이며, 나이가 스승이라는 뜻을 살려, 노년들은 언제나 다음 세대에게 꾸준한 교훈과 권고를 주어야 한다. 노년기는 결코 인생의 불필요한 노쇠물이 아니다.

가능하다면 스스로의 위치와 분수를 살펴가면서 꾸준히 할 바를 다하며 맡겨진 책임에 정성껏 임하는 것이 우리의 참된 삶의 의의가 아닐까 생각한다.

끝으로, 늙으면 어린이가 된다는 이야기가 있다. 어린이와 같이 철없고 삶의 긴장이 풀린 본능아로 돌아갈 수도 있다는 뜻일지 모른다.

어린이와 같지 않으면 하늘나라에 들어갈 수 없다는 그리스도의 말씀이 있다. 이때의 어린이는 철없는 본능아적 아이라기보다는 순진함을 가진 어린이일 것이다. 80세가 다 된 노인도 하나님 앞에서

영원과 사랑의 대화

어린애와 같은 순진함을 가지고 영원을 사모하여 영생을 기다린다
면 그 어린이야말로 내세와 영생을 누릴 수 있는 늙은 어린애가 아
닐까?

철학적인 생일

'어느 염세주의자의 생일', 이 비슷한 제목의 책을 본 일이 있다. 그 소설의 내용을 읽지는 못했으나 언제나 야릇한 호기심을 일으켜 주는 제목이다.

자기 생일을 즐거이 여기지 않는 사람들도 있을까 하고 묻는 이가 있다면, 나는 슬퍼하거나 싫어하지는 않지만 그리 즐길 줄 모르는 사람은 있다고 대답할 자신이 있다.

그 장본인이 바로 나 자신이기 때문이다.

나는 어린 시절을 너무 가난하게 보냈다. 그리고 지나치게 병약한 소년기를 보냈다. 그 때문이었을까, 항상 스스로를 비판해보며 남과 다른 점들을 찾아보기 좋아하는 습관을 가지고 자랐다. 느끼는 갈대 같은 어린 시절을 지내온 셈이다.

영원과 사랑의 대화

다른 모든 소년들과 같이 나에게도 즐거운 생일은 있어야 했다. 그러나 어린 나의 마음을 채워주는 즐거움이란 아무것도 없었다. 그 큰 원인 중 하나는 지금 생각하면 아버지의 성격이었다. 아버지만큼 의식과 허례를 싫어하는 분도 없었을 것 같다. 기도를 드리면서도 눈을 감을 필요는 없다고 말씀하시는가 하면, 교회에 사람이 많이 모였을 때는 아래층 지하 창고에서 설교를 듣고 오시는 일도 있었다.

여섯 자녀를 두셨지만 누구의 생일도 기억 못했을 것으로 생각한다. 농촌에서는 별로 찬이 없는 식탁을 대하기 일쑤다. 어머니께서 이따금 상추를 얻어 오신다. 쌈을 싸 먹자는 뜻에서이다. 그러나 나는 한 번도 아버지께서 쌈을 잡수시는 것을 본 기억이 없다. 어머니는 왜 싸 잡숫지 않느냐고 불평이다. 그러나 "싸 먹으면 별난가. 상추를 고추장에 찍어 먹으면 마찬가지지"라고 대답할 뿐이다.

이런 아버지 밑에서 자란 내가 생일을 즐긴다는 일은 기대조차 잘못이었는지 모른다. 뿐만 아니라 아버지는 당신의 생일을 말하거나 생일놀이를 하는 습관도 전혀 없었다. 하도 딱하니까 할머니께서 고깃근이나 사 보내는 일이 있을 정도였다.

이러한 가정 분위기에서 자라온 내가 가족들과 즐거운 생일을 보낸다는 것은 흥미 밖의 일이었다. 그래도 어머니께서는 내 생일이 되면 한두 알 계란을 쪄주시고, 항상 조밥만 먹던 상 위에 내 밥그릇만이 쌀밥이 되는 때도 있었다.

그러면 동생들이 그 계란과 쌀밥이 부러워 힐끔힐끔 내 눈치만 보았다. 나는 하는 수 없이 계란을 나누어주고 쌀밥을 함께 먹는다. 어머니는 마땅치 않은 표정이나 그 길밖에는 도리가 없었다.

그러나 내 생일을 저주스럽게 만든 불행한 사건이 벌어지고야 말았다. 그날도 아침에 어머니께서 내 생일이라고 쌀밥을 지어주셨고, 무명 양복을 새로 빨아 두껍게 풀질을 한 채로 다려주셨다. 학교를 파하고 동무들과 놀다가 늦게야 집으로 들어서는데 안에서부터 어머니의 고함소리가 들려왔다.

"그래, 병신 같은 아들 하나 있는데, 그 생일날 저녁을 굶어야 해요?"

"누가 굶으랬어! 저녁을 지어 먹으면 되잖아."

"저녁을 어떻게 지어 먹어요? 쌀이 있나, 반찬이 있나!"

"실컷 잘 먹어오다가 오늘따라 없다고 그럴 것이 뭐야?"

"글쎄, 한 알도 없이 떨어진 걸 어떡합니까. 평생 가야 쌀 걱정을 해봤나, 돈 걱정을 했나…. 이거야 원통해서 살 수가 있나."

마침내 어머니는 방에 쓰러져 우시는 모양이었다. 나는 가슴이 답답해졌다. 하늘이 빙빙 도는 것 같았다. 그대로 방으로 뛰어 들어갔다. 어머니는 여전히 울고 계셨다. 아버지는 답답하셨는지 그대로 밖으로 나가버렸다. 나는 아무 말도 못하고 어머니 옆에 앉았다. 한참 뒤 나는, "어머니, 울지 마. 운다고 어떻게 돼? 아버지가 그렇게 일을 못하는 걸 어떻게 해." 정성껏 어머니를 위로해드리고 싶었다.

"그래, 안 울겠다. 까짓것, 네 생일날만 아니라면 한 끼 굶은들 어떻겠니. 쌀이 떨어져 옆집에 갔더니 좁쌀밖에 없다지 않니. 너무 기가 막혀서 아버지보고 해댔지만, 어찌하겠니…. 시장할 텐데 조밥이라도 지어 먹자.”

어머니는 가까스로 답답한 가슴을 쓰다듬으면서 그래도 맏자식의 생일을 굶길 수는 없었던지 부엌으로 나가는 것이었다.

“어머니, 나 밥 벌써 먹었어. 영길이 어머니가 영길이 얘기를 듣고 오늘이 네 생일이지, 그러면서 이밥에 생선도 구워주어서 실컷 먹었어! 더 안 먹어도 돼.”

“그래? 그럼 잘됐다. 우리야 굶은들 상관있니? 그저 이놈의 세상을 살기가 싫어서 몇 번 죽으려고 해보았지만 너 때문에 못 죽겠다. 너만 남같이 튼튼하다면야 내가 왜 못 죽겠니. 그래도 너는 내가 있어야 살겠으니까 내가 이렇게 고생하면서라도 살아가지!”

이렇게 말씀하시는 어머니는 다시 흐느끼기 시작했다. 나는 어머니에게 거짓말을 한 것이었다.

저녁을 굶었지만 밤 깊도록 잠이 오지 않았다. 여전히 어머니는 슬퍼하고 계셨다. 한숨과 눈물의 밤이 그대로 깊어만 갔다. 그날 밤, 나는 혼자 마음속으로 중얼거렸다.

‘까짓것, 생일이 없었으면 좋을걸! 차라리 나 같은 것은 세상에 나지 않았던 것만 못하지!’라고.

초등학교 2학년 때의 일이었다.

그 뒤부터 나는 생일을 단념해버렸다. 어머니마저 내 생일을 잊어버렸으면 싶었다. 어머니는 그래도 꾸준히 내 생일을 기억해주셨다. 언제나 생일 점심 도시락에는 계란이라도 들어 있었고 조밥이 섞이지 않은 쌀밥을 잊지 않으셨다. 그러나 나는 거의 의식적으로 생일을 잊은 것과 같은 생활을 했다.

대학에 있는 5년 동안, 나는 여러 번 친구들의 생일잔치에 초대를 받았다. 어떤 친구들은 생일이라고 집에서 먹을 것을 부쳐왔다고 말했다. 또 다른 벗들은 이번 달에는 집에서 돈이 좀 더 왔으니까 한턱낸다는 것이었다. 그때마다 나는 '팔자 좋은 놈들이다'라고 생각했을 뿐이다. 여유가 있으면 집으로 돈을 보내야 하는 나와는 엄청난 차이였기 때문이다. 생일, 그것은 내게는 있으나 없으나 마찬가지였다. 그것이 너무 오랜 인습이 되어 나는 남들의 생일에도 별로 관심이 없어지고 말았다.

그런 생각은 바로 5, 6년 전까지 계속됐다. 물론 요사이는 어머니와 아내, 어린것들이 있으니까 약간 아버지다운 체면을 지키느라고 아내가 마음 쓰는 일은 있으나, 나에게는 그리 신나는 생일은 아니다. 완전히 무관심이 되어버린 셈이다.

다섯 해쯤 전의 일이다. 좁은 방에서 원고 정리에 매달리고 있었는데 손님이 왔다. 대문까지 나가보았더니 사랑하는 청년들 몇이 찾아온 것이 아닌가. 좀체 집까지 온 일은 없던 학생들이었다. 집이 시외로 떨어져 있기 때문이기도 했으나, 내 시간을 무척 아껴주는 청년들이기도 했다.

영원과 사랑의 대화

"아아, 참 반가운 손님들입니다. 어서 들어오세요."

나는 그들을 흙으로 쌓아올린 내 방으로 안내했다.

"다섯 명이 앉기에는 좀 좁은 방이지만 어서 들어오세요."

그들은 신기한 눈으로 방의 안팎을 살펴보고 있었다. 그런데 전연 상상할 수 없는 일은, 넷 중의 두 명이 무엇인가 종이에 싼 것을 들고 온 것이다. 그러나 설마 나에게 가져온 물건은 아니리라 다짐해버렸다. 모든 점에서 미루어보아 그럴 리가 없기 때문이다.

몇 가지 얘기가 끝난 뒤,

"선생님, 오늘도 그렇게 바쁘게 무엇을 하십니까?"

한 학생이 물었다.

"예, 오늘은 강의가 없는 날이에요. 그래서 밀렸던 원고를 정리하는 중이었어요. 그러나 오래 놀다 가세요, 모처럼 멀리까지 찾아왔는데…."

"그래도 오늘쯤은 좀 쉬시지요."

"오늘은 특별한 날인가요?"

"선생님 생신인데요."

한 여학생의 말이었다.

"아아, 어떻게 아셨어요? 나는 생일이라 해서 쉬는 습관이 없어요. 참, 생일날 오셨는데 아무 대접도 못해 미안합니다. 나도 이다음 유명해지고 부자가 되면 미뤄두었다가 한꺼번에 대접하지요!"

이렇게 말을 하면서도 내 생일을 축하하러 온 손님들이라고는 전연 생각이 들지 않았다. 그런데 먼저의 여학생이,

"이거 변변치 않은 것이지만 축하 선물입니다."

그러면서 상자 한 갑을 내놓았다. 나는 당황했다. 그리고 '이 학생들이!' 하고 놀랐다. 그런데 이편 남학생이 또 하나의 상자를 내놓았다.

"이것은 우리 동창들의 것인데 제가 대신 들고 왔습니다"라는 것이었다.

나는 감사보다도 감격에 잠겼다. 내가 세상에서 기억하는, 처음으로 반가운 생일 선물이었다. 살아가노라면 놀라운 일도 있는 법이구나 싶었다.

"왜 이런 걸 다 가져왔어요? 노인들이거나 유명해진 사람이라면 모르지만, 나 같은 사람에게야…."

나는 아무리 생각해도 뜻밖이었다. 그때까지 앉아서 웃고만 있던 청년이 말했다.

"선생님, 저희들을 위해서 얼마나 수고해주셨는데요. 그래서 저 P양이 선생님 생신을 어떻게 알아내가지고 오늘 찾아온 것입니다."

"하여튼 고맙습니다. 나 자신도 그렇게 기쁜 줄 모르는 생일인데, 이렇게 축하까지 받아서."

"왜 기쁘시지 않으세요?"

"글쎄, 예전부터 온통 생일을 모르고 살아오는 게 습관이 됐나보죠?"

"그럴 수가 있으세요! 저희들은 오늘 오면서 '하나님께서 선생님 생신을 축복해주실 텐데'라고 얘기하면서 왔어요. 정말 그리스도의 이름으로 선생님 생일을 축하해드리고 싶었어요."

나는 이렇게 말하는 P 양의 음성의 엄숙함에 놀랐다.

그들과 한참 즐겼으나 그 얘기가 머리에서 사라지지 않았다. 손님들이 간 뒤 나는 마음속으로 생각하기 시작했다. '그렇다. 누가 무어라고 말하든, 내가 나 자신의 생일을 잊고 있더라도 하나님께서는 내 출생을 기억하시고 계시다. 내가 그리스도의 일을 돕고 있는 동안 주께서는 생일을 즐기시고 기다리시지 않는가.'

나는 머리를 숙이고 기도를 올렸다. 먼 옛날 하나님께서 이 세계를 창조하실 때 나를 기억해주신 것이다. 내가 가난하고 병 있는 몸으로 세상에 태어날 때, 우리 주님께서는 기쁘신 뜻을 두고 계셨다. 그런데 왜 나는 그 뜻을 오늘까지 모르고 지내왔던가. 하나님께서 기뻐하시는 오늘, 내가 왜 기뻐할 줄 몰랐던가. 나는 나 자신을 새로 발견한 것 같았다. 눈을 감으면 이 우주에 충만한 무엇이 있는 것 같았다. 하나님의 은총과 나의 생존성의 자각에 대해 감사와 감격의 눈물을 떨어뜨렸다. 잃어버렸던 자신을 다시 찾은 즐거움의 눈물이었다.

그날 밤 나는 여러 가지 생각에 붙잡혀 있었다. 그렇다. 생일을 즐기자, 하나님의 사랑과 그리스도의 뜻을 알게 된 내가 왜 내 생일을 감사할 줄 몰랐던가.

그러나 그 즐기고 감사하는 방법은 무엇일까. 돈을 많이 들여 잔치를 할 수도 없고, 지금 상태 이상의 지출을 하여 누구를 도와주는 일도 불가능에 가깝다. 결론을 얻지 못하고 잠들었는데 아침에 문득 귀한 생각이 떠올랐다.

'그렇다. 내 생일이 보통 양력으로 4월에 있는데, 4월에는 적어도 한 번씩 신앙을 위한 집회를 가지기로 하자. 어떤 기관에서 청해오면 거기에 응하기도 하고, 청탁이 없으면 내가 그런 기회를 만들면 되지 않는가. 그렇게만 한다면 나는 적어도 며칠 동안 강연이나 설교에 모여 오는 분들에게 복음과 진리의 말씀으로 충분히 대접할 수 있지 않은가. 그 일이 가능하다면 나로서는 최상의 생일잔치를 하는 셈이 아닌가' 하는 생각이었다.

나는 곧 그대로 실천에 옮겼다. 첫해에는 4백 명 이상이 모이는 집회를 5일간 가졌다. 다음 해에도 마찬가지의 성과를 거둘 수 있었다. 생각하면 감격스러운 일이었다.

금년 4월의 일이다. 연초부터 목포에서 5일간 집회에 와달라는 청탁이 있었으나, 좀처럼 시간을 내기 어려웠다. 그러던 것이 학교 시간을 잘 배정해본 결과 5일간을 겨우 얻게 되었다. 가고 오는 교통은 밤차를 이용하면 되었다. 가족들에게 얘기를 했더니,

"애, 그래도 집안의 어른인 셈인데, 생일은 지나서 떠나야지."

하는 것이 어머니의 의견이었다. 아내도 약간 불만인 모양이었다. 내가 금년에는 생일잔치를 목포에서 하기로 정한 뜻은 누구도 몰랐으니 할 수 없는 일이었다.

목포의 집회는 예상했던 대로 좋은 성과를 거둘 수 있었다. 양으

로 보나 질로 보아 거의 최상의 집회를 가진 셈이었다. 집회가 다 끝난 뒤 나는 가까운 벗에게,

"사실 나는 금년 생일잔치를 목포서 치른 셈인데 언제 신의주에서도 생일잔치를 할 때가 오겠지?"

하면서 웃었다. 내 설명을 다 듣고 난 중학 때부터의 친구는,

"듣고 보니 귀한 생각일세. 앞으로 수십 년 생일이 지나면 하나님과 형제들 앞에 얼마나 영광이 되겠나. 참 좋은 일인데."

하고 동조해주었다.

"아니, 내가 생각한 일이라기보다도 나는 이렇게 해서 내 과거의 원망스러웠던 생일들을 참회하는 것이야."

"잘 알겠어! 역시 철학적인 생일이로군!"

"철학적인 생일이 아니라, 오히려 종교적인 생일이지. 나고 죽는 것은 종교의 문제거든."

이렇게 얘기를 하면서 나는 친구와 같이 웃었다.

유와 무의 교차로에서

내가 살고 있다는 것이 어떻게 생각해보면 아무 일도 아닌 것 같기도 하다. 수많은 사람들이 무의미하게 왔다가 가는 것같이, 나도 주어진 환경 속에서 얼마의 시간을 살다가 죽으면 그뿐 아닌가. 그 것을 넓은 의미에서 본다면, 공중의 한 마리 새가 있다가 없어지는 것과 마찬가지일 것이며, 물웅덩이 속에 작은 벌레 한 마리가 나타났다가 사라지는 것과 같은 것이 아닐까. 하루살이의 짧은 운명을 애석하게 여기는 때가 있다. 그러나 무한히 긴 시간 속에서 몇십 년의 생활을 가진다는 것 자체가 하루살이와 무슨 차이가 있다는 것인가. 생각해보면 인간이란 무의미한 것이며, 우연한 존재의 찌꺼기 같기도 하다.

그러나 생각을 돌이켜본다면, 내가 지금 여기에 살고 있다는 사실만큼 귀하고 절대적인 일도 없다. 내가 있으니 저 푸른 하늘, 넓은 대지가 의미가 있고 존재의 가치가 있는 것이지, 만일 내가 사라진다면 무엇이 남겠는가. 얼핏 생각하면 내가 없어지더라도 푸른 산, 아름다운 꽃들은 그대로 남아 있을 것이며, 조국과 인류는 여전히 머물 것이 아니냐고 생각할 수 있다. 그러나 내가 없어진다면 나와 더불어 있던 나의 모든 것은 사라지는 것이다.

이와 같이 절대적인 가치와 의의를 가지려 하는 것이 인간이며, 인생이 아닌가 싶다. 이러한 인간적 존재의 의의는 언제나 나타나고 있다. 우리의 작은 의식이 광대한 우주가 차지하고 있는 모든 문제를 지니고 있으며, 우리의 지극히 작은 정신은 이 세계가 소유하는 것보다도 더 깊은 문제를 간직하고 있다. 파스칼이 "우주는 나를 생각할 수 없어도 나는 우주를 생각할 수 있기 때문에 나는 우주보다도 위대하다"고 한 말이 바로 그 뜻이다.

그렇다면 어떤 면에서 인간 존재의 특수성을 찾아볼 수 있을까?

첫째로 인간은 언제나 유한과 무한의 접촉선상에 살고 있다. 보다 솔직히 고백한다면, 인간은 언제나 유한의 울타리 속에 살면서 항상 무한을 기대한다. 유한으로 끝난다면 그 유한 속에서 자족과 행복을 발견할 것이다. 또 만일 인간이 무한한 존재라면 그로써 인간의 뜻은 채워질 것이다. 그런데 인간은 그 어느 것도 아니다. 유한에 머물면서 무한을 얻고 소유하려 하는 데 모든 고통과 불행, 그러면서도 향상과 가치가 인정되는 것이다.

내 육체는 누가 무엇이라고 말하든지 유한한 것이다. 다섯 자 되는 신체, 몇 킬로그램을 헤아릴 수 있는 작은 존재물에 지나지 못한다. 이 육체가 병들고 활동을 계속하지 못하게 되면, 그것으로 우리들의 생명적 존재는 끝나버리고 만다. 어느 흙 속에서 생을 얻어 나왔다가 그 대지의 한 부분으로 사라져버리고 말면 그것으로 우리의 존재는 끝을 고한다.

그러나 이상하게도 우리는 내 육체가 어떤 영구한 무한의 곳으로부터 온 것같이 이 육체가 돌아갈 장소도 그곳임을 잘 알고 있다. 우주는 그 크고 넓은 품에 우리를 안고 있으며 푸른 산, 넓은 바다는 항상 존재의 무한성을 보여주고 있다. 오직 우리들만이 다섯 자 전후되는 작은 육체를 보존해보려고 갖은 노력과 수고를 다하지만 그 뜻을 이루지 못한 채 어디론가 소멸되어버리는 것이 아닌가.

그러므로 유한으로서의 자아가 우리를 둘러싸고 있는 무한에 접하게 되면 스스로를 무와 영으로 돌리고 싶을 정도로 비참함과 공허를 느끼게 된다. 젊은 알렉산더 대왕이 천하를 정복하였으나 키루스의 묘비를 보고 울었다는 사실이 바로 그것을 말하는 것이 아닐까? 묘비에는 이런 글귀가 있었다고 한다.

"여기 페르시아의 건설자 키루스 잠들다. 지나가는 나그네들은 그에게 다섯 자의 땅을 주는 것을 아끼지 말지어다."

유한 속에 살면서 무한을 한없이 그리워하다가 그 유한마저도 차지하지 못하면서 없어지는 것이 인간이라면 인간은 너무나 서글픈 존재가 아닐까?

마찬가지로 인간은 시간 속에 살면서 영원을 그리워하는 존재이기도 하다. 우리는 시간이 얼마나 오랜 것인지 모른다. 지구가 생겨 지금까지 이르는 데 몇억만 년이 걸렸을까. 이 지구보다 몇백만 배의 시간이 걸렸으리라고 생각되는 태양계는 얼마나 오랜 시절부터 있었을까? 그러나 모든 것이 산출되기 이전에도 한없이 길고 먼 시간이 있었을 것이다. 또 이러한 시간은 오늘 우리들에게서 끝날 것이 아니라 앞으로도 무궁무진하게 지속될 것은 의심할 여지가 없다. 그런데 우리는 이렇게 무궁무진한 긴 시간 속에서 점과 같이 짧은 순간에 지나지 못하는 몇십 년의 시간을 가지고 번민하고 애쓰다가 마침내는 그 어느 것도 소유하지 못한 채 사라져버리고 만다.

영원한 시간에 비해 나의 몇십 년의 삶이란 도대체 무엇인가? 내가 오늘 무궁한 시간 속에 살다가, 그 어느 한 점도 소유하지 못하고 죽어간다는 사실과 저 넓은 태평양 바다 위에 작은 물거품 하나가 나타났다가 사라졌다는 것을 비교해볼 때, 무슨 차이가 있는가. 생각해보면 답답하고 기막힌 일이다. 그 속에서 재산을 모으고 출세를 하는가 하면 심지어는 인생을 논해보기도 한다. 우스꽝스러운 일이다.

여기 병들어 죽어가는 한 사람이 있다 하자. 그는 때가 오면 단 1분의 시간도 제 마음대로 못하면서 죽어야 하지 않는. 파스칼은 나를 둘러싸고 있는 이 무한에 접하게 되면 깊은 공포에 빠진다고 말했지만 우리는 이 영원을 바라보면서 스스로의 시간을 생각해볼 때 오히려 자신의 존재가 저주스러워지기도 한다.

그러면서도 이 짧은 순간 속에 저 무한한 영원을 받아들이려 하는 것이 우리들 인간이니, 이 얼마나 모순된 삶인가! 우리는 조개껍데기로 바닷물을 옮겨 모래 우물에 넣는 어린이들의 장난을 철없는 짓이라고 비웃었다. 그런데 모든 인간들은 작은 시간의 그릇 속에 영원을 담으려 하니 그 얼마나 서글프고 속절없는 일인가.

그러나 그 운명을 벗어나지 못하는 것이 우리의 현실이다. 결국에는 1분도 자기의 것으로 소유하지 못하면서 모든 시간으로부터 버림받는 것이다.

이런 일은 우리의 존재성 그 자체 속에도 있다. 인간은 어디서 왔는가. 따지고 보면 인간이 온 곳은 한 곳밖에 없다. '무'가 그 대답이다. 오늘의 대표적인 실존주의자들이 말하듯이 인간은 무에서 와서 유를 잡으려 애쓰다가 무로 돌아가는 결정적인 운명 밑에 놓여 있다. 우리가 살고 있는 한, 우리의 삶이 영위되고 있는 한, 우리는 확실히 유이다. 무시할 수도 부정할 수도 없는 존재이다. 그러나 온 곳이 무인 것처럼 가는 곳 또한 무라는 것도 부정할 수 없는 사실이다.

무에서 유로 향하는 처음 과정을 우리는 '생'이라 불렀다. 이 세상에 내가 탄생한다는 것은 이 모든 것의 출발이었기 때문이다.

그러나 유는 마침내 무로 끝나게 마련이며, 우리는 생존에서 무로 가는 과정을 죽음이라 부른다. 누구에게나 인생은 무로 향하는 과정이다. 무에서 유로 와서 다시 유에서 무로 가는 것, 그나마 앞과 뒤의 무는 영원한 것인데 유는 순간적이며 속절없는 그림자와 같은 존재라는 것이 어찌 모순이 아닐 수 있으며 비참과 환멸이 아닐 수 있는가?

그러나 이것이 인생이다. 이것이 삶인 것이다. 유로 있으려 하면서 무로 가는 것, 끝까지 스스로의 유를 보존하려 하다가 속절없이 무로 스며들고 마는 것, 누가 인간의 이러한 현실과 실상을 부정할 수 있으며, 이 엄연한 사실을 외면할 수 있겠는가?

참으로 인간은 모순과 부조리로 가득 찬 존재이다. 생각하면 할수록 풀 수 없는 수수께끼이며, 사랑하면 할수록 비참해지는 존재이다. 애착과 신뢰를 가질수록 공허와 환멸을 자아내는 존재이다. 세상에서 가장 지혜로웠던 솔로몬이 3천 년 전에 '인생은 헛되다'고 노래했으며 '지식을 더하는 것은 번뇌를 더할 뿐'이라고 가르친 뜻은 그대로 인간 지혜의 극치였을지 모른다.

그러면 이러한 인간적인 운명과 짐을 지고 사는 우리의 본래 모습은 어때야 하며 무엇이 그 해결의 방도일까? 우리는 누구라도 수긍할 수 있는 해답을 내릴 수는 없다. 그러나 대체로 다음의 세 가지 태도가 주어져 있으며 우리 자신이 그 어느 하나에 속하고 있는 것만은 사실이다.

그 첫째는 이 무한에 대한 유한, 영원에 대한 시간, 무로 향하는 유를 끝까지 붙들고자 노력하고 애쓰다가 그 어느 것도 소유하지 못하고 자멸적인 공허의 결과를 초래하는 사람이다. 가장 어리석고 불행한 인생관의 소유자다.

둘째는 이 모든 사실을 인정하면서 양적인 자아 확대를 일삼아보는 뜻있는 사람들이다. 민족과 조국을 통하여 스스로의 삶의 의의를 발견하는 애국자들, 예술과 학문을 통하여 짧은 육체적 생명의 의의를 길이 남기려 하는, 또 남겨준 존경할 만한 인물들이다. 인생은 짧고 예술은 길며, 현실은 변천하나 진리는 영원함을 믿고 있는 지혜롭고도 용기 있는 삶의 선각자들이다.

셋째 부류에 속하는 사람들이 있다. 무한을 향한 용기를 끝까지 버리지 않으며, 영원에의 신념을 가지는가 하면 무마저도 유로 바꾸려 하는 의지와 탐구의 인생관이다. 우리는 그들을 때로는 철학자라 부르나, 그 해결이 불가능하다는 것을 거의 인정하고 있다. 극히 소수의 사람들은 이 문제의 해결을 종교에서 얻고 있다. 가능만 하다면 행복과 안식을 가져오는 축복의 인생관일 것이다.

그러나 우리들 자신도 이 셋 중의 어느 하나를 택해야 하는 결정과 결단의 단계에 머물고 있는 것이 아닌가.

　　　　　　　　　영원과 사랑의 대화

천당과 지옥의 이야기

1957년 7월호 〈사상계〉에는 이런 글이 실려 있다.

함 선생은 '지옥 천당이 없는 것은 중학생도 다 아는 사실을…' 하고 말하였는데, 기막힌 말이다. 함 선생이 처음부터 아무것도 모르고 살 아왔다면 별문제겠지만, 그처럼 천주(天主)의 존재를 알고 또 복음서 를 손에 들고 읽어보고서도 천당 지옥을 믿지 않는다면 이는 위에 말 한 바와 같이 천주께 대하여 지독한 불경이요, 불신인 것이다.

고로 만일 바른 신앙가로 회개함이 없이 지금 그런 상태로 세상을 떠 난다면, 그 영혼은 틀림없이 지옥으로 통행할 것을 예언하노니 그때 가서 회상하면, 이 〈사상계〉 지상(誌上)에 윤 신부와 논쟁하던 때는 만 복 시대였구나! 느끼겠지만, 때는 이미 늦은 다음이리라….

성서주의자인 동시에 무교회주의자로 널리 알려진 함석헌 선생의 글에 대한 윤형중 신부의 반박문의 마지막 부분이다.

　이러한 두 사람의 심각한 대립은 비단 오늘의 문제만은 아닌 것 같다. 영생, 내세, 천당과 지옥이 없다는 사실은 누구도 알고 있는 일인데, 그것을 있는 듯이 얘기하고 가르쳐 순진하고 무지한 교인들을 공포 속으로 끌어들여 교회의 권위와 선교의 수단으로 삼는 것은 용납할 수 없는 잘못이라고 주장하는 사람들은 과거에도 많이 있었다.

　심지어는 특수한 교파에 속하는 목사 중에도 그런 생각을 하는 이가 있다. 내세관은 신부나 대부분의 목사가 무지한 대중을 기만하는 하나의 수단이라고 단정해버린다.

　이러한 신앙적 태도에 대하여 가톨릭적인 확고한 신앙을 지니고 있는 이들이 반대하고 나설 것만은 틀림없다. 약간 지나친 논조일지는 모르나 윤 신부의 태도도 어렵지 않게 짐작이 된다. 내세에의 강한 신념이 그러한 방향으로 이끌어갈 수 있었을 것이다.

　그러나 어려운 문제는 여전히 남아 있다. 어떤 사람이 천당과 지옥은 없다고 단정한다 해서 있었던 내세가 없어질 것도 아니며, 믿고 있던 사람이 그 신앙을 버리게 되지도 않는다는 점이다. 그뿐만 아니라 성서에 기록이 되어 있으니까 그대로 믿어야 한다고 주장하나, 믿을 수 없는 것을 어떻게 하는가. '틀림없이 있다, 그러니까 믿으라'는 교훈도 그대로 통하지 않는다.

　그러니 문제는 여전히 남아 있는 것이 아닌가. 혹은 이 두 분은 극단의 성서주의자와 천주교 신부니까 그렇지, 더욱 중간적인 입장을 택한다면 좋지 않을까 생각하는 사람도 있을지 모른다.

확실히 무교회주의자들은 성서에만 치중하여 고립적인 진리관에 치우치는 면이 없지도 않다. 그리고 천주교는 지나치게 교회의 제도와 전승에 편중하여 성서 그 자체를 생명의 말씀과 진리로 받아들이는 일에 비판 없이 대하는 태도가 있는 것도 사실이다.

함 선생이 성서의 존엄성을 강하게 주장한 데 대하여 윤 신부는 성서가 있기 전 벌써 교회가 있었다고 반박하고 있다. 그러나 오늘과 같은 책으로서의 성서는 교회가 있고 나서 제정된 것이 사실이나, 그리스도의 말씀, 좀 더 나아가서는 하나님의 말씀이 세계를 창조하셨다면, 교회보다 말씀(성서의 말씀)이 먼저 있었다고 보아 좋을 것이다.

그렇다고 교회 없이 성서만이 있었다고는 생각되지 않는다. 그리스도께서 사랑하는 제자들과 모여 앉아 말씀을 나누고 사랑의 사귐을 영혼의 구원을 위하여 시작하였을 때 벌써 교회는 시작되었던 것이 아닐까.

우리는 기독교의 제일 중요한 두 가지 요소를 진리와 사랑에 두어도 좋지 않을까 생각한다. 전자는 말씀이며 후자는 사랑의 사귐과 섬김일 것이다.

그 점, 프로테스탄트는 말씀과 진리의 모자라는 점을 교회에서, 교회의 부족한 면을 말씀에서 찾는 중간적인 입장이 아닐까 생각도 된다. 물론 오늘의 프로테스탄트가 우리가 기대하고 있는 면을 그대로 충족시켜준다고는 볼 수 없으나.

어쨌든 영생 및 내세의 문제는 간단한 문제가 아니다. 생각해보니 있을 수 없다기에는 지나치게 종교의 존엄성을 경시하는 것 같고, 성서에 있으니 그대로 믿어야 한다는 태도는 우리의 이성을 너무나 무시하는 것처럼 보인다.

사실이지 영생 및 내세를 완전히 없는 것으로 단정해버린다면 종교가 필요 없을지도 모른다. 철학과 도덕이면 충분하지 구태여 종교가 있어야 한다는 이유는 무엇일까. 문화, 예술, 도덕, 철학 이외에 종교가 필요하다는 것은 그것들이 취급할 수 없는 어떤 문제를 종교가 가지고 있기 때문이 아닐까. 그 내용으로 나타난 것이 기적의 문제일 것이며 속죄, 예정, 섭리, 나아가서는 천당과 지옥의 문제가 아닌가 생각된다.

그러니까 종교가 문제된다면 반드시 거기에는 내세가 문제될 것이며 내세관에 대한 뚜렷한 신념 여하에 따라 신앙은 내용적으로 큰 차이를 가져올 것으로 믿어진다.

그러면 단도직입적으로 내세는 있는가 없는가? 천당과 지옥은 있는가 없는가? (천당이 어떤 곳이며 지옥이 어떤 곳이냐는 문제는 잠깐 보류하자. 성서에는 많은 상징적인 내용이 있을 뿐이니까, 그것은 후일의 과제가 될 것이다.)

이러한 문제를 마음에 간직하고 있을 때의 일이다.

교회에서 예배를 끝내고 집으로 돌아오는데 내 앞에 어떤 청년이 기다리고 있었다.

"선생님, 죄송하지만 저한테 시간을 좀 내주시겠습니까?"

"무슨 일인데요?"

"여쭤보고 싶은 게 있어서 그럽니다."

"그러면 같이 걸어가면서 얘기를 듣기로 할까요?"

나는 그 청년과 나란히 걸어가면서 그의 질문을 침묵으로 재촉했다. 그 청년은 약간 망설이는 듯싶더니 물어왔다.

"선생님, 정말 천당이나 지옥이 있습니까?"

나는 약간 당황했다.

"그런 문제는 개인의 신앙이나 신념의 문제이지 객관적인 증명은 불가능하지 않을까요. 내가 있다고 말한대서 군이 믿을 것도 아니며, 없다고 말한다 해서 군이 평생 안 믿을 수가 있어요?"

"그럼, 그런 문제는 얘기 않는 편이 지혜로운가요?"

"그럴지도 모르지요. '혹시 선생님은 어떻게 생각하십니까, 믿으십니까?' 이렇게 묻는다면 얘기는 성립되지요. 그것은 나 개인의 문제이니까요."

"사실은 저도 그 점이 알고 싶습니다. 신부도 목사도 아닌 철학하시는 분으로서의 내세관을 듣고 싶습니다."

"아니지요. 그것은 또 잘못된 생각이에요. 내가 내세를 믿고 안 믿는 것은 내 철학의 문제가 아닙니다. 내가 단순한 철학만을 위한다면 그 문제를 가지고 그렇게 애쓰지도 않았을 것이며 군의 질문도 안 받았을 것이 아니에요. 그것은 어디까지나 종교, 신앙, 그것도 나 자신의 신앙 문제가 되겠지요."

"네, 그 말씀은 이해가 됩니다."

"그런데, 왜 그런 문제는 신부님이나 목사님들께 묻지, 내게 묻습니까?"

"선생님, 사실은 제가 지금 ○○신학교 3학년입니다. 그런 것을 물으면 친구들은 이상하게 생각하고 신학자들은 자꾸 핵심을 피하는 것 같아요. 예를 들면, '성서에는 천당이라는 말은 없고 천국이라는 말은 있는데 천국은 마음의 문제니까 결국 정신적인 상태가 아닐까요?' 이런 식의 대답만 해주세요."

"그야 군이 신학생이니까, 힉적인 설명을 요청했던 것이 아닙니까."

"글쎄요. 어쨌든 선생님의 의견을 좀 들었으면 좋겠어요!"

나는 처음 약간 불만스러운 느낌이 들면서 불필요한 얘기를 하게 되는가 싶었으나 이제 와서 그 문제로 나대로의 해답을 보류할 수도 없는 일이었다. 한참을 걷다가…

"나는 나대로의 생각이지만, 이렇게 믿고 있지요…"라고 말을 이어나갔다.

"누구나 마찬가지겠지만, 나도 신자가 되기 전에는 내세를 믿을 수가 없었습니다. 어떻게 믿을 수가 있어요? 그러던 것이 여러 가지 생활 조건 때문에 신자가 되고 나니, 나도 모르는 사이에 내세를 믿는 사람이 되었고, 지금은 어린애와 같이 내세, 즉 천당과 지옥을 믿고 있지요. 명칭은 무엇으로 부르든 간에 선과 구원의 세계, 악과 징계의 세계를 믿고 있습니다. 어떻게 믿게 되었느냐고 묻는다면, 그

영원과 사랑의 대화

대답은 간단합니다.

내가 이전에 기독교인이 되기 전에는 아무리 인생을 생각해도 허무한 것뿐이며, 영원과 무한의 입장에서 내 삶을 반성할 때는 암흑과 저주밖에는 없었습니다. 허무와 암흑밖에는 아무것도 없었습니다.

그러던 것이 내가 신자가 되고 신앙을 가지게 된 뒤에는 어둡던 내 마음에 빛이 찾아들고 암흑과 절망 속에 희망과 영원이 약속되기 시작했습니다. 모든 존재는 새로운 의미를 가지고 나타났으며 온갖 삶의 내용은 천부께서 기억해주시는 뜻으로 바뀌었습니다. 누가 무엇이라 말하든지, 나는 내 마음속에 하늘나라의 그림자를 발견했고 천부께서 주시는 은총의 사실을 부정할 수가 없었습니다. 그리고 그것이 성경을 읽고 기도를 드리며 말씀대로 살아보려고 노력하는 도중에 점점 굳어졌습니다.

그러나 아직도 내게는 많은 문제, 고민이 남아 있습니다. 그것은 내 육체, 내 본능적인 욕망에서 오는 세속적이며 인간적인 번뇌, 타락과 범죄에의 가능성과 사실입니다. 그런데 성서에는 우리들의 육체가 죽으면 육체적인 모든 번뇌와 악의 조건 및 가능성을 벗어버리는 내세가 있다고 가르쳐주고 있습니다. 그러니까 나는 그 내세를 믿는 것이지요. 과거 은총의 체험이 없었다면 누가 믿으라고 강요해도 못 믿었을 것인데, 그 체험이 계속되고 있는 한 누가 믿지 말래도 안 믿을 수가 없을 줄 압니다. 그 체험을 부정할 수는 없지요!

나는 아우구스티누스나 파스칼이나 키르케고르 모두 그런 분이었다고 생각합니다. 특히 과학자인 파스칼이 죽은 뒤, 그의 옷자락에서 나왔다는 신앙에의 각서를 보세요! 그런 신앙, 내세관, 감격의 고백이 어디 있습니까?

그러니까 내가 아까 이 문제를 가벼이 얘기하는 것을 꺼렸던 것이지요. 나는 이런 체험이 없는 사람에게는 내세를 아무리 얘기해도 필요가 없다고 봐요. 그걸 어떻게 믿습니까? 또 이미 체험하고 믿는 사람에게는 아무런 설명도 필요가 없을 거예요. 그래서 파스칼이 '세상 사람들은 철학사를 보고 놀라나 철학자들은 기독교인을 보고 놀라게 된다'고 말한 것이 아닐까요. 내 이성이 내 신앙에 놀라는 때가 있으니까요!

이런 체험을 한 사람에게 내세를 의심하라는 것은, 물건을 사다 주겠다고 약속했기 때문에 아버지의 돌아옴을 기다리는 아들에게 아버지의 약속을 믿지 말라는 것과 같지 않을까요. 오늘 우리는 이런 얘기를 했지만, 될 수 있는 대로 이런 얘기는 삼가는 편이 좋을 것 같군요. 한 가지 추가할 것이 있다면 내세를 우리가 사는 현재의 삶을 그대로 연장한 것으로 받아들이는, 신앙 아닌 소박한 욕망은 서로가 삼가야 할 것입니다."

나는 지금도 종교는 체험이라고 믿는다. 체험에 의한 내적 확증이 없는 곳에 신앙적 진리는 불가능하다고 믿는다. 그 점은 간디나 톨스토이도 마찬가지로 실패했다고 생각한다.

그들은 하필 기독교만이 진리일 조건이 무엇이냐, 불교, 유교, 이슬람교, 기독교, 배화교 등 종교적 진리에 도달하는 길은 얼마든지 있지 않은가, 또 꼭 그리스도만이 구주, 유일한 분이라고 고집할 것이 무엇이냐, 옹졸하고 편협된 사고방식은 현대의 종교를 위하여서는 금물이라고 말한다. 석가, 공자, 마호메트, 소크라테스, 노자도 있지 않느냐고 말한다.

마치 서울로 가는 길은 경부선, 호남선, 중앙선, 경인선이 있는데 어째서 하나만을 고집하여 종교적 대립과 불행을 일으키느냐고 반문하는 것 같다. 그러나 나는 그렇게 생각지 않는다.

종교의 독선적인 요소나 배타적인 성격을 위해서가 아니다. 문화나 모럴을 위하여 그것들은 해소되어야 하며 참 종교는 언제든지 이러한 형식과 전통의 불필요한 요소들을 없애줄 것으로 믿는다. 그러나 영원과 영혼의 구원 문제를 위하여서는 반드시 '이것도 저것도'는 아니라고 믿는다. 그것은 마치 이런 얘기와 같지 않을까 생각한다.

내가 부모가 없는 고아로 자랐다 하자. 생각해보니 부모가 있어야겠다고 느껴졌다. 그래서 혼자 궁리해보는 것이다. 박씨네 아들이 되면 재산을 얻을 수 있겠고, 이씨네 아들이 되면 출세가 빠르겠고, 송씨네 아들이 되면 학문을 하는 데 도움이 될 테니까, 어느 편을 써 넣는 것이 좋을까. 결정을 지어 써 넣으면 된다. 그러나 내가 부모를 모시고 살아왔는데 어찌하여 그 부모를 모시지 못하게 되었다고 하자. 그러면 나는 누구의 아들이 되기를 원하겠는가. 땅끝까지라도 내 아버지, 내 어머니를 찾아갈 것이 아니겠는가!

종교는 역시 체험의 문제이다. 영원과의 대결에서 얻은 신념, 영혼의 구원을 위하여 체험한 확증, 그것이 종교의 핵심이기 때문에 그 사실의 유무가 문제일 것이다. 종교를 생각 속에서 비판만 하는 사람은 어느 종교든 택할 수 있다. 그러나 신앙을 체험하는 사람은 하나의 종교를 택하게 마련인 것이다.

그러므로 파스칼은 '아브라함의 하나님, 이삭의 하나님, 야곱의 하나님이다. 철학자나 학자의 하나님이 아니다'라고 말한 것이다.

신은 존재하는가

여러 해 전의 일이다.

K 대학 출신의 한 청년이 찾아왔다. 한두 번 만난 일은 있었지만 별로 심각한 내용의 이야기나 학문적인 대화를 가져본 일은 없었다.

나는 따뜻한 오후를 좁은 서재에서 보내기보다는 산보라도 하는 편이 좋을 것 같아 뒷산 길을 같이 걷기로 했다.

멀리 들판에서는 아지랑이가 피어오르고 소나무들도 노곳이 졸고 있는 것 같았다. 말없이 옆에 따라 걷고 있던 청년이 불쑥, "선생님! 정말 신이 존재합니까?"라고 물었다. 나는 얼핏 그의 옆얼굴을 쳐다보았다. 그러나 별로 할 말이 없었다. 한참 동안 우리는 묵묵히 산보를 계속했다. 그 청년이 침묵을 지키는 것으로 보아 내 대답을 기다리고 있음에 틀림이 없다.

"나는 신이 계시다고 믿고 있습니다"라고 대답했다.

"그것을 어떻게 알 수 있습니까?"

"글쎄 신이 안 계시다는 것은 누가 알고 있는가요? 신의 존재를 증명한다는 것은 신이 안 계심을 증명하는 것과 똑같이 어렵거나 불가능한 일이 아닐까요?"

"그런데 선생님은 그것을 어떻게 믿습니까?"

"안 믿을 수가 없어서 믿는다고 대답해야 옳을까? 알기 전에 믿었고, 믿은 뒤에 이러한 신이었구나 하고 알려진 것 같습니다…."

"그러니까 우선은 맹목석으로 믿고 그 뒤에 신앙에 따라 신의 본질을 알게 된다는 말씀입니까?"

"맹목적으로가 아니지요. 삶의 어떤 결정적인 요청이 신앙의 문을 붙들게 했고, 그 문을 열고 신앙의 정원을 거닐어본 뒤에는 신의 존재와 본질, 신앙의 내용이 무엇인지 깨닫게 된 심정이겠지요."

"그 생의 어떤 결정적인 요청이라는 것이 무엇입니까? 신앙의 문에 다다르게 하는 요청 말입니다."

"글쎄요. 아우구스티누스, 파스칼, 키르케고르 같은 이들이 가졌던 인간학적 과제일까요? 틸리히는 궁극적 관심이라고 말하고 있지만 영원에의 요청과 관심이라고 불러도 좋을지 모르겠습니다. 이 관심 때문에 종교의 문을 두드리게 되고 신앙을 체험함으로써 신을 인격적으로 믿게 되는 것이 아닐까 합니다."

"그렇다면 어느 하나의 종교를 선택하면 될 것이지 반드시 특정한 종교라야 할 필요는 없겠지요?"

영원과 사랑의 대화

"나는 그렇게 생각하지는 않습니다. 신을 믿는 데서 종교가 성립되고 신을 믿는다는 사실 자체는 벌써 인간적인 입장을 초월한 타자를 믿는다는 것이지요. 그러니까 적어도 신을 대상으로 하는 종교라야 종교일 수 있겠고 다음에는 그 종교적 체험이 자신에게 어떤 신념과 확증을 가져와야겠지요."

"그렇다면 원시 불교나 유교 같은 종교는 신과의 관계가 적으니까 선생님의 입장에서는 진정한 종교가 못 된다는 뜻입니까?"

"그렇게 가벼이 결론을 내려서는 안 되겠지요. 내가 뜻하고 있는 점을 그대로 말한다면, 나는 유교는 종교가 아니라고 봅니다. 유교의 유교다운 훌륭한 점, 또 그 근본정신은 역시 도덕에 있지요. 도덕은 도덕으로서의 의의를 다하면 되잖아요? 그리고 불교는 본래가 신으로 출발하지는 않았습니다. 그런데 신적인 요소를 가미해오는 동안에 종교로 변질된 셈이 아닐까요? 기독교가 신으로부터 출발했지만 그 신을 버렸기 때문에 비종교적인 교파가 생긴 것과 마찬가지일 것입니다."

우리는 한참 동안 이야기를 중단했다. 더 이론을 전개시킨댔자 신통한 결과가 있는 것도 아니기 때문이다.

"그런데 갑자기 그런 이야기는 왜 꺼냈습니까?"

나도 이렇게 가벼운 반문을 함으로써 이야기의 줄거리를 다른 데로 돌리고 싶었다.

"물론 이런 문제를 생각하지 않을 수야 있겠습니까마는 어제 퍽 신기하고도 자극적인 이야기를 들었기 때문에 선생님의 생각도 알아볼 겸 말을 꺼냈던 것입니다.”

“무슨 이야긴데요?”

“선생님께서도 개인적으로 잘 아시는 ××선생이 계시지 않습니까? 벌써 세상 떠난 지 여러 해가 됐습니다. 그분이 세상을 떠날 때 옆에 있던 이들은 임종이 된 줄 알았답니다. 그런데 2, 3분 후에 다시 눈을 뜨시더니 방에 걸려 있는 십자가를 보시면서 ‘저 십자가 너머로 여러분들이 환영을 오고 있으므로 이제는 가야겠습니다’라는 말을 남기고 다시 눈을 감으셨답니다. 어쩐지 그분 이야기를 들으니까 역시 종교는 살아 있으며 가능하면 신앙을 가져야겠다고 느껴지더군요.”

“예, 그분은 생존 시에도 참 좋은 마음을 가졌던 분이며, 어린이 같이 순박한 신앙으로 몇 해를 사셨지요. 그런 신앙은 철학도나 사색가는 가지기 어려운 법입니다. 파스칼 같은 마음의 소유자라면 몰라도…. 파스칼은 그러했지요.”

“역시 그렇게 살 수만 있다면 그 어른과 같이 살아서는 민족을 위해 큰 업적을 남기고 죽을 때는 어린아이같이 신의 품으로 돌아가고 싶습니다.”

그 청년은 이렇게 말하고 있었다. 나도 여러 해 전 그분이 병중에 계시면서 가난한 백성들을 위하여 기도드리고 있던 장면을 회상해 보았다. 두 눈에서는 그칠 줄 모르는 눈물이 흘러내리고 있었다.

신과 무관한 사람들

누가 나에게 '당신의 일생을 통하여 가장 중대하면서도 근본적인 삶의 변화를 일으킨 사실이 무엇인가?' 하고 묻는다면 나는 '신을 믿게 되었다는 사실'이라고 대답해야 할 것이다. 나의 인생관, 가치관, 소유관을 뒤집어놓았을 뿐 아니라 오늘 이 시간의 생활을 이끌어가고 있는 근저에도 신의 계심이라는 뜻이 언제나 뒷받침을 하고 있기 때문이다.

아마 나와 같은 생각과 생활을 하고 있는 사람은 수없이 많을 것이다. 나는 그런 사람들을 언제나 접하고 있다.

그러나 이와는 반대로 얼마나 많은 사람들이 신과는 무관하게 살고 있는지 모른다. 신은 있으나 없으나 마찬가지라는 생각이다. 혹시 다른 사람에게는 몰라도 나에게는 별로 큰 문제가 아니라는 듯이 살고 있는 사람들이다. 나도 한때는 그렇게 살아왔으며, 지금도 많은 시간을 그렇게 보내고 있다. 신의 계심이 가장 근본적인 사실임에도 불구하고 마치 나 혼자 살고 있는 양 생각하고, 말하며, 행동하고 있다. 그러나 그것은 나의 부족과 약함에서 오는 문제이다. 가능만 하다면 언제나 신을 모시고 그 뜻대로 살아가고 싶다.

물론 사람들 중에는 호기심의 대상으로 신을 논해보기도 하며 신에 관한 이야기나 책을 대해보기도 한다. 그러나 그런 태도는 불필요하며 또 성실한 마음의 자세가 못된다. 일본의 종교가 우치무라 간조가 "신에게는 무인론無人論이 없으나 인간에게는 무신론이 있어서…"라고 탄식했지만 신앙인들이 신의 존재나 본질을 논한다는 것은 마치 자식들이 방에 들어앉아 아버지의 존재와 본질을 논하는 것같이 쑥스러운 일이다. 아버지는 바로 옆방에 계시는데….

신을 자신의 성실한 문제로 삼지 않으면서 호기심의 대상으로 논해볼 필요는 없다. 어쨌든 신 같은 것은 있으나 없으나 마찬가지라는 태도로 사는 사람들이 너무나 많다. 있어도 없어도 좋다는 태도의 사람들이다. 이런 사람들의 대부분은 실리적인 현실주의자들이다. 의식주의 문제가 인생의 대부분이며, 물질에서 얻을 수 있는 육체적 행복이 그대로 인생의 전부라고 믿고 사는 사람들이다.

어떻게 부자가 되며, 어떻게 권세를 누리며, 어떻게 출세를 하는가가 삶의 전부인 생활 속에는 신의 문제나 종교에의 관심은 일어나지 않는다. 이해와 권력관계, 물질과 그에 따르는 행복이면 삶의 영역은 채워지고 만다.

옛날부터 오늘까지 이러한 자연인은 신을 찾은 바도 없으며, 신이 그에게 나타난 일도 없다. 그리스도는 그런 사람들을 볼 때 진주를 돼지 앞에 던지는 어리석은 일은 하지 말라고 했다. 신이 있으면 돈을 버는 데 지장이 되며, 신을 믿으면 수단 방법을 가리지 않고 출세하는 데 손해가 뒤따른다.

불필요한 생각에 시간을 보내기보다는 현실의 실제적인 이익을 찾도록 하는 사람이 성공도 하며 지혜로운 일생을 차지하게 마련이다. 이렇게 생각하며 사는 사람들에게는 신은 있으나 없으나 마찬가지다. 오히려 신이 없어야 더 유익할지도 모른다.

영원과 사랑의 대화

그러나 또 한 부류의 무관주의자들이 있다. 슐라이어마허는 중간 계급의 교양인들을 지적한다. 그들은 자기네들이 지니고 있는 대수롭지 않은 지식과 교양을 무척 높이 평가하며 그에 따르는 자부심이 대단하다. 마음의 겸손을 잃어버린 사람들이며, 그렇다고 인생의 높고 진실한 문제에 과감히 부딪쳐나갈 용기도 성실성도 없는 사람들이다. 말하자면 실제적인 물질에 배부른 사람들에 비하여 하찮은 정신적 내용으로 자족 자긍하는 사람들이다.

옛날부터 이러한 사람들이 신을 찾은 일도 없었으며 신을 믿은 바도 없었다. 교만한 인간은 언제나 미완성의 인간일 뿐 아니라 무신론자로 살게 되어 있다. 종교에서는 교만과 겸손의 차이가 이질적인 경계선이 된다. 이런 사람들 중의 일부분은 종교나 신의 문제에 관하여 너무 일찍 단념해버리고 만다. 신의 문제는 불가지不可知한 내용이기 때문에 뜻을 가진 몇 사람들에게는 필요한 관심거리가 될지 모르나 우리들에게는 필요가 없다, 생각하거나 연구해봤자 아무 소용이 없으며, 결론을 얻을 수 없다고 일찍 포기해버리고 만다. 철학자나 종교인들이라면 별문제지만 평범한 생활인에게는 불필요한 정신적 부담이 될 뿐이라고 단정해버린다.

그러나 이런 사람들에 비하여 용감한 무신론자들이 있다. 과학과 이론적인 지식의 체계를 믿고 있는 사람들이 비합리적이며 초논리적인 사상과 학문을 배격한 나머지 모든 종교를 미신으로 돌리며, 신은 잘못된 종교적 환상의 유산일 뿐이라고 보는 합리적 세계관을 믿고 있는 사람들이다.

마르크스주의자들은 유물론과 과학정신을 아울러 가지고 있기 때문에 종교를 반대하는가 하면 일부의 과학자들은 비합리적인 것을 배척한다는 신념에서 신을 부정해본다. 거의 같은 입장이지만 철저한 휴머니즘을 위하여 무신론을 주장하는 사람도 있다. 니체는 초인超人을 위하여 신은 죽었다고 말했는가 하면 하르트만은 인간의 존엄성과 권위를 위하여 신은 존재하면 안 된다고 주장했다. 칸트는 그것을 위하여 신은 존재할 수밖에 없다고 주장한 데 대한 반대 의견이다. 칸트의 사상이 요청적 유신론이라면 하르트만의 철학은 요청적 무신론에 속하는 셈이다. 사르트르의 입장도 근본에서는 마찬가지다.

인간을 전부라고 보는 휴머니스트들에게는 있을 만한 일이다. 대체로 이러한 사람들은 신과 무관하게 살아가고 있다. 필요할 때가 찾아온다면 별문제지만 이렇게 신과 무관하게 사는 것이 아무 잘못도 유감도 없다는 생활 태도이다.

신을 생각하는 사람들

지금까지의 사람들을 무신론자라 부른다면 여기에 약간 비정상적인 듯싶으면서도 많은 수를 차지하는 관념적인 유신론자들이 있다. 그들은 종교인도 아니며 신앙을 가진 사람도 아니다. 그러나 꾸준히 신을 논하고 있으며 신을 찾아나가고 있다. 상당히 많은 철학

영원과 사랑의 대화

자, 사상가, 예술가들이 여기에 속한다. 그들은 종교를 무시하거나 배척하지는 않는다. 그러나 모든 미신은 확고히 타파하지 않으면 안 된다. 참 종교와 미신의 경계는 이성에 달렸기 때문에 모든 종교에서 비이성적이며 반이성적인 요소를 배제한다. 그렇다고 그 어떤 기성 종교를 믿으려는 것도 아니며 정열과 생활의 값을 신과의 관계에서 찾으려는 것도 아니다. 그들이 언제나 문제 삼는 것은 인생은 어떻게 해석되며, 세계는 어떻게 해명될 수 있는가 함이다. 그런데 인생과 세계의 수수께끼는 좀체 풀리는 것이 아니다. 또 누구도 그 문제를 푼 과거가 없다. 그런데 단 하나의 전제와 가정만 인정한다면 모든 문제는 저절로 해결이 된다. 그것이 다름 아닌 '신'이다. 신의 문제만 인정한다면 인생과 세계는 그대로 해석될 뿐 아니라 모든 유한과 온갖 모순이 자연히 풀려나간다. 그러므로 그들은 열심히 신을 연구하며 신의 본질을 찾아나간다. 제각기 중심점은 다른 데 두고 있지만 귀착점은 비슷하다. 인생과 세계의 원인, 목적, 최고의 가치를 지탱하는 유일자로서의 신을 생각하고 있다. 말하자면 정신인의 신인 것이며 지성적인 신관인 것이다. 사상의 공허, 학문의 여백을 메우기 위하여 스스로의 머릿속에서 생각해냈거나 종교인들의 삶에서 추려낸 신관으로 정신적 공백을 메우고 있는 신관념이다.

그들의 신은 현실의 능력자가 아니다. 사고의 아이디어이며, 생활의 동반자라기보다는 이론의 충족자가 된다. 그 가장 대표적인 형태가 이신론理神論 또는 범신론汎神論이다. 그들은 기도를 하기보다는 명상에 잠긴다. 신은 이미 이 세계의 법칙을 제정해주었기 때문에 그 법칙을 어기는 일이 없다. 기도를 드리기보다는 그 법칙대로 사는 일이 중하며, 신의 뜻을 어기지 않는 사람만이 축복을 받는다. 사실은 복을 받는 것도 아니다. 어길 수 없는 신의 법칙을 따르는 것뿐이다. 이신론의 신은 많은 인간들의 기도를 들을 때 똑같은 대답을 할 것이다. "너희들의 세계는 내가 준 법칙대로 되어가고 있으니까 구태여 나에게 기구할 필요가 없다. 그 법칙을 찾아 그대로 순응하면 되지 않는가. 나는 있으나 없으나 마찬가지라고 생각하면 좋을 것이다"라고.

이에 비하여 범신론을 택하는 사람들은 좀 더 명상과 추상에 잠긴다. 신은 곧 우주이며 자연 세계가 그대로 신이기 때문에 나도 신의 한 부분이 된다. 부분과 지엽에 지나지 못하는 개인은 항상 신을 명상하며, 그 신에게로 가까이하는 동안은 자기 완성과 삶의 궁극의 목적을 이룬다고 믿는다. 신이 그렇게 가르쳐주었기 때문에 믿는 것도 아니며, 그것이 필연적인 확증성을 가지는 때문도 아니다. 세계 해석을 위하여서는 반드시 신이 필요하며, 신은 그렇게 이해될 수밖에 없기 때문이다. 자기완성을 위하여서는 신이 이론적으로 필요하며, 신은 그렇게 받아들여지지 않는 한 미신이 될 뿐이라고 본다.

이렇게 철학적인 해석을 위하여 이신론이나 범신론을 택하는 사람은 많이 있다. 아리스토텔레스의 신, 스피노자의 범신론은 각기 그 대표적인 내용이 될 것이다. 그들은 열심히 신을 논한다. 독일 철학자 프리드리히 야코비의 말을 빌린다면 스피노자는 신에 취해서 신을 잃어버릴 정도였다는 것이다. 그러나 그들은 자기네 신들을 믿지는 않는다. 생활보다는 학문을 위하여 필요했기 때문이다. 그들은 기도를 하지 않는다. 기도는 명상의 잘못되고 유치한 형태에 지나지 못한다. 그들은 죽음에 임박했을 때에도 신을 찾을 필요가 없다. 신은 특별한 보호나 구원의 손길을 펴지 않음을 알고 있기 때문이다.

그러나 이러한 유신론자는 오늘날에도 많이 있다. 과학자들의 신, 불교도와 비슷한 성격의 범신론자들이 이에 속한다. 과학자 아인슈타인, 철학자 화이트헤드의 신관도 이런 부류에 속하고 있을 정도이다.

확실히 신을 생각하고 있는 사람들의 신관이다.

그러면 누가 신을 믿는가

옛날부터 종교는 있었다. 그것들은 내용의 차이나 종교적 의식儀式의 구별은 있었으나 신과 신적인 것을 믿어왔다. 그리고 오늘에 있어서도 종교의 중요성은 똑같이 인정을 받고 있다. 직접 세계를 여행하는 기회를 가져보라. 토인비가 왜 종교 문제를 중요시하고 있으며, 철학자 야스퍼스가 왜 이성적 신앙의 필요를 강조하고 있는지 어렵지 않게 짐작이 간다. 이렇게 많은 종교가 있고, 또 종교의 필요성을 인정받고 있다면, 대체로 어떤 사람들이 종교를 가지고 있으며, 또 어떤 사람들이 신을 믿고 있는가?

거기에는 두 가지 요소가 거의 절대적으로 필요하다. 종교에의 관심과 신과의 체험이다. 만일 전자만이라면 신을 찾는 단계에 머물 것이지만 후자가 합해졌을 때 종교는 완성된다.

종교에의 관심이란 무엇인가? 영원에의 정열과 완성에의 신념이 동반한 인간학적 요청과 과제가 아닐까 한다. 인간은 인간이기 때문에 가지는 문제들이 있다. 의식주를 구하는 자연인으로서의 요청도 그 하나지만, 영원과 모순이 없는 완성된 삶을 뜻하는 것도 정신인精神人으로서의 기대와 요청이다. 그러므로 자연적 현실생활에 빠져 있는 사람들은 상상도 할 수 없을 만큼 강한 신념과 정열을 가지고 인간의 영존성과 정신적 완성을 탐구하고 뜻하는 사람들이 있다. 석가, 공자, 그리스도, 마호메트 같은 사람들이 그 대표자일 것이며, 그들의 뒤를 추종하는 많은 사람들이 같은 위치에 속한다. 삶에 대한 깊은 정열과 성실한 관심이 있는 곳에는 언제나 종교가 있었고 이들이야말로 그러한 종교의 창설자 또는 신봉자였던 것이다.

그들은 종교를 논하거나 신의 본질을 객관적으로 연구하기에는 지나치게 정열적이며 너무나 깊고 엄숙한 관심을 가진 사람들이다. 전 인격을 걸고 삶의 완성을 뜻하는 사람들이며 필요한 때는 생명을 걸고 영원을 위한 도박을 강행한 사람들이다. 현실 생에 만족하느냐 그렇지 않으면 생의 영원성을 위하여 현실 생을 부정하느냐의 분기점에서 그 어느 하나를 택한 사람들이다. 이러한 이것이냐 저

영원과 사랑의 대화

것이냐의 결단이 없는 사람은 상상도 추측도 할 수 없는 정열과 신념을 가지고 싸운 사람들에 의하여 종교는 창설되었고 신앙은 계승되어왔다. 먼저 말한 아우구스티누스, 파스칼, 키르케고르 같은 사람들이 바로 그러한 부류의 사람들이다. 그들은 우리와 똑같은 인간성에서 출발했다. 그러나 그들은 영원에의 동경과 모험적인 투쟁을 한평생 쉬지 않았다. 그 결과로 얻어진 것이 그들의 신앙이며 그들의 종교였던 것이다.

적어도 종교가 필요하다는 것은, 또 종교적 신앙을 가진다는 것은 이러한 마음의 상태와 궁극적 실재에 임하려는 정열과 관심에서 얻어진 내용이 아니면 안 된다. 그리고 이러한 관심과 인간학적 과제를 신을 통하여 해결받았다는 확증 없이 종교는 성립되지 못한다.

이 체험과 생활의 확증이 다름 아닌 종교의 내용이며, 그 내용을 이론적으로 체계화하여 회고해본 것이 종교, 철학 또는 신학이 된다. 기독교에서는 신을 아버지라고 부른다. 그러므로 아버지의 사랑을 체험해보지 못한 철학자는 아무리 긴 세월과 노력을 바쳤다 해도 역시 종교에 관한 한 고아의 입장을 벗어나지 못한다. 그러나 부모의 사랑을 받고 자랐으며, 또 그 속에 살고 있는 어린아이는 부모의 존재와 본질을 회상해봄으로써 아버지가 무엇인지 알게 된다. 종교와 신앙이 바로 이런 것이다.

그리고 이러한 신앙의 사람은 스스로의 정신적 생명의 위기에 부딪혔을 때 이신론자들처럼 세계의 법칙에 순응하면 된다는 듯이 스스로의 요청을 단념할 수가 없다. 참다운 신앙인은 고아원의 법칙에 따라 살고 죽으면 되는 고아가 아니라 전능한 아버지에게 호소하며 기구祈求하게 되어 있는 신의 자녀로 자처하기 때문이다.

그러나 실제로 살펴본다면 종교의 문제와 신앙의 위치는 언제나 이렇게 경건한 것만도 아니며, 누구나 깊은 문제의 해결을 얻고 있는 것도 아니다. 미신은 어디에나 있으며, 도덕 이하의 신앙과 종교생활을 항시 발견하게 되는 것이 우리들의 실정이다. 차라리 미신으로 떨어질 바에는 신을 명상하는 태도가 나을 것이며, 무신론자로 자처하면서 건전한 모럴을 택하는 편이 좋을 것이다.

그러므로 진정한 종교와 참다운 신앙을 위하여 무엇보다도 필요한 것은 건전한 인격과 무게 있는 이성이다. 먼저 신념 있는 도덕적 주체성을 지닌 이성인이 되어야 한다.

이러한 인간이 스스로의 전 인격과 삶의 과제를 가지고 종교의 문을 두드리며 신과의 관계를 맺게 되었을 때 비로소 신앙은 자라는 것이며 신은 우리들의 인격적 호소와 관심에 응해주는 실재로 나타난다. 진정한 종교는 이렇게 자라왔으며 앞으로도 그 생명은 이러한 위치와 사실을 통하여 계승 발전될 것이다.

진정한 이성인의 체험이 못되면 타당성을 가질 수 없으며, 완전한 인격적 사실이 아니면 신앙의 내용이 될 수 없기 때문이다. 이러한 정신적 위치에서 신을 아버지라고 부를 수만 있다면 그 얼마나 행복스러운 일인가.

죽음

맑은 아침이었다. 미루었던 원고 정리를 하고 있는데 어머니께서 "이게 웬일까? 약 먹은 쥐를 먹은 모양이지? 저걸 어쩌나?" 걱정하시는 소리가 문밖에서 들려왔다. 아마 나에게도 들려주어야겠다는 심산인 것 같았다.

방문을 열고 뜰로 나섰다. 제법 토실토실 자랐고 며칠 전부터는 낯선 사람을 보면 짖어대기까지 하던 강아지가 거품을 흘리며 비틀거리기 시작한다.

나를 본 강아지는 그래도 반가워해야 하는 의무라도 있다는 듯이 꼬리를 흔들며 몇 번 다리에 기어올라보려 하더니 그만 뜰 한편 구석으로 달아나버린다. 몹시 고통스러워 견디어낼 수가 없는 모양이다. 후들거리는 다리를 뜻대로 가누지 못하고 있었다.

나는 속히 비눗물을 만들어 입에 퍼 넣어주기 시작했고 어린것을 불러 약방으로 달음질치도록 부탁을 했다. 강아지는 약간 긴장이 풀리는 듯이 햇볕이 쪼이는 담장 밑에 누워버렸다. 아무래도 고통스러움을 견디어내지 못하겠던 모양이다.

강아지 때문에 휴강을 할 수는 없었다. 산란해지는 마음을 가라앉히지도 못한 채 학교로 달려가 한 시간 강의를 끝냈다. 강의를 하는 도중에는 잊고 있었으나 강의가 끝나니 강아지 생각이 물밀듯이 솟아오른다. 다행히 가까운 거리였기에 달음질치다시피 집으로 돌아왔다.

"강아지가 어떻게 되었지요?"

"글쎄, 아무래도 죽으려는 모양이다."

그때까지 지키고 계시던 어머니의 말이었다. 행여나 기대했던 마음에 적지 않은 충격이 찾아드는 것 같았다. 누워 있는 강아지 옆으로 가 앉았다. 거품을 물고 허리가 끊어지는 듯이 괴로워하던 강아지가 그래도 주인이 옆에 왔다는 것을 의식했던 모양이다.

겨우 일어서서 두세 번 꼬리를 흔들어 보이더니 그만 제자리에 누워버렸다. 마치 "주인께서 돌아오셨는데 영접을 해야지… 그런데 왜 이렇게 뜻대로 되지 않을까?" 스스로 원망이라도 하고 있는 모습 같았다. 나는 애처로워 그대로 보고 있을 수가 없었다. 그렇다고 버리고 돌아설 수도 없는 일이다.

품에 안아보았으나 고통은 여전한 모양이다. 다시 땅에 내려놓고 머리를 쓰다듬어주었다. 무척 괴롭고 답답한 모양이다. 그 두 눈은

영원과 사랑의 대화

"나를 좀 어떻게 해주세요! 이 죽어가는 고통을 덜어주거나 어떻게 좀 더 살게 해주세요. 왜 가만 보고만 계십니까?" 묻는 것 같기도 했고 애원하는 것 같기도 했다.

한참 뒤 누운 채로 꼬리를 약간 흔들어 보이더니 더 견딜 수 없는 모양이었다. 눈 빛깔이 점점 희미해지기 시작하고 전신에 가벼운 경련을 일으키더니 그만 몸의 긴장을 푸는 것 같았다.

나는 두 눈을 살그머니 감겨주었다. 몇 분이 지났다. 강아지는 곱게 완전히 누워버렸다. 꼭 잠든 것 같았다. 가볍게 입을 벌리고 있는 모습이 흡사 '세상은 너무 괴로웠다'고 호소하는 것 같기도 했다.

오후에는 또 강의가 있었다. 그러나 강아지의 죽음으로 충격을 받은 마음은 쉽게 가라앉지를 않는다. 온 가족들의 생각이 똑같은 모양이었다. 새삼스럽게 인간이 얼마나 무능한지가 느껴지는 것 같았다. 작은 강아지 한 마리의 생명을 어떻게 하지 못하는 인간이 철학을 논하고 예술을 말하며 과학의 위대성을 떠들고 있다.

여러 해 전에는 미국의 존 덜레스 국무장관이 세상을 떠났다. 온 세계 사람들의 주의와 기대가 그가 입원한 병원으로 집중되었다. 최고의 의학을 자랑하는 의사들이 그의 암을 저지시켜볼 양으로 최선을 다했다.

그러나 그는 마침내 세상을 떠날 수밖에 없었다. 그의 장례식에는 전 인류의 마음과 뜻이 묶여 있는 것 같았다. 그것은 작고한 사람의 죽음을 위한 심정이기도 했으나 인간들이 똑같이 지니고 있으며 맞이하게 되는 죽음이라는 공통적인 운명에 대한 엄숙하고도 경건한 마음의 표정이었을지도 모른다. 어쨌든 전 인류의 성의와 노력으로도 그 한 사람의 생명을 구출할 수 없었던 것이 사실이다.

죽음은 이렇게 강하다. 죽음은 이렇게 절대적이다. 백만 광년光年이 걸려야 지구에까지 그 빛이 비치어오는 어떤 별이 있다고 한다. 그러나 삶에서 죽음에의 거리는 그보다 몇백만 배나 더 먼 것이다. 하나는 양의 거리를 말하나 후자는 질의 차이를 말하기 때문이다.

그러나 이러한 죽음과 죽음에의 가능성은 어디에나 있다. 순간마다 있으며 삶의 한복판에 언제나 자리 잡고 있는 것이 아닌가?

이제라도 찾아오기만 하면 죽을 수밖에 없는 삶, 죽음의 바로 앞에서 모든 기대와 욕망을 가지고 살아가고 있다는 것이 우리들의 인생이 아니고 무엇인가?

생각하면 우스운 일이다. 아니 무서운 일이다. 그러나 다시 생각해보면 이상스러운 일이다.

그날 오후 나는 강의를 끝내면서, 이런 이야기를 했다.

내가 학교로 오고 있는데 어떤 학생이 뛰어오고 있었습니다. 그의 이마에는 땀방울이 흐르고 있었습니다. 만일 내가 그에게 "왜 그렇게 뛰어갑니까?" 묻는다면 그는 "강의 시간에 늦어서 그렇습니다"라고 대답할 것입니다. 그리고 그 뒤에는 이런 대화가 이어질 것입니다.

"늦으면 어떻게 됩니까?"

영원과 사랑의 대화

"공부를 충분히 못합니다."

"공부를 많이 하면 어떻게 됩니까?"

"좋은 곳에 취직을 합니다."

"취직을 하면 무엇 합니까?"

"좋은 가정을 이루어 잘 삽니다."

"잘 살면 무엇 합니까?"

"잘 산 뒤에는 죽습니다."

그렇다면 긴 질문과 대답을 되풀이할 필요가 없이 식은 빼놓고 답만 쓰는 식으로 한다면 어떻게 됩니까?

"학생은 지금 왜 그렇게 열심히 뛰어가고 있습니까?"

"죽으려고 뛰어갑니다"라는 대답이 나올 뿐입니다.

학생들은 "와~" 하고 웃어댔다. 그러나 웃음이 사라진 뒤에는 그 어느 학생의 마음에도 어두운 그림자, 죽음의 그림자가 스쳐갔을 것이다.

죽음은 최후의 문제다. 그러므로 죽음의 문제를 해결 짓는 것은 모든 학문과 예술과 사상의 마지막 결론일 것이다. 그러나 누가 이 문제를 해결 지어주었는가.

반드시 해결 지어야 할 문제이면서도 모두 자기의 문제는 아닌 듯이 생각하는 것은 무엇 때문일까? 이렇게 스스로 묻고 있는 순간 에도 죽음은 찾아오고 있는데….

고독의 피안

1

학생 때의 일이다. 작은 키에 비하여서는 지나치게 열정적인 친구 K 군이 옆방에 있었다. 별로 개인적인 얘기를 좋아하지 않는 편이었는데, 하루는 밤늦게 내 방에 들렀다.

"김 형, 내가 좀 시간의 방해를 놓아도 괜찮겠소?"

"어서 들어오시오. 무슨 일인데 갑자기 이렇게 체면이 두꺼워졌소?"

"아무래도 혼자 생각하기보다는 김 형의 의견과 도움을 좀 받아야겠어요."

나는 최근 며칠 동안 좀 이상하다 싶었던 비밀의 뚜껑을 여는 것

　　　　　　　　　　영원과 사랑의 대화

인가 했다. K 군은 확실히 무엇인가를 고민하고 있었다.

"말씀하시죠!"

"김 형도 여자를 사랑해본 일이 있습니까?"

"왜요? 있다면 있고 없다면 없죠."

"아직 사랑을 해본 경험이 없다면 의논의 대상도 안 되고 자격도 없는데….

"그럼, 있다 하고 얘기를 시작하시죠."

"사실은 제가 중학교 3학년 때부터 잘 알고 있는 S라는 여자가 있어요. 중학교에 다닐 때부터 예쁘고 마음에 드는 여자였기 때문에 쭉 사모해왔는데, 고등학교 졸업반에 가서야 서로 얘기도 하고 편지도 했어요. 몇 해 동안 그리워하던 여자니까 그만 맹목에 가까울 정도로 사랑했지요. 그런데 이제는 고등학교를 나온 지도 3년이 아니에요? 그 여자로서는 벌써 결혼할 나이가 지났다는 것이지요. 그래서 최근 편지에는 솔직하게 결혼의 문제를 꺼냈더니 상대방에서 왜 그런지 자꾸 꺼리는 것 같아요. 얼마 지나서 그 번민의 원인을 알았어요. 그 여자가 어떻게 호적상 소실의 딸로 되어 있더군요. 그러니까 가문을 존중시하며 그 점을 엄격히 따지는 우리 집이니까 차라리 먼저 단념하라는 뜻인 것 같아요. 그런데 이런 경우에 김 형 같다면 어떻게 하겠소?"

나는 그렇지 않아도 K 군이 항상 유교적인 전통, 무슨 벼슬을 해온 집안, 친척 중에 누구누구가 있다고 이야기하던 것과 그 사고방식을 좋아하지 않던 터이므로, 이렇게 말해주었다.

"글쎄요, 나 같으면 내가 정말 그 여자를 사랑하는가 않는가가 문제지, 그런 내용은 관계치 않겠는데요. 그것이 어디 그 여자의 잘못이나 과오예요? 오히려 사랑하는 여자가 그런 불우한 운명을 지고 있다면 책임지고 풀어주어야 옳지요. 또 그것이 그 여자의 깊은 사랑을 받는 길도 되고…."

"그 점은 나도 김 형과 마찬가지예요. 그런데 부친이 워낙 엄격하셔서 어쩔 수가 없더군요. 게다가 내가 맏아들이고…."

"여보 K 형, 영화에서 본 것 생각 안 나요? 사랑하는 애인을 위해 생명을 걸고 싸우는 무사들 말이오!"

"김 형은 어떻게 그렇게 성격과 다르게 대담한 결단을 내리시오? 그렇다면 나도 용기와 신념을 얻겠습니다."

나는 속으로 퍽 기뻤다. 그 누군지 모르는 여자에게는 큰 적선을 한 것도 같았고, 사회 정의의 한 모퉁이를 들어 올려놓은 것도 같았다. 그런데 K 군이 한다는 소리가 이랬다.

"김 형, 미안하지만 그럼 나에게 힘과 지혜를 좀 빌려주시오. 이번 여름방학에는 나와 같이 집으로 가서 우리 부친을 좀 잘 설득시켜주실 수 없겠소?"

이왕 내놓은 걸음인 바에야 실패하면 어떠랴 싶었다.

"그 대가는 무엇이오? 사정에 따라서는 할 수도 있지요."

"대가야 성공만 된다면 한이 있겠어요? 아무것이라도 좋지!"

"그럼 대가는 둘로 결정합시다. 내일 저녁을 낸다는 것, 성공하면 그 여자가 나에게 엎드려 절을 할 것, 어떻소?"

영원과 사랑의 대화

"그러면 그렇게 합시다."

얼마 후 K 군은 자기 방으로 돌아갔다. 나는 우정으로 보아 그에게 안심과 희망을 준 것은 퍽 좋은 일이라 생각했다. 원체 그런 일이란 운명의 뜻이며, 되고 안 되고는 후일의 문제니까.

이렇게 되어서 그해 여름방학에는 K 군 집에 두 주일을 머무르면서 극진한 대접을 받았다. 이미 시골 어느 국민학교 선생으로 가 있다는 그 여자는 보지 못했으나 K 군의 아버지는 거의 승낙이 된 셈이다.

"정 그렇다면 반대는 않겠지만…" 하는 대답이었다. K 군의 기쁨이란 이만저만한 것이 아니었다.

가을 학기에 다시 만났을 때 나는,

"K 형, 언제쯤 절을 받게 되오?" 하고 물었다.

"금년 내로는 어렵겠지만 명년쯤은 되겠지요."

"그러나 내가 결혼할 때까지는 나를 천대하면 벌 받소."

"그야 물론이지요. 내가 김 형의 뜻을 잊겠소?"

"그 뒤 그 여자를 몇 번이나 만났소?"

"세 번 만났어요."

"그래 무어라 합디까?"

'그렇게 속히 결정을 짓게 되나요. 결혼 문제는 천천히 후일에 편지로 해결 지어야 할 것 같아요'라는 얘기였다.

어느 날이었다.

"K 형, 이왕 같이 시작했던 일이니 함께 결론을 얻어야 할 게 아니오. 어떻게 되었소?"

"글쎄, 나도 모르겠는데. 한번 고향에 다녀와야 할 것 같아요. 도무지 석연치 않아요."

"아니, 예스면 예스고 노면 노지 어떻게 되었다는 것입니까? 부친께서는 어떤 말씀이 없어요?"

"아무 얘기도 없습니다."

이러한 대화가 있은 뒤 나는 K 군의 일에는 더 뜻을 두지 않기로 했다. 이제는 문제가 끝난 것이나 마찬가지였으니까.

그대로 4, 5개월이 지났다.

K 군의 얼굴에는 다시 회의의 그림자가 깃들이기 시작했고 전보다 더 짙은 불안의 기분이 머무르고 있는 것 같았다.

몇 차례 물었으나 그 여자와의 일임에는 틀림이 없는데 내용을 밝히려고는 하지 않는다. 띄엄띄엄 얻을 수 있는 내용에서 추측한다면, K 군의 사랑과 열성에 비하여 상대방 여자는 그리 적극적이지 않은 모양이며 결혼을 추진시키는 태도 같아 보이지도 않았다. 그러고 보니 K 군은 자기가 여자에게 배신당한 것 같은 불안과 밝혀지지 않은 초조감에 사로잡힌 모양이다.

그날 밤 나는 나대로 생각이 있어서 K 군의 부친에게 인사를 올릴 겸 붓을 들었다. 며칠 뒤 K 군의 부친에게서 K 군이 볼까 두려워 학교로 회신이 왔다.

영원과 사랑의 대화

김 군까지 그렇게 애를 써주었는데 대단히 안 되었지만, K 군의 모친이 오래오래 고민한 나머지 직접 시골로 S를 찾아갔다는 것이다. 그러고는 정성껏 충고하고 애원해서 그 여자로 하여금 단념하도록 승낙을 얻었다는 것이다.

그리고 오래지 않아 S는 다른 남자와 결혼이 될 터이니까 그대로 있으면 모든 문제는 해결되리라는 것이다. K에게는 절대로 비밀을 지켜달라는 얘기였다.

나는 깜짝 놀랐다. 나라도 곧 K 군의 부친을 만나야겠다고 생각했다. 그런데 다음 날 S에게서 K에게 마지막 편지가 왔다.

'오랫동안 우정을 기울여주셔서 고맙습니다. 결혼에 대한 말씀은 아무리 생각해도 있을 수 없는 일이옵니다. 저보다 몇 배나 귀하고, 가정에서 기뻐하실 분을 택하셔야 합니다. 물은 낮은 곳으로 흐르고 불은 높은 곳으로 오르게 세상은 되어 있습니다. 길이 행복하시기 바랍니다. 사사로운 내용이오나 불원간 저는 결혼을 하기로 했습니다. 축하해주시기 바랍니다'라는 내용의 간단한 사연이었다.

편지를 받은 K 군은 말이 아니었다. 그럴 수가 있느냐고 야단했다가는, 여자란 모두가 파렴치한 존재라고 저주를 퍼부었다. 여러 날을 술과 고통 속에서 지냈다.

나로서는 할 바를 다했으나 K 군의 고독은 너무나 심각했다. 전쟁 도중인데 해군에 종업원으로 간다고 야단이었다. 자포자기해버린 것이다. 가까스로 서류를 찢고 말렸다.

2개월 뒤, K 군은 입원을 하고야 말았다. 어느 토요일 오후, 내가 찾아갔더니 "김 형, 너무나 고독합니다"라고 말하고 있었다. 그 여윈 젊은 두 뺨에는 눈물이 흐르고 있었다.

2

일본의 작가로 아리시마 다케오有島武郎라는 사람이 있었다.

그의 종교적인 단편들을 읽기 시작한 것이 마침내는 그의 애독자의 한 사람이 되어버렸다. 그의 사진은 언제나 고민하는 젊은이들에게 정신적 위안을 주는 듯싶은 '마음의 아버지'다운 인상을 지니고 있었다. 그런데 이상한 것은 그가 자살로써 생을 끝냈다는 점이다. 단순한 자살만이 아니라 자녀가 있는 유부녀와 같이 온천장에 머무르고 바다에 함께 투신한 것이다.

그를 연구하는 많은 후계자들이 여러 가지로 그의 자살 동기를 얘기하고 있었다. 그러나 제각기 같지 않은 내용을 주장했을 뿐이다.

나는 화가로서 이름을 날리고 있던 그의 친동생을 몇 번 본 일이 있으나, 작가를 겸하고 있던 그도 형의 사인에 대하여서는 놀라움이 앞설 뿐 명확한 원인을 파악하지는 못하는 모양이다.

어느 날, 나는 우연한 기회에 그의 〈사랑은 한없이 빼앗는다〉라는, 에세이 형식을 밟은 작품에 접하게 되었다.

나는 태초에 이 세상에 무엇이 있었는지 알지 못한다. 오직 내가 알고

영원과 사랑의 대화

있는, 의심할 수 없는 사실은 지금 여기에 내가 살고 있다는 일이다. 그것도 항상 밀려오는 죽음의 조건과 싸워가면서 하루하루의 생활을 불안과 공포 속에 보내고 있는 현실이다.

그것은 마치 태평양 바다 위에 떠 있는 썩은 나뭇잎 같아서 쉴 새 없이 밀려드는 죽음의 파도 앞에서 허덕이는 존재와 마찬가지다. 얼마나 외롭고 가엾은 존재인가. 이런 나에게 행복이 있다면 무엇이며 영광이 있다면 무엇인가. 허무하며 무의미할 뿐이다. 오직 하나의 위안과 삶의 보람이 있다면, 그것은 나와 같이 삶의 운명을 자각하고 있는 또 하나의 나뭇잎이 어디선가 밀려와 같은 운명과 고독을 서로 위로하는 것, 그러다가 그 어떤 죽음의 파도 속으로 함께 돌아갈 사람, 그를 발견하고, 한가지로 불안과 공포의 앞날을 참아나가는 것이 아니겠는가?

누가 그 또 하나의 나뭇잎이 될 수 있을까? 친구, 형제, 친척, 다 좋다. 그러나 가장 위안과 사랑의 대상이 될 수 있는 사람은 역시 이해와 마음을 같이할 수 있는 이성이어야 한다….

이러한 의미의 글로 시작하고 있었다. 나는 이 글을 읽으면서 생각했다. '그렇다. 한때 연애지상주의를 말한 바 있는 그가 마침내는 그 사랑에 순응한 것이었구나.' 두 연인, 그나마 존경을 받기도 했고 인생을 충분히 살아도 본, 인생의 오후를 맞이한 그들이, 찾아오는 생의 석양을 사랑의 제물로 단축시킨 것이었구나 싶었다.

내 친구 K 군은 사랑을 얻지 못하여 고독 속에 헤매고 있었다. 처참한 삶의 모습이었다. 그런데 이 훌륭한 작가는 그 사랑을 얻을 수 있었다. 그러나 그들의 사랑을 영원·무한과 비교해보았을 때, 그들은 역시 심한 고독의 운명에 부딪힐 수밖에 없었던 것이다. 확실히, 세상에 가장 아름답고 행복스러운 마음 한가운데도 영원과 무한은 고독과 절망을 불어넣어주는 것이 사실이다.

행복에 도취된 젊은 부부가 신혼여행 중에 있다 하자. 그러나 그들도 죽음, 무덤, 자기네들을 둘러싸고 있는 무한과 영원을 생각하게 된다면 고독과 절망에 붙잡혀버리고 말 것이다.

그러니까 K 군과 같이 사랑을 잃어버려도 삶을 좀먹는 무서운 고독에 삼켜지는 바 되며, 아리시마와 같이 삶의 깊이와 아름다움을 아는 사람들이 사랑을 얻었다 해도 무한 앞에서는 고독과 절망을 발견하고야 마는 것이 인생이다.

그러나 이러한 사랑을 질적으로 완전히 넘어서려고 노력한 위대한 철학자가 있었다. 《향연》의 저자 플라톤이다. 그는 감정적이며 육체와 더불어 순간적인 이성異性 간의 사랑이 얼마나 불완전하며 마침내는 고독과 허무로 돌아가는 것인가를 잘 알고 있었다.

그렇기 때문에 그는 언제나 이성적이며 건설적인 우정, 끝없이 탐구하며 영원한 가치에 동화하려는 높은 사랑을 보여주고 있다. 우리들이 흔히 에로틱한 사랑에 비하여 플라토닉한 사랑을 말하는 유래가 여기에 있다. 끝없이 아름다움을 창조해나가며 항상 영원에의 가치를 탐구하는 사랑이라 할까?

그의 책 속에는 재미있는 신화가 인용되고 있다.

먼 옛날에는 모든 인간들이 완전한 성性을 가지고 있었다. 남성과 여성으로 구분된 것이 아니고 한 몸에 두 성을 다 지니고 있었기 때문에 모든 점에 원만하고 유능했었다. 이러한 인간들이 마침내는 신들을 정복하고 신들보다도 높아지려 했기 때문에 제우스를 비롯한 여러 신들이 걱정스럽게 상의한 결과 인간들을 전부 두 쪽으로 나누어 그 절반을 남자, 다른 절반을 여자로 만들어버렸다. 그러므로 인간들이 세상에 철들게 되면 각각 떨어진 반쪽을 찾기에 분망하고, 그렇게 마음을 쓰는 나머지 신과 같이 훌륭해지지 못하게 되었다는 것이다.

그만큼 인간은 이성을 찾게 마련이며 잃어버린 짝을 만나기 전에는 만족과 마음의 안정을 얻을 수 없다는 것이다.

그러나 플라톤이 말하는 사랑은 이렇게 간절한 것일지라도 육체적이며 감정적인, 그리고 마침내는 허무와 환멸로 이끌려가는 세속적인 것은 아니었다. 끝없이 아름다움을 찾아 올라가며 항상 선한 가치에 순응하려 하는 이상에의 사랑인 것이다. 그러므로 이러한 삶에는 언제나 고고한 고적이 찾아들며 항상 자기부정이 필요하다.

스스로 사랑의 순례자로 자처해야 하며 끝없는 삶의 무거운 짐을 지지 않으면 안 된다. 제1의 사랑과 같은 허무, 고독에는 빠지지 않으나 다함이 없는 정진, 무한의 노력이 뒤따르지 않으면 안 된다. 그것은 마치 끝없는 산에 오르는 것 같아서 영원한 미완성, 동경과 사모함을 죽는 날까지 지녀야 하는 생의 가장 귀한, 그러나 지나치게 피곤한 무거운 짐이 되는 것이다.

《향연》의 주인공인 소크라테스가 바로 그런 사람이다. 당시 많이 유행되고 있던 동성애의 문제를 취급하면서도 소크라테스는 언제나 미소년의 육체성보다도 그 미美, 그 생애의 이상성을 끝없이 찾아나간다는 내용이 줄거리다. 모든 세속적인 본능, 육체, 감정의 관능적인 사랑을 미화시키며 이상적인 것으로 꾸며 온갖 가치와 탐구의 대상을 창조하며 더듬어나가는 줄기찬 이상주의의 모습이다.

그러나 이러한 사랑은 예술이 아닐까. 아름다운 꿈이 아닐까. 또 그렇지 않다 하더라도 미와 선을 자랑하는 그리스적 지성의 바벨탑이 아닐까. 한계가 있으며 육체와 관능의 존재인 인간이 누구나 여기에 도달할 수 있을까. 깨고 난 뒤에는 허무한 하나의 꿈이 아닐까. 그렇지 않고 현실에서 그것이 가능하다면 그것은 너무나 무거운 인생의 짐이 아닐까. 영원을 사모하는 인간은 마찬가지로 고독하며, 무한과 대결하려는 유한은 마침내 어떤 한계선에서 머리를 숙이게 마련이 아닐까.

여기에 나타난 것이 제3의, 또 하나의 사랑이 아닌가 생각된다. 희랍어로는 그것을 아가페라 부른다. '철학'이라는 말의 어원이 소피아sophia, 즉 지혜와 진리에 대한 사랑philos이었다면, 이러한 플라톤적 사랑을 넘어서는 종교적 사랑이 바로 아가페agapē인 것이다.

우리는 이러한 사랑의 극치를 성서의 요한복음, 요한 1·2·3서에서 발견하게 된다. 누구보다도 그리스도의 사랑의 제자였던 요한은 신의 조건 없는 사랑, 구원과 영생의 사랑을 유감없이 보여주고 있다. 그것은 마치 세상의 사랑이 촛불이나 등잔불 같은 것임에 비하여, 신의 사랑은 태양과 같이 밝고 영원하며 모든 생명과 빛의 원천이 된다는 것이다.

그러면 이러한 신의 사랑은 우리에게 무엇을 줄 수 있을까?

물론 인간은 고독한 존재다. 사회와 세상을 살아가면서 느끼는 일시적인 고독들도 있고, 사랑하는 남자가 그의 애인을 얻을 수 있으면 해소되는 정도의 고독들도 있다. 쓸쓸하고 적적할 때 벗을 찾아가 풀 수 있는 그런 의미의 고독도 있다. 그러나 이것들은 모두가 주어진 존재인 인간이 유한한 현실 속에서 느끼는 고독감이다. 돈이, 명예가, 지위가, 애정이, 예술과 진리의 그림자가 해결 지어줄 수 있는 고독이다.

그러나 유한한 인간이 무한과 영원에 대하는 고독은 누구도 해결 지어줄 수 없는 고독이다. 죽음을 앞에 대하는 것보다도 정신적으로는 더 뼈저린 고독이다. 무한이라는 무궁히 긴 시간을 혼자 영원히 걸어가야 하는 인간의 고독이다.

혹은 이것을 가리켜서 '인간적인 고독'이라 부를까. '실존적인 고독'이라 불러서 좋을지도 모른다.

옛날 석가님께서 평생 지니고 계시던 고독감이다. 그의 왕위, 세상의 향락이 해결 지을 수 없었던….

"아침에 도를 알 수 있으면 저녁에 죽어도 한이 없겠다"고 고백하시던 공자님의 고독일 것이다. 그의 많은 제자들의 숭앙을 가지고도 풀리지 않는 고독이었다.

바울이 "오호라, 나는 곤고한 사람이로다. 이 사망의 몸에서 누가 나를 건져내랴"고 호소하던 그러한 고독인 것이다.

구원에의 실존적 부르짖음에서 오는 고독이다.

모든 죽어가는 사람이 스스로의 정신적 여유만 있다면 두려워 떨면서 기다리게 되는 그 사랑의 결핍에서 오는 고독이다. 이러한 고독의 해결은 세상의 유한한 것으로는 불가능하다. 유한은 아무리 합친다 해도 유한일 뿐이다.

요한이 말하는 사랑, 신의 사랑인 아가페는 바로 이러한 고독에 보응해주며 대답을 주는 사랑이라는 것이다.

인생의 강가에 서서, 이제는 넘어야 할 허무의 흐름만이 있는 석양의 피안 저쪽에서 찾아주는 영원한 음성의 주인공이 사랑이다. 우리는 그를 신이라 부르기 때문에 영원에의 그리움과 갈망에서 오는 고독은 영원만이 해결 지어주는 것이다.

Ch. __7__

어느 구도자의 일기

−고독과 사랑의 장

백맥-보리밭 사잇길, 1996

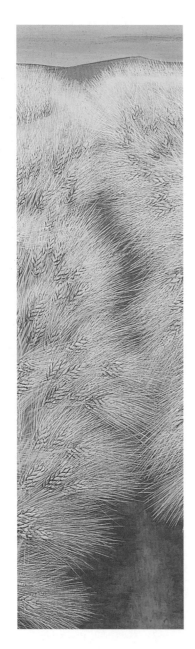

영원한 것에 대한
그리움이 없었던들
누가 내 발을 일보라도
옮겨놓을 수 있었을까?

어느 벗의 일기에서

지난달의 일입니다. 요사이는 여러 가지 일 때문에 자주 만나지 못했던 S 씨가 한적한 나의 집까지 찾아와주었습니다. 그의 얼굴에는 평화가 깃들어 있었고, 긴장의 필요를 느끼지 않는 여유로운 자세는 그의 정신적 자족에서 오는 것 같았습니다. 나는 대학 때부터 그를 잘 알고 있습니다. 그는 다감하면서도 날카로운 비판력과 뛰어난 생각을 가지고 있으면서도 대중적인 평범함을 지니고 있었습니다. 모든 벗들이 그런 그를 존경했습니다.

이 모든 성품과 인간됨은 오로지 그의 종교 생활을 통해 갖게 된 것이며, 그는 보다 높은 인격과 신념을 기르기 위해 평생을 신에게 바치는 종교가가 되려는 뜻을 세웠던 것 같았습니다.

그러나 나는 그 뒤 오랫동안 그를 만날 수 없었고, 그의 사생활에 접할 기회는 더욱 적었습니다. 최근 다시 우의를 다지게 된 것도 우연한 직장 관계 때문이었으며, 또 그리 길지 못한 기간의 일이었습니다.

나를 찾아온 S 씨는 평소와 다름없는 담소로 몇십 분을 보낸 뒤 나에게 말했습니다.

"K 형의 귀중한 시간을 너무 오래 빼앗아 죄송합니다. 실은 한 열흘 뒤에 미국을 거쳐 유럽으로 떠나게 되었습니다. 지금 계획은 약 9년간인데, 길어지면 12년이 될지도 모르겠습니다. 본래 가진 것도, 또 가져야 할 것도 없으니 남기고 갈 부엇이 있겠어요? 그런데 어쩌다 보니 그동안의 일기장이 남았어요. 불사르기에는 너무 섭섭하고 내버려둘 수도 없고 하여 생각한 나머지, 형에게 좀 맡겨둘 수 없을까 혼자 생각했습니다. 보관해두셔도 좋고, 읽어보셔도 무방합니다. 또 내 손으로 불사르지 못한 것이니까, 그 언젠가는 재와 연기로 날려버려도 상관없습니다. 어차피 떠나게 되면 과거의 인상들과 더불어 연기와 같이 사라져 없어질 것이니까요…."

얼마 뒤 그는 진리 탐구를 결심한 사람답게 조국을 떠났습니다. 철학, 신학 등을 오래 연구하기 위하여 장도에 오른 것입니다. 신부복을 입은 몇 사람과 그의 가까운 친구들, 그리고 젊은이들이 S 씨를 보내고, 주인을 잃어버린 시내로 돌아왔습니다. 그저 영원과 구원의 진리를 위하여 떠나는 그에게 영광이 있기를 빌었습니다.

그가 떠난 후, 나는 S 씨의 일기장을 몇 곳 들춰보았습니다. 생활에 관한 기록은 별로 눈에 띄지 않았습니다. 철학적인 명상, 종교적인 메모들이 날짜를 따라 깨끗이 기록되어 있었습니다.

나도 모르는 사이에 관심과 흥미를 가지게 되었고, 그의 일기 한두 페이지씩을 읽는 것이, 요사이 큰 즐거움이 되었습니다. 읽어가는 도중에 나는 그의 일기를 그가 돌아올 때까지 보관했다가 돌려주어야 겠다는 생각을 하게 됐습니다. 10여 년 뒤에라도 S 씨가 기록들을 되살릴 수 있도록 해주어야겠다고 느꼈기 때문입니다. 그런데 나는 그의 일기장에서 예상치 못한 내용을 발견했습니다. 최근 2, 3년은 S 씨 자신의 생활들이 적혀 있었습니다. 그것도 환희와 고독을 간직한 사랑의 내용들이 아니겠습니까. '어느 구도자의 일기'라는 제목 밑에 따로 추려보기로 한 것이 바로 다음의 내용입니다.

아마 S 씨는 '뭐 그렇게까지…. 어쨌든 이 땅 위에 살았던 한 사람의 기록이니까…'라고 말하며 개의치 않을 것으로 믿습니다. 지금은 지구 저편 푸른 하늘 밑에서 모든 사람에게 주어진 삶의 값을 찾기 위하여 경건한 뜻을 다하고 있는 S 씨에게 흐뭇한 미소와 가벼운 용서를 빌면서 다음의 글들을 소개하려 합니다.

* * *

3월 ×일

봄이라고 부르기에는 너무 이르다. 아직도 바닷바람은 거세고 꽃을 기다리는 것보다는 포근한 털옷이 그리운 정도이다. 40여 명의 씩씩한 젊은이들, 10여 명이 넘는 귀여운 딸들이 나란히 콘크리트 길을 내려가고 있다. 벗들과 속삭이는 음성이 남풍에 불려 내 귓전에까지 전해지기도 하나, 그 내용은 확실치 않았다. 또 알 필요도 없었다. 부끄러운 내용이지만 정성껏 그들에게 들려준 내 얘기가, 젊음을 가슴 벅차게 안으려 하는 그들에게 어떤 의미를 줄 수 있을까 하는 생각에 마음이 무겁다.

돌층계를 다 내려오면 그대로 복잡한 큰길에 도달하게 된다. 학생들은 잠깐씩 걸음을 멈추고 나에게 가벼이 머리를 숙여 인사한다. 정중하고도 신의에 찬 마음과 정을 안겨주는 인사이다. 나는 그들에게 행복한 내일을 빌면서 헤어졌다. 때로는 두세 학생이 얼마 동안 같이 걸으면서 얘기를 나누기도 했다.

작별 인사를 나누는 학생들 중에는 같은 배지를 단 귀여운 소녀들이 있다. 제복으로 미루어보아 고등학교 2, 3학년 학생들인 것 같다. 사랑스러운 소녀들이다.

"안녕히 가세요."

"다음 토요일에 또 뵙겠습니다."

"감사합니다."

저마다 인사말을 남기고 떠난다. 그들은 자신들 앞에는 기쁨과

영원과 사랑의 대화

희망만이 있을 것이라고 믿는 것 같은 걸음새였다. 그중에는 호수 같이 맑은 눈을 가진, 조금 키가 큰 소녀도 있었고, 뾰족한 송곳니를 드러내며 부드럽게 웃는 표정을 가진 어린 학생도 있었다. 젊음에 찬 남학생들과 대조되어 한층 더 귀하고 아름답게 보였다.

4월 ×일

남쪽 항구의 봄은 이른 편이다. 어제오늘은 제비가 왔다고 전해지더니 이제는 벚꽃도 한창인 모양이다. 고등학교 졸업반 학생들과 토요일마다 있는 정기 집회를 끝냈다. 이번이 마지막 모임이다. 고등학교 졸업반 학생들은 거의가 다 대학에 입학할 예정이었다. 모두들 미진한 무엇인가가 남은 것 같기도 하면서도, 즐거웠던 과거를 회상하는 듯하다.

모임을 끝낸 뒤 제각기 입학할 대학에 대한 이야기와 앞으로의 포부를 나누는 좌담회를 가졌다. 나는 그들 대부분의 이름을 기억하지 못하며, 개인적인 소질과 환경도 잘 알지 못한다. S 군은 왜 인문과학, 특히 사상적인 면을 버리고 공과 대학을 택했는지 이해가 가지 않았다. 그러나 그는 "선생님께서는 불만이실지 모르겠습니다만, 앞날의 조국은 공업국이어야 할 것 같기도 하고, 또 돈을 많이 벌게 되면 선생님께서 원하시는 일을 도와드릴 수도 있습니다"라고 하면서 웃고 있었다. 가정과 이름을 기억할 수 있는 장래성 있는 젊은이 중 한 명이었다. 여학생들의 차례가 되었다. 재치 있는 얘기로 전체를 웃기는 학생도 있었다. 곧 미국으로 떠나게 되어 섭섭하다는 이도 있었다.

"아마 여러분 중에서 한 번의 결석도 없이, 이 집회에 다 나오신 분은 많지 않을 거예요. 그 점에서는 저도 남 못지않은 우등생이에요. 꼭 하루를 결석해야만 할 날이 있었는데, 그날은 우리 학교 소풍날이었습니다. 그래도 결석하고 싶지 않아 소풍이 끝나고 바로 달려왔더니 그리 많이 늦지 않았어요. 저는 대학에서 문학, 특히 시 같은 것을 공부해보았으면 합니다. 언젠가 선생님께서도 종교인들은 철학적이기보다는 시적이라며, 세상을 한 번 더 산다면 시를 쓰고 싶다 하시던 말씀이 기억납니다"라고 말했다.

모두가 귀엽고 아름다운 생각들이다.

6월 ××일

서울에도 완전히 여름 기운이 느껴진다. 나는 꽃이 많은 봄보다도 녹음이 짙어가는 초여름을 더 좋아한다. 1년을 통하여 초여름의 녹음만큼 마음을 희망으로 유쾌하게 채워주는 계절은 없다. 초여름의 정취는 모든 약속이 채워진다는 기분을 돋우어준다. 우리나라의 초여름은 말할 수 없이 좋다. 파란 하늘, 늦은 꽃들을 섞어 지니고 있는 녹음, 그 위에 새소리마저 아침저녁으로 들려와보라. 축복과

영원과 사랑의 대화

영광의 자연이 아닐 수 없다.

하루의 피곤한 일들을 끝내고 잔디가 솟아오르는 앞뜰을 내려다보며 앉아 있는데, 급사애가 손님이 왔다고 전해주었다. '이렇게 고요한 오후엔 좀 더 혼자 있고 싶었는데…'라고 생각하면서 문을 열고 나섰다. 그런데 복도 저편에서 날 기다리는 여학생은 바로 1년 전에 헤어졌던 K 양이 아닌가.

"아아, 난 또 누구라고? 아주 귀한 손님이 오셨군."

"선생님 안녕하셨어요? 바쁘실 텐데 좀 들어가도 괜찮을까요?"

K 양은 반색을 하면서도 나의 시간에 대한 생각과 갖추어야 할 예절을 잊지 않았다.

"어서 들어오시죠. 좀체 여자 손님이라곤 없는 곳인데, 참 반가워요."

"꼭 1년 만에 뵙는 셈이지요. 여기 계시는 줄 알면서도 어쩐지 찾아오기가 죄송해서…. 이 방이 선생님 방이에요?"

"그래요. 별로 마음에 들지 않는 방이지만, 뒤쪽으로는 산이 있고, 앞으로는 거리가 내려다보이지요. 거리보다는 푸른 산이 좋기 때문에 언제나 이렇게 앉아 있곤 해요. 겨울에 눈이 왔을 때는 설경이 퍽 좋았습니다."

"와 보니까, 다 알겠어요. 북향해 앉으실 것도 짐작되고, 한참씩 푸른 하늘을 쳐다보실 거라는 생각도 들고요. 어떤 생각을 하고 계실지도 알겠어요."

이렇게 얘기하면서 K 양은 조심스레 내가 사용하고 있는 방을 살펴보고 있었다. 나는 K 양이 입고 있는 양복을 통해 이젠 학생이 아닌 성숙한 여인 같다는 느낌이 들었다. 어쩐지 자유롭게 어린 학생을 대하는 기분을 가질 수가 없었다. 그러나 K 양은 명랑하기만 했다. 부드러움 속에 어쩌면 저렇게 경쾌한 감정이 깃들어 있을까 싶었다.

"그래 시 공부는 좀 했어요?"

"아이, 선생님, 잘도 기억하고 계시네요. 그때는 선생님의 모든 생각을 본받고 싶었어요. 그러나 이론적인 학문은 자신 없고… 그래서 그 길이라도 택해보고 싶었지요. 하지만…."

"하지만 무엇이었지요?"

"욕심뿐인 것 같아요. 누가 좀 강하게 끌고 가주었으면 싶어요."

"내가 시인이었더라면 좀 끌고 가주겠는데 미안합니다."

"선생님은 시인이시더라도 저를 이끌어주시지는 못하셨을 거예요."

"왜?"

"너무 높으시거든요. 저도 그 높은 데까지 따라가지 못할 것 같고, 선생님께서도 그 높은 마음의 위치에 혼자 머물고 싶으실 것만 같아요."

"그래요? 어쩐지 이상한 내용으로 얘기가 비약되는 것 같은데…. 학교 재미는 어떠세요?"

"그저 그렇지요 뭐. 그런데 오늘은 잠깐 용건이 있어서 왔어요. 어려운 부탁은 아니에요."

영원과 사랑의 대화

이렇게 말하면서 K 양은 흰 사각 봉투를 꺼내 책상에 놓았다.

"무엇이지요?"

"음악회 초대권이에요. 처음 있는 일이기 때문에 가장 먼저 선생님을 모시고 싶었어요. 이번 토요일 밤인데 시간 있으시겠어요?"

"시간을 내야지요. 난 음악에 대해서는 잘 모르지만 가도록 하지요. 반갑습니다."

K는 용무가 끝났다는 듯이 일어서서 허리를 굽혀 인사를 하고 떠나갔다. 같은 해에 졸업한 남학생들은 자주 찾아오는 편이었으나 K 양은 나를 찾아준 첫 번째 여학생이었다.

대문 밖을 나가면서 K 양은 약간 머리를 숙여 보였다. 나는 접어놓았던 라틴어 공부에 다시 열중했다.

7월 ×일

아침부터 날이 흐리더니 비가 내리기 시작했다. 비는 언제나 우리의 마음을 고요히 가라앉게 해준다. 폭풍과 함께 미친 듯이 뿌려대는 비는 우리 마음을 불안과 소란으로 몰아가지만 오늘처럼 속삭이는 것 같은 가벼운 비는 손님이나 애인이 찾아주는 양 다정하다. 옛날 같으면 공상에 잠겨도 보고 아름다운 문예 작품을 탐독하기도 했을 텐데… 학생 시절보다 거칠고 바빠진 요사이 생활이 원망스러워지기도 한다.

오후에 볼 일이 있어 ××거리로 나갔다. 길에서 우연히 E 양을 만났다. E 양은 K 양의 가까운 친구다. 나는 K 양의 소식을 물었고 지난번 음악회에는 갑자기 감기로 열이 생겨 못 갔다는 사과도 덧붙였다. K 양에게 전해달라고 부탁했다. K 양의 주소를 몰랐기 때문이다. 우산살로 떨어지는 빗방울을 보면서 한참을 걸었다. 서점에 맡겨두었던 책을 찾았다. 비싼 값이지만 책은 비쌀수록 귀하고 친근하다.

예전에는 가톨릭은 프랑스를 통해야 했고, 프로테스탄트는 독일을 거쳐야 했는데 요사이는 미국에서 이 둘을 다 소화하는 모양이다. 물이 있는 곳에 물고기가 모이듯이, 달러는 모든 문화까지도 다 끌어가는지 모르겠다. 마리탱이나 질송 같은 스콜라의 학자가 모두 미국에서 강의를 한다니 어찌하랴….

12월 ××일

크리스마스와 신년이 되면 집으로 배달되어 오는 카드와 연하장이 말없이 내 기분을 돋우어준다. 금년에도 많은 축하장이 날아왔다. 발신인의 얼굴이 반쯤은 기억나지만, 나머지는 도무지 알 수가 없다. 청년들과 학생들에게서 온 축하장일 것이다. 한 번도 답장을 보내지 못하는 게으름과 무책임을 다시 한 번 생각해본다. 성격 탓일까. 어려서부터 예절과 감사를 모르고 살아온 탓일까.

영원과 사랑의 대화

오늘 받은 카드 속에는 K 양의 것도 들어 있었다. 그저 이름을 쓰고 그 밑에 '재배再拜'라고 한문으로 적혀 있을 뿐인데도, 어쩐지 K 양이 아담한 치마저고리를 입고 나에게 성탄과 새해의 인사를 큰절로 갖추어 하는 것 같은 느낌이 든다. 누구에게도 하지 않은 답장이기에 그저 봉투에다 '땡큐'라고 속삭였을 뿐이다. 퍽 오랫동안 만나지 못했기 때문에 보고 싶다. 얼마나 자랐을까. 마음은 얼마나 더 부드러워졌을까?

4월 ××일

아침에 P 군의 결혼식이 있었다. 많은 시간을 빼앗기기 일쑤며 허례에 치우친 결혼식이 싫어서 별로 가지 않는다. 그러나 아무 친척도 없이 홀로 월남해 온 P 군의 결혼식에야 어찌 안 갈 수 있는가.

결혼식이 끝나는 대로 ××여자대학으로 갔다. 가벼운 강연회의 책임을 졌기 때문이다. 이야기를 계속하고 있는 도중 우연히 강당 한가운데서 내 얘기에 열중하고 있는 K 양을 발견했다. K 양이 다니고 있는 학교니까 혹시 내 강연에 올 수도 있겠다고 생각했지만 과가 다르기 때문에 정말 올 것인지 확신하진 못했었다. 반갑고 고마웠다.

강연회가 끝난 뒤, 나는 K 양과 같이 교정을 지나 교문을 나섰다. 못 만난 1년 사이 K 양은 더욱 어른스러워졌다. 그녀의 동양미와 미소를 머금은 고요한 자태는 옛 그림을 보는 느낌이었다.

"내 얘기가 좀 지루했지요?"

"아니에요, 참 좋았어요. 선생님이 오신다는 소식을 듣고, 마치 우리 선생님이 오신 것 같아 참 기뻤어요."

"얘기란 들려주고 싶은 한 사람만 있어도 기쁜 법인데, 오늘은 나도 보람 있게 얘기를 한 것 같군요."

"선생님을 자주 뵐 수 있었으면 좋겠어요. 마음 놓고 가까이 모실 수도 있으면 좋겠고…."

"나도 K 양 같은 좋은 학생들과 자주 만났으면 좋겠어요."

"이제 어디로 가시지요?"

"집으로 가야지요. 오전은 결혼식에 다녀오느라고 시간을 많이 보냈으니까 이젠 또 다른 일을 해야지요."

"선생님께서 결혼식엘 다 가셨어요?"

"고학생이고 부모가 없는 학생이니까 가주어야지요."

"제 친구들도 벌써 여럿이 결혼했어요. 그때 같이 있던 ××도 이번에 결혼하고요."

"아니, 학교는 어떻게 하구?"

"학교보다 결혼이 더 중요한가 보죠."

'벌써 결혼할 연령이 되었나?'

나는 입 밖에 내지 않고 스스로에게 묻고 있었다.

"선생님은 언제가 결혼할 때라고 생각하세요?"

"글쎄, 난 아직도 먼 줄 알았는데."

K 양은 아무 말이 없었다. 내가 침묵을 지키고 있는 K 양을 잠깐 넘겨다보았을 때 K 양은 나를 쳐다보면서 그저 웃고만 있었다. 내 두 뺨이 약간 붉어졌다고 느껴졌다. 우리는 더 얘기하지 않았다.

얼마 뒤, 방에서 책장을 들추고 있을 때, 여러 가지 생각이 머리를 스치고 지나갔다. 나도 결혼을 했더라면 지금쯤은 귀여운 어린애가 둘쯤은 자라고 있지 않을까? 결혼을 했더라면 K 양과 같이 아름다운 여성을 만날 수가 있었을까? 유순함과 명랑함이 그렇게 조화된, 감수성과 판단력이 깨끗이 자리 잡힌 K 양이라면 결혼해도 좋지 않을까? 그러나 나는 이미 뜻을 세운 바가 있다. 보다 영원하고 참된 것을 위하여 세속적인 소유를 거부하기로 한 스스로의 뜻을 잊을 수야 있는가.

5월 ××일

대구를 떠나 해인사, 경주 불국사에 왔다. 저녁볕이 짙은 그림자를 떨어뜨리기 시작하는 초여름이다. 대구까지 온 김에 불국사를 한 번 더 찾고 싶었기 때문이다. 학생 시절 들렀을 때는 그저 유쾌하고 기쁜 여행이었다. 많이 떠들었고, 누구보다 마음껏 즐겼다.

그런데 오늘 불국사에는 어쩐지 고요함과 쓸쓸함이 깃들고 있는 것 같다. 그때 같이 왔던 H 형 생각이 머리에 무겁게 떠오른다. 사람이 그렇게도 덧없이 죽어갈 수 있는가. 젊은 H 형이 위암으로 그렇게 죽다니! 암은 장년기가 넘으면서 생기는 병으로만 알았다. 암으로 죽기에는 30세란 나이는 너무 젊고, 아까운 나이다.

H 형의 그러한 죽음이 오늘 나로 하여금 이러한 인생의 길을 걷게 하였는지도 모른다. 그전까지의 나는 사랑하고, 결혼하고, 돈 벌고, 즐겁게 사는 것이 인생의 전부인 줄 믿고 있었으니까. H 형이 수술을 받고, 다가오는 죽음을 준비하는 몇 달을 같이 보내면서, 나는 삶의 깊은 수수께끼를 풀어야겠다고 결심했다. 그러나 그에게 임종을 가져다준 그의 심한 병고는 나로 하여금 보다 전폭적인 혁신을 강요하였다. 사람이 그렇게 고통을 참아가며 죽음과 싸워야 하다니….

가난한 나를 위해 학비까지 내주던 그 마음씨, 내 성격과 개성을 마치 세상에서 가장 고귀한 보물같이 대해주던 정성 어린 우정. 그런 H 형이 그렇게 고통 속에 죽어가다니! 그렇게도 속절없이 자취를 감추다니! 오늘 그와 같이 묵었던 호텔에 머물고 보니, 사람이란 이렇게도 허무한 것인가 하는 생각이 든다. 슬프다기보다 공허한 일이다. 키르케고르는 다 죽지 못하고 항상 죽어만 가는 것이 절망이라 했다더니, 나야말로 H 형의 죽음을 앞에 놓고 죽음에 이르는 병을 앓고 있는 느낌이다.

저 아래 골목에서 젊은 두 남녀가 가벼이 팔을 끼고, 사랑에 도취된 대화를 주고받으며 걸어오고 있다. 그때도 많은 신혼부부가 이 호텔 부근을 거닐고 있었다. 그때는 가을이었다. H 형은 내게 말했었다.

"여보게, 우리도 결혼하게 되거든 같은 날 결혼해서 여기로 함께 신혼여행을 옴세. 그리고 사랑을 속삭여보세그려."

나는 마침내 그 꿈을 완전히 포기하기로 뜻을 정했다. H 형이 세상을 떠난 후, 반년이 되어서의 일이다. 그때 그러한 결심이 없었더라면 금년, 아니 2년 뒤의 가을쯤에는 여기에 또 한 쌍의 신혼부부가 나타나지 않았을까. 물론 신랑은 나였을 게고 신부는 K 양이 아닐까. 벌써 결혼할 나이가 되었냐고 물었을 때, 얼굴을 붉히던 K 양.

5월 ××일

석굴암은 언제 보아도 좋다. 오늘 아침엔 붉은 태양 빛이 그대로 석굴암 속으로 기어들어 석상의 오른편 얼굴과 어깨가 불그레한 파도의 옷을 입은 듯이 비치고 있었다. 아무도 없는 고요한 산속이라면 1,300년 동안의 얘기들을 줄줄이 들려줄 것도 같은데, 찾아드는 많은 손님들이 싫어서 아주 입을 봉해버린 것은 아닐까. 현대 문명의 산물인 카메라의 소음이 혐오스럽지나 않을지 모르겠다. 여행객들은 카메라의 노예가 되어버린 것만 같다. 그러나 나는 오늘 석굴암에서 부처님의 한마디 속삭임을 들었다.

"부드럽고 원만하고 강해져라."

저녁에 불국사를 떠나려다가 하루만 더 머물기로 했다. 그리고 다시는 오지 않기로 결심했다. 탑, 석상, 비석, 돌사자 모두가 천수

백 년 전 신라 정취의 예술을 그대로 보여주고 있다. 여기 신라의 정신과 문화가 오늘날의 우리나라를 만든 것은 아닐까 생각된다. 아니 이러한 예술품들을 남겼던 그때, 이미 모든 문화와 예술이 더 이상 발전할 수 없는 최고의 수준이지 않았을까.

잠들기 전 어쩐지 K 양에게 짧은 글이라도 전하고 싶어 몇 자 적었다.

경주, 불국사를 방문한 적이 있소? 여기에 숨겨진 옛날 얘기들, 오늘도 흐르고 있는 마음의 그림자들을 듣고 상상해본 일은 없었지요? 다음에 기회가 있거든 누구도 모르는 비밀의 얘기를 들려주지요.

사람은 비밀을 지키려고 한다. 그러나 그 비밀은 특별한 누군가에게만 얘기하고 싶어 감추어두는 것이 아닐까. 만일 아무에게도 말해서는 안 되는 비밀을 지닌 사람이 있다면 그는 저주받은 인간이 아닐까? 가장 사랑하는 사람이란 그 앞에서는 아무 비밀도 지킬 필요가 없는 사람이 아닐까? 신께는 비밀이 없다고 한다. 신은 가장 높은 사랑의 대상이기 때문이다. 오늘 나는 비밀 아닌 비밀을 K 양에게 얘기하고 싶은 심정에 이끌려간 모양이다. 어느 새 K 양은 내 마음의 벗이 되었다.

영원과 사랑의 대화

6월 ×일

내 육체는 누구보다도 한가로운 편이다. 그러나 내 정신은 누구 못지않게 바쁜 생활을 한다. 중대한 일 앞에서는 모든 시간의 속도가 바뀌는 법이다. 나는 오늘 상당히 긴 시간을 K 양과 더불어 가지게 되었다. 사람들이 북적대고 먼지가 떠오르는 거리에서 차를 타고 공원에 올라갔다. K 양과 둘이서만 가진 시간은 별로 없었다. 아카시아 꽃이 향기를 뿜는 산길을 돌아, 서울이 한눈에 내려다보이는 길을 걷고 있었다. 갑자기 K 양은 이런 제안을 했다.

"선생님, 불국사에서 지난번 보내주신 편지의 얘기를 들려주지 않으실래요?"

"그때는 왜 그런지 K 양이 옆에 있으면 모든 얘기를 해주고 싶었는데…."

"오늘은 마음이 달라지셨어요?"

"아니요, 그때는 나도 모르게 마음이 약해지면서 누군가에게 모든 얘기를 다 해버렸으면 했는데, 마침 K 양이 생각났던 것이에요. 사실은 할 얘기도 별로 없었는데."

"무엇인가 절 속이시려는 것 같아요. 제가 얘기를 듣기에는 아직 어리고, 퍽 낮은 자리에 앉아 소꿉장난을 하는 것 같은 모양이라고 느끼시는 거죠?"

"아니, 그런 건 아니고…."

나는 어떻게 말을 꺼내야 좋을지 몰랐다. 우리는 한참 더 걸었다.

아직 해는 지지 않았는데 동편 하늘에 빛을 받지 못한 달이 걸려 있었다.

"K 양, 저 달이 누구의 달인지 아세요?"

"달에게도 임자가 있나요?"

"물론 있지요."

"누군데요?"

"저 달의 주인은 무척 고독하고 쓸쓸한 사나이예요."

K 양은 어떤 말 대신 내 얼굴을 훔쳐보았다.

"누구의 달인 것 같아요?"

"그렇게 불행한 사람이 달의 주인이라면…. 달의 임자는 이태백이라 해두세요. 누구든지 가까운 분이 불행한 사람이길 바라진 않아요."

"그러면 내가 천천히 얘기를 하지요. 옛날에 한 소년이 있었지요. 아버지도 형도 동생도 누나도 없었지요. 친구도 가까운 친척들도 없고…. 얼마 뒤에는 홀어머니마저 세상을 떠나버렸어요. 이제 이 소년에게는 아무것도 남지 않은 셈이지요. 재산도 집도 장난감도…. 달이 밝은 어느 밤, 이 소년은 어머니의 무덤 옆에서 자꾸 울고 있었어요. 이제 나에게는 아무것도 없다고 울었지요. 오래 울다가 눈물을 닦은 뒤, 산을 내려오려고 일어섰더니 맑은 하늘에 둥근 달이 자신을 내려다보고 있지 않겠어요? 빙그레 웃는 것 같은 달을 한참 쳐다보던 소년은 '그래, 이 땅 위에 내가 가질 것이 아무것도 없지만, 저 달을 내가 가지면 되잖아'라고 말했어요. 달밖에는 아무

영원과 사랑의 대화

것도 안 가져도 좋다고…. 그 뒤 소년은 돈도 부모도 집도 친구도 사랑도 명예도 다 버렸습니다. 본래가 없었으니까요. 그 대신 저 달을 가지게 되었어요.”

“그러면 그 소년이 선생님이란 말씀이죠?”

“동화예요. 그런데 내가 동화 속의 주인공으로 언제 변했는지는 모르지요.”

“아이 선생님, 그런 생각은 버리세요. 달도 해도 별도 다 가지셔도 될 텐데… 하필이면 달만…. 동화는 동화대로 돌려보내고, 거리로 내려가요.”

나는 K 양과 같이 시내로 내려오면서 동화 줄거리를 이야기해주었다. 내 과거의 꿈들도 처음으로 얘기했다. K 양은 그런 얘기라면 다음에 듣고 싶다고 내 얘기를 중단시켰다.

“선생님, 저는 잘 모르지만 선생님을 존경하고 있는 친구들한테서 선생님의 얘기를 약간 들었어요. 그러나 오늘은 저를 기쁘게 해줄 얘기만 해주세요. 오늘은 제가 무척 기쁜 날이에요.”

나는 K 양의 아름다운 마음씨에 따르기로 했다. 또 모든 얘기를 다 할 필요도 없었다. H 형의 죽음과 그 뒤의 얘기는 마음속 창고에 깊이 묻어두었다. 벌써 거리에는 전등불들이 눈을 뜨기 시작했고, 하늘에도 별들이 하나둘 나타나고 있었다.

4월 ××일

하는 일 없이 피곤과 권태가 찾아든다. 육체적인 운동이나 노동을 병행해야 하는데 정신적 부담만 지나쳐 생활의 균형을 잃은 탓인지도 모른다. 약속받은 일을 하면서 3, 4명의 젊은 학생들이 필요했다. K 양도 한몫 도와주었으면 했는데, 거의 1년 동안이나 만날 기회조차 없다. 공부에 무척 열중하고 있는 모양이다.

우연히 길에서 E 양을 만났다. 내 일을 좀 도와줄 수 있겠느냐 물었을 때, 서슴지 않고 응낙해주었다. 고마운 일이다.

"선생님, K와 같이 가도 좋아요?"

E 양은 K 양과 친하게 지내고 있는 것 같았다. 그리고 2년 전의 일들을 뜻깊게 회상하는 것 같기도 했다. 나는 더욱 좋다고 말하고 헤어졌다. 모두 다섯 명쯤의 조수가 필요하나 나머지는 또 어떻게 되겠지.

G 신부를 만났다. 여러 가지 좋은 충언을 들려주었다. 왜 성직을 가지기로 결심하지 않는지 의아스러운 모양이다. 그러나 나는 직책이 계급이 되는 것을 원하지 않는다. 모든 사람들은 하늘 아래, 땅 위에 동일한 인간일 뿐이다. 평범하고 꾸밈도 허식도 없는 한 인간이다. 그러기에 그리스도는 목수로 일생을 보냈고, 석가는 황태자의 지위를 버린 것이 아닌가. 이제 또 하나의 계급을 만들 필요는 없는 것 같았다.

나는 그리스도의 인간다움을 누구보다도 좋아한다. 가난하게 산

그가 부자를 굴복시켰으며, 아무 지위도 없이 겸손만을 가르친 그가 제왕의 예배를 받고 있는 점을 어찌 모른 척할 수 있을까. 더욱이 그는 한평생 한 점의 수단도 없이 일생을 살아간 분이 아닌가. 그러한 인간이기에 우리는 그분을 신의 아들로 모시는 것이 아닐까!

어쨌든 G 신부는 좋은 분이다. 20년이나 동양에 계셨기 때문에 우리의 심정을 누구보다도 잘 이해해준다. 고마운 분이다. 그분은 민족, 국경, 계급을 초월한 그 무언가를 생활로써 보여주고 있다.

4월 ××일

아침에 약속된 원고를 서둘러 ××사로 보냈다. 약속대로 회의실에는 E 양, K 양, 그리고 몇 명이 모여 있었다. 모두 가족같이 반가운 인사를 나누었다.

"E 양이 활동성이 제일 많은 것 같아요. 언제나 거리에서 E 양을 만나게 되니까."

나는 E 양의 둥근 얼굴을 보면서 웃었다.

"어머나, 선생님을 뵐까 해서 돌아다닌 거예요. 그런데 거리로 나오기만 하면 선생님을 뵙게 되던데요."

"내가 졌습니다. 그만합시다. E 양에게는 누구도 못 당할 것 같군요."

모두들 웃었다. 남자처럼 적극적이며 기지가 있는 E 양은 누구도 당해낼 수가 없다. 재미있는 이야기가 진행되고 있는 동안 나는 우연히 K 양을 쳐다보게 되었다. 푸른색을 머금은 자줏빛 리본으로 머리를 묶은 모습이 눈에 띄었다. K 양의 성격으로서는 약간 화려한 옷차림이었는지도 모른다. 아까부터 아무 말도 않고 있었다. 나를 쳐다보는 눈매에 의미가 있는 것 같으면서도 몹시 날카로워 보였다.

그러나 그저 그렇게 느껴졌을 뿐이다. 모두들 자신의 의견을 제시하였으나 K 양은 여전히 말이 없었다. 나는 지난번 산보 때의 지나친 얘기가 K 양의 마음을 자극시켰나 싶었지만 더 생각하지 않기로 했다. 구체적인 내용과 다음번 일들이 결정되었기 때문에, 몇 명의 대표를 선출할 수가 있었다. 대표로 E 양과 또 다른 청년이 선출되었다.

회의실 문을 나섰다. 벌써 늦은 오후였다. 도회지의 오후는 복잡하면서도 어디론가 떠나기 섭섭한 느낌을 준다. 나는 종로 거리를 평생 잊을 수 없다던 대학 친구가 생각나 속으로 웃었다. 왜 그런지 집으로 그대로 돌아가고 싶지 않았다. 나는 이 젊은이들을 권하여 가까운 제과점에서 반 시간쯤 더 대화를 나누었다. 서쪽 하늘이 약간 붉은빛을 띠기 시작할 때, 우리는 제과점을 나왔다. 모두들 만족한 시간을 보낸 것을 감사하면서 헤어졌다.

"E 양과 K 양은 동행해야겠군요."

둘이서 무엇인가 얘기하는 것이 눈에 띄었기 때문에 가벼운 작별 인사를 남기고 먼저 갈 계획이었다.

영원과 사랑의 대화

"선생님은 어느 쪽으로 가시지요?"

K 양의 물음이다.

"동대문 쪽으로 갈까 하는데….."

"그러면 우선 저희들도 그리로 가야겠어요."

둘이 옆으로 다가왔다. 우리 셋은 5분 정도 같은 길을 걸으면서 몇 가지 짧은 대화를 했다. 한참 뒤 E 양이 먼저 발걸음을 멈추었다.

"그러면 다시 만나기로 하고, 저 먼저 실례할게요."

"그래, 그럼 내가 곧 다시 찾아갈게."

K 양의 수락하는 태도였다. E 양은 쾌활하게 웃으면서 오른손까지 들어 보였다. 그러곤 밀려드는 사람들 틈에 섞여 보이지 않게 되었다.

"선생님 어디까지 가세요?"

"글쎄, 서점에나 한두 곳 들러 집으로 갈까 하는데."

"아직도 그렇게 바쁘세요?"

"K 양이 언제 나를 보았다고 그렇게 바쁘냐고 인사를 할까? 1년 간이나 못 만났는데."

"꼭 만나보아야 아는가요. 그것쯤은 다 알고 있어요."

"놀라우신 관찰력이군. 조심하지 않았다간 큰일 나겠는데."

"처음 선생님을 대했을 때, 아주 무뚝뚝하고 말씀이 없는 분이신 줄 알았어요. 그런데 차차 유머러스하고 재미있는 말씀과 감정을 가지신 분이라는 생각이 들었어요. 약간 자신도 생기신 것 같고…. 바쁘지 않으시면 오늘은 좀 걸었으면 좋겠어요. 여러 가지 얘기도 듣고 싶고요."

"그러기로 하지요. 벌써 저녁때가 되어가는데 시장하지 않을까?"

"저는 괜찮아요. 선생님께선 시장하실 테니깐 식사하세요. 저는 옆에서 구경할게요. 무슨 음식 좋아하세요?"

"글쎄, 가다가 처음 보이는 음식점에 가기로 합시다. 옷과 식사는 평민적일수록 좋으니까."

우리는 가까운 음식점 이층에 자리를 잡았다. 저편 구석에 서너 명의 손님이 있을 뿐, 퍽 넓으면서도 조용한 방이었다. K 양은 음식에는 별로 손대지 않았다. 그러나 점심이 변변치 않았던 나는 시장함을 흠뻑 풀 수가 있었다. 약 반 시간 뒤에, 거리로 나왔을 때는 이미 가로등이 켜진 밤거리로 바뀌어 있었다.

"어디로 걸을까? 나는 저쪽 편을 택하는 것이 편한데 K 양의 집은 어느 쪽이지요?"

"어느 쪽이든 괜찮아요. 그러면 그리로 걸어요. 선생님과 같이 걷는 것이 오늘의 목적이었어요."

K 양은 무엇인가 계획적인 것 같으면서도 내가 하는 일에 그대로 따를 것 같기도 했다. 한참 걷는 동안 사람들의 그림자가 줄어들고 넓으면서도 한산한 거리에 이르렀다. 자동차들이 속력을 내고 달릴 뿐이다. 어쩐지 무더운 여름 같은 느낌이었다.

"비라도 쏟아졌으면 좋겠어요."

"그러면 산보도 엉망이 되고, 옷도 젖지 않을까?"

"그것 좋지요. 언제나 같은 날이 반복되면 싫증나지 않아요?"

영원과 사랑의 대화

"K 양에게도 그런 파도치는 마음이 있었던가. 아주 뜻밖인데."

"안 그랬어요. 참말로 그러한 기분은 전혀 없었는데, 요사이는 이따금 그런 기분이 되어 무척 고민이에요. 그러나 곧 안정될 것 같아요."

"무슨 마음의 근심이라도?"

"차차 알려드리겠어요."

"아직은 모르고 있기로 해야겠군."

얼마 동안 우리는 말없이 걸었다. 어디선가 빗방울이 떨어지는 것 같았다. 나는 지금껏 무관심했던 K 양의 가정에 대한 얘기를 듣고 싶었다. 혹시나 K 양의 심적 동요가 가정적인 어떤 문제에서 오는 것인가 싶기도 했다. 오랫동안 K 양을 나의 번민을 씻어주는 동생처럼 생각해왔었다. 같이 거리를 걷고 있는 지금 K 양에게서 그런 생각이 더 절박해졌다.

"선생님, 잠깐만 여기 서 계세요."

K 양은 이렇게 말하면서 어디론가 갔다. 그러곤 값싼 우산 한 개를 사 들고 웃는 낯으로 가볍게 뛰어온다.

"필경 비가 오겠군. 영리하신 K 양이 우산을 사는 걸 보니까."

"비가 올 것이라고 믿으세요?"

"안 왔으면 좋겠지만, 올 것 같은데…."

"왔으면 좋겠어요. 아니, 꼭 올 거예요."

"옷이 젖기를 비는군."

"아니에요. 보세요. 비가 오지요."

K 양은 재빨리 우산을 폈다. 그리고 옆으로 다가왔다. 우리는 남매처럼, 가까운 애인처럼 거리를 걸었다. 나는 K 양의 팔이 아플까 싶어 우산을 대신 잡기로 했다. K 양은 우산을 나에게 넘겨준 뒤 몸을 돌이켜 내 왼편으로 다가섰다. 얼마 안 가서 내 왼팔을 붙들고 걷기 시작했다.

나는 오랫동안 느끼지 못했던 깊은 정의 만족을 느꼈다. '어머니가 계셨더라면, 누님이라도 있었더라면, 여동생이라도 있었더라면' 싶은 생각이 떠올랐다. 지금의 K 양은 나의 모든 것인 것 같았다. 과거와 장래의 유일한 손재인 것 같기도 했다. 얼마 동안을 걸었다. K 양은 아무 말도 안 했다. 네거리가 가까워지고 버스들의 소음이 들려왔다.

"저기서 버스를 타고 돌아가기로 할까?"

"네."

K 양의 대답은 너무나 간단했다.

"선생님, 저 어젯밤 꿈에 선생님과 같이 비를 맞으며 걷는 꿈을 꾸었어요. 그래서 비가 올 줄 알았어요."

"점점 K 양의 선견지명에 놀라게 되는데."

"선생님!"

"왜요?"

"저 선생님이 무척 좋아요. 4년 전에도 그랬나 봐요. 그래서 소풍 갔던 날도 달려와 선생님 말씀을 듣고야 만족했어요."

"고맙군. 나도 K 양이 퍽 좋은 편인데…."

K 양은 팔을 놓고 먼저 버스가 있는 곳으로 갔다. 버스 안은 약간 좁았다. K 양은 줄곧 내 옆을 떠나지 않았다. 나는 어쩐지 K 양이 아무도 없는 고아가 아닐까 느껴졌다. 땅 위에 홀로 있는 고아인 양, 내 그늘 밑에 서 있는 것 같았기 때문이다. 얼마 뒤, 나는 버스에서 먼저 내렸다. 집에 다 왔기 때문이다. K 양은 밖에 서 있는 나에게 오른손을 들어 약간 흔들어 보였다. 버스는 곧 떠나버렸다. 엄마를 보내는 어린애 손 같기도 했고, 그리운 사람에게 안녕을 비는 모습 같기도 했다.

5월 ×일

여러 가지 일들을 서둘렀다. K 양과 약속한 시간이 가까워졌기 때문이다. 지난번, 비 오는 밤의 산보가 있은 뒤부터 나는 줄곧 K 양을 생각하고 있었다. 어떻게 생각하면 K 양은 나를 친오빠나 존경하는 스승과 같이 대하는 것 같기도 했고, 또 어떻게 생각해보면 애정과 그리움의 대상으로 생각하고 있는 것 같기도 했다.

그러나 보다 중요한 것은 나 자신의 문제가 아닐까? 나는 지성에 있어서는 고집스러울 정도로 강하지만 정에 대해서는 누구보다도 약한 것을 잘 알고 있다. 지금 나의 심정이 그대로 K 양에게 향하게 된다면, 그리고 아무런 제약을 가하지 않는다면 그 결과는 어떻게 될 것인가? 나도 알 수 없는 일이다. 물론 나 자신은 세운 바 뜻이 있어 애정이나 결혼에 전적으로 정신과 시간을 기울이지 않기로 했다. 그러나 그렇다고 결혼을 아주 단념해버린 것도 아니다. 오직 그런 방향으로 생활을 이끌어왔을 뿐이다.

나는 그 뜻이 무너지지 않기를 원한다. 그러나 나는 나의 감정이나 뜻을 무리하게 억제하지도 않는다. 사람의 모든 문제는 인격이 조화된 상태에서 자연스럽게 해결되어야 한다고 믿고 있다. 우리의 생활이란 흐르는 강물과 같은 것이다. 위로 밀어 올릴 수는 없다. 그렇다고 흐르는 냇물의 한 부분을 아직 도달하지도 못한 어떤 장소로 이끌어길 필요도 없다고 생각한다.

이러한 생각을 지니고 있었던 나는 K 양에 대해서도 하나의 신념을 가지게 되었다. 우리 사이, 둘 사이의 애정이 어떤 것이라도 좋다. 또 과거를 물을 필요도 없다. 모든 애정은 자연적인 것에서부터 높고 귀한 사랑으로 순화되어야 한다. 그 순화된 결과를 지금은 묻지 않아도 된다. '사랑의 순화', 그것은 우리들의 정신적 의무일 테니까.

이런저런 생각 끝에 나는 현재 내 마음의 비중이 진리와 영원에 대한 신념에 더 많이 있다고 생각했다. 때문에 아무런 어려움 없이 K 양을 만났다. K 양은 과거 어느 때보다도 아름다웠고 나와의 간격을 전혀 느끼지 않는 모양이었다.

"약속보다 늦었지요?"

"한 3분쯤 늦었지만 날씨가 나쁘고 댁이 먼 곳이니까 괜찮아요."

"많이 바쁠 것 같은데….'

"바쁘긴요, 제가 선생님의 귀한 시간을 낭비시키는 편이지요."

한두 개 과자를 나누고, 차를 마시는 동안 K 양은 아무 얘기도 없었다. 나는 K 양을 보고 있는 것이 즐거웠다. 사람이란 그리워지면 더욱 아름답게 보이고, 사랑하게 되면 모든 것이 귀하게 느껴지는 것 같다.

"선생님, 여기까지 오셨는데 저희 집에 잠깐 들르실래요?"

"글쎄, K 양이 원한다면 그러고 싶군요. 또 K 양이 쓰고 있는 방을 한번 보고도 싶고…."

"그러면 같이 가세요."

우리는 거기서 5분 정도 거리에 있는 K 양의 집을 향해 발걸음을 옮기고 있었다.

"어디쯤이 우리 집인지 아시겠어요? 아마 못 맞히실 거예요."

"글쎄, 내 생각에는 아주 좋고 훌륭한 양옥일 것 같은데…."

"아이, 그럼 어쩌나. 어떻게 그렇게 생각하셨어요?"

"나는 언제나 가난하고 집이 없으니까 K 양의 집은 내가 상상할 수 있는 가장 아담한 집일 것이라고 생각했지요. 지금도 나는 공관의 한 방을 쓰고 있지 않아요?"

"다른 모든 것은 다 잘 아시지만, 그것만은 틀렸어요. 우리 동네에서 제일 허술한, 대문간도 무너져가는 집이에요. 그래도 저의 집이니까 선생님을 모시고 싶었을 뿐이에요."

"그래요? 그러면 더욱 좋지요. 나는 본래 너무 훌륭한 집에 들어서게 되면 어딘지 주눅이 들어 좋아하질 않습니다. 방도 너무 깨끗이 치워져 있으면 어딘지 불안하고…. 다른 사람들도 마찬가지겠지만….”

“그러면 우리 집은 선생님을 모시기에 꼭 알맞아요. 저 집이에요. 전쟁이 심할 때 피난 왔던 그대로예요. 선생님 잠깐만 기다리세요.”

이 말을 남기고 K 양은 발걸음도 가볍게 대문을 열고 집으로 들어섰다. 안에서 몇 마디 주고받는 얘기가 들려왔다. K 양은 가족들과 함께 밖으로 나와 나를 안내했다. 모두들 K 양에게서 내 얘기를 듣고 있었던 것 같았다. K 양의 모친이 나를 반갑게 맞았다.

“우리 K가 어쩌면 오늘은 선생님을 모시고 올지도 모른다고 나갔는데, 이렇게 귀하신 선생님이 오셨군요. 벌써 4년 전부터 K가 선생님 말씀을 하고 있어서 한번 뵙고 인사라도 올리고 싶었는데….”

나는 뜻밖에 이 집의 귀빈이 된 셈이었다. K 양 자신도 나를 집으로 이끌어 올 계획은 아니었던 모양이다. 그러나 나를 자기 집으로 데려가고 싶은 심정은 충분히 이해할 수가 있었다.

K 양의 방에 들어가 앉았다. K 양은 마치 큰 소원을 풀기라도 한 모양으로, 새삼스레 무릎을 꿇고 앉으며 웃었다. 땅 위에 가장 귀중한 보물을 가슴 벅차게 소유한 느낌이었다.

“선생님, 이렇게 누추한 집, 좁은 방에까지 오시라고 해서 정말 죄송합니다.”

“내가 그런 사과를 받으려고 왔어요?”

“그저 모시고 싶어서 오시라고 했는데 좀 부끄러워요.”

“자, 그런 얘기는 끝내기로 합시다.”

영원과 사랑의 대화

우리는 차와 과자를 나누며 여러 가지 얘기를 나눴다. K 양은 색다른 과자를 한 개씩은 먹어야 한다며 권했다. 건강을 위해서는 삼가야 했지만 K 양의 정성을 물리칠 수는 없었다.

"선생님, 이쪽으로 오시면 밖이 비교적 멀리까지 보여요."

우리는 일어서서 그리 크지 않은 창문으로 지붕을 넘어 멀리 앞산까지 바라보았다. 나는 아무 말도 없는 K 양을 보았다. K 양도 말없이 나를 보고 있을 뿐이었다. 우리의 팔은 거의 맞닿을 정도였고, K 양의 빛나는 눈, 건강해 보이는 뺨, 미소를 머금은 입술은 바로 내 앞에 있었다. 우리는 얼굴을 밖으로 향했다. 그리고 몇 마디 얘기를 계속했으나, 둘의 생각은 제각기 달랐을지도 모른다. 나는 마음속으로 경계해야겠다고 타일렀다. K 양을 경계하자는 것이 아니었다. 그는 누구보다도 아름다우며 그 어떤 사람보다도 사랑하고 싶은 여성이었다. 그러나 경계해야 할 주인공은 바로 나 자신이었다. 내가 어떤 여성을 사랑하게 되리라고는 믿지 않았다. 아니, 오래전에는 믿고 원하고 있었다. 그러나 벗 H의 죽음 후 신앙심은 나로 하여금 물질과 명예, 그리고 이성에 대한 애정을 쉽게 단념시켜줄 것으로 생각해왔던 것이다.

그러던 내가 지금은 확실히 K 양을 그리워하고 있지 않은가. 그리워한다는 사실 자체가 벌써 사랑을 전제로 한 것이 아니고 무엇인가! 사랑이 나쁘다는 것도 아니며, K 양을 사랑하는 내가 어떤 죄를 범하고 있다는 것도 아니다. 아름다움은 사랑받아야 하며, K 양은 내 사랑의 목적이 될 수 있을 만큼 아름답다. 그러나 나의 뜻, 기대하는 바가 K 양 앞에서 이렇게 가볍게 무너진다는 것은 있을 수 없는 일 같았다.

"K 양! 우리 앉아서 재미있는 얘기나 합시다. 옛날 동화라도!"

나는 K 양의 손을 붙들고 명랑하게 웃었다. K 양은 약간 의아하다는 표정을 지었다.

"지난번 같은 동화는 싫어요. 다른 얘기라면 듣지만."

약간 불만 섞인 표정이었다. 나는 내 학생 때 얘기를 해주었다. K 양은 웃으면서 듣고 있었다. 고학에 시달려 울고 싶었던 얘기를 할 때 K 양은 머리를 숙이고 있었다. 아마 보이지는 않았으나 K 양은 웃음 속에 눈물을 느꼈던 모양이다. 나는 나 자신을 옹호하고 약해지는 스스로의 심정에 방어선을 쳐야겠다고 생각했다. 그 수단은 하나밖에 없다. 지극히 비겁한 짓이지만 H와의 얘기를 꺼내야 하는 것이다. 그의 죽음, 그로 인해 나의 장래를 결심하게 된 방향으로 얘기를 돌리고 싶었다.

그러나 얘기는 중단되고 말았다. K 양의 어머니가 방에 들어와 대화에 동참했기 때문이다.

"일어서야겠는데…. 나를 만나야 하는 목적이 무엇이지?"

"오늘은 목적 이외의 목적을 얻은 셈이에요. 그것은 보류했다가 다음에 실천하겠어요."

K 양은 만족스레 웃었다. 버스 정류장까지 바래다주기 위해 나온 K 양은 과거 어느 때보다 기쁨에 넘쳐 있었다.

"안녕히 가십시오."

내가 버스에 오르려 할 때 K 양은 허리를 굽히며 인사를 했다. 그러고는 들릴 듯 말 듯하게 한마디 덧붙였다.

"그대로 들어가겠어요."

어딘지 모르게 그래야 한다는 눈치 같기도 했다.

5월 ××일

참으로 뜻밖의 일이었다. K 양이 입원했다는 것은….

나는 H의 과거 때문에 슬픈 예감이 들었다. 어려운 병이야 아니겠지 생각하며 오후에 시간을 내 병원으로 달려갔다. 열흘 전, K 양의 집에서 만난 뒤에 지금껏 보지 못했기 때문에 무슨 일일까 염려도 되었다.

한적한 곳에 있는 아담한 개인 병원은 K 양이 머물기에 알맞은 곳이라는 느낌이 들었다. 안내 데스크에서 병실을 알았고, 간호사의 인도로 방에 들어섰다. K 양은 잠들어 있었다. 어머니가 깨우려 했으나, 그러지 않기를 권했다. 머리카락이 이마에 몇 가닥 흩어져 있는 얼굴에는 깊은 피곤이 감돌고 있었다.

어머니의 말에 의하면, 며칠 전 저녁부터 배에 고통을 느끼기 시작하더니 다음 날 아침에 입원했을 때는 이미 수술을 해야 할 정도로 병세가 악화되었다는 것이다. 수술 경과는 무척 좋은 편이나 아직 열흘쯤 더 병원에 있어야 한다는 것이다. 10여 분 동안 얘기를 주고받았으나 K 양은 여전히 잠들어 있었다.

"어떻게 점심은 잡수셨어요?"

그제야 나는 K 양 어머니의 피곤과 어려움을 미루어볼 수 있었다.

"아직 점심은 못 먹었지만 별로 시장하지 않습니다."

"그러세요? 그래도 잠깐 나가서서 잡숫고 오시지요. 제가 여기 있
겠습니다. 바람도 좀 쏘이고 기분을 바꾸어보십시오."

"미안해서 어떡하나…."

"괜찮습니다. K 양의 친구에게 듣고 왔는데 경과가 좋다니 마음
이 편해졌습니다."

"한 이틀 동안은 의사 선생님도 어렵지 않을까 하더니 이제는 안
심해도 된다고 합니다."

"어서 피곤을 좀 풀고 오시지요. 여기서 주무시기를 원하신다면
제가 자리를 비켜드리고…. 어느 편이든지 좋도록 하십시오."

"그러면 죄송하지만 제가 집에 잠깐 다녀왔으면 하는데, 곧 어린
애를 보내겠습니다."

K 양의 모친은 일어서면서 여러 번 미안하다는 말과 감사의 뜻을
전했다. 나는 좁은 병실에서 K 양을 지켜보고 있었다. 두세 마리 파
리를 쫓고 있는 일도 K 양에게 큰 도움이 되는 것 같았다.

약 반 시간 정도 지나자 K 양이 눈을 떴다. 처음에는 아무 생각도
없었던 모양이다. 옆에 앉아 있는 나를 보고 깜짝 놀랐다. 잠깐 일어
나려는 듯이 머리를 들었다. 나는 손으로 K 양의 머리를 짚어주었
다. 일어날 필요도 없고, 일어나면 안 되겠기 때문이었다. K 양은 어

머니를 찾는 눈치였다. 나는 어머니께서 잠깐 집으로 가셨다고 말해주었다.

"어떻게 아셨어요?"

"E 양에게서 들었지요."

"그애는 참 잘도 돌아다녀…. 병원에 들어올 때까지 선생님께 어떻게 해야 하나 생각했지만, 막상 수술한 후에 피곤과 고통 때문에 아무 생각도 못했어요. 그런데 어젯밤부터 자꾸 선생님 생각이 들잖아요. 오늘 아침에는 전화라도 걸고 싶었어요."

이렇게 말하는 K 양의 눈에는 맑은 이슬이 서려 있었다. 나는 애처로운 K 양의 모습을 그대로 볼 수가 없었다. K 양 이마의 머리카락을 쓸어 올리고 가만히 눈을 감겨주었다.

"피곤할 테니까 좀 더 자는 편이 좋을 것 같네요."

K 양의 두 눈에서는 맑은 눈물방울이 굴러 떨어졌다. K 양은 오른손으로 내 손을 잡아 이불 밑으로 넣었다. 따뜻하기는 하나 힘이 없었다. 내가 어렸을 때, 어머니께서 아파 누워 있는 나에게 하셨듯이 K 양의 싸늘한 이마에 가볍게 내 입술을 대었다.

"모든 고통을 꼭 참고 속히 나아야지…"라고 속삭여주었다.

K 양은 눈을 감았다. 다시 눈물이 맺혔다. 나는 수건으로 눈물을 닦아주었다. 눈물을 흘리고 난 K 양의 두 눈은 샛별같이 빛나고 있었다.

"머리도 빗지 못하고 얼굴도 못 씻었는데 선생님께서 오셔서…."

"그런 이야긴 무엇 때문에 할까?"

"선생님만 옆에 계신다면 전 오래 누워 있어도 좋겠어요. 전 선생님이 참 좋아요. 얼마나 생각하고 있었는지 몰라요."

웃지는 않았지만 행복으로 인해 환히 빛나는 표정이었다.

"K 양, 너무 흥분하지 마요. 내가 이렇게 옆에 있지 않아?"

나는 한 번 더 내 오른편 뺨을 K 양의 이마와 뺨에 대주었다. K 양의 피부에 온기가 없었다.

"K 양이 다시 아무 생각 없이 잠들지 않으면 나는 가야 할까 봐. 의사나 어머니에게 책망을 받을 테니까…."

"선생님 괜찮아요. 이제는 회복만 되면 그뿐인데…. 그래도 선생님 하라는 대로 할게요."

K 양은 생긋 웃어 보이고는 눈을 감았다. 두세 번, 지켜보고 있는 나에게 미소를 지었으나 곧 잠들어버렸다. 역시 피곤했던 모양이다. 얼마 뒤 가족에게 K 양을 맡기고 잠이 깨기 전에 병실을 나왔다. 세상의 무게 있는 모든 것들이 내 위에 지워지는 것 같은 느낌이었다. K 양의 맑고 순진한 사랑을 받고 있다는 사실이 하늘보다 무거운 짐이라는 것을 지금까지 깨닫지 못했었다.

밤새도록 잠자리가 불편했다. 고통스러워하는 K 양의 모습, K 양에 대한 그리움과 사랑의 짐에서 오는 정신적 중압. 다른 생각은 못 하고 하루를 보냈다.

영원과 사랑의 대화

5월 ××일

어쩐지 오늘은 K 양이 일어나 앉았을 것만 같은 생각이 들었다. 여전히 부드럽고 맑은 평상시 모습의 K 양이 나를 반겨줄 듯싶었다. 이틀밖에 지나지 않았으나 퍽 오랜 시일이 흐른 것 같았다.

나는 거리에서 작은 화분 하나를 준비해 가지고 병원으로 찾아갔다. 아까부터 내릴 듯 말 듯하던 가벼운 빗방울이 이슬인 양 이마와 손등에 부드럽게 뿌려졌다. 병실에는 아무도 없었다. 저녁때 가족들이 오기로 하고 집으로 돌아갔다는 것이다.

"좀 더 좋아졌지?"

"네, 근심해주신 덕택으로…. 그러나 아직 일어나 앉지는 못해요."

"물론 그렇겠지. 의사는 뭐라고 그래요?"

"경과가 빠르다는 거예요. 사나흘 지나면 일어나 앉아도 된대요."

"그때는 다시 걸음마를 배워야겠군."

"선생님께서 좀 가르쳐주세요."

"물론 가르쳐줄 수는 있지만 유치원을 다시 다니게 되면 야단이지."

"설마…."

얘기하는데 간호사가 맡겨두었던 화분을 들고 들어왔다.

"어머나! 웬 화분일까?"

K 양은 반색을 하며 좋아했다.

"S 선생님께서 가지고 오셨어요."

"그런데 왜 아무 말씀도 안 하셨어요?"

"가지고 들어오다가 P 양을 만나 맡기고 들어왔어요."

간호사는 화분을 남쪽 창가에 놓았다.

"오랫동안 피는 꽃이지요?"

P 양은 꽃에 대한 관심이 많지 않은 모양이었다. 간호사가 나간 뒤 나에게 묻는다.

"어떻게 P 양을 아세요?"

"나는 기억이 없는데 먼저 인사를 하더군요. 간호학교 다니고 있을 때부터 알고 있었다고요. 아주 착실한 여성인 것 같아요."

"네, 저에게도 많은 도움을 주었어요."

"이렇게 마음대로 얘기하면 피곤하지 않을까? 지난번에도 내가 다녀간 것이 공연한 흥분이 되지 않았는지 근심이었는데."

"이제는 아무렇지도 않아요. 선생님이 다녀가시면 분명 더 빨리 나을 거예요."

"글쎄…."

나는 K 양의 침대 옆 의자에 앉았다. K 양은 이불 밑에서 약간 여위어 보이는 손을 꺼내 내 앞으로 내밀었다. 나는 조심스레 K 양의 손 위에 오른손을 얹으며 가볍게, 그러나 깊은 정성으로 쥐어주었다. 또 다른 손도 합하여 K 양의 손을 폭 싸안았다.

"고생이 많군요. 다시는 앓지 마요."

위로의 말을 남기면서 K 양의 얼굴을 내려다보았다. 얼굴이 맑게

개어 있었고 두 뺨은 가벼운 홍조를 띠고 있었다. 두 눈이 그저 내 얼굴만을 응시하고 있을 뿐이다. 나도 한참 동안 K 양의 눈만을 들여다보았다.

"그렇게 자세히 보면 내가 부끄러워지지 않나?"

그래도 K 양의 두 눈은 나에게서 거둬지지 않았다.

"자, 이제는 손도 놓고 눈도 감고 잠들기로 하지."

나는 손을 떼려 했다. 그러나 K 양은 황급히 내 두 손을 그대로 붙잡았다. 좀 더 그대로 있어주기를 바라는 태도였다. 하는 수 없었다.

"그러면 되나! 착한 애기가….."

그러면서 나의 입술을 지난번처럼 K 양의 이마로 가져갔다. 그제야 K 양은 눈을 감았다.

"자, 이제는 얌전히 잠들기로 하지!"

K 양은 손을 빼서 이불 속으로 가져갔다. 그리고 두 눈을 감았다. 다시 잠깐 눈을 떴을 때는 맑은 두 눈에 이슬이 맺혀 있었다.

"그렇게 감상적이어서는 안 돼요. 속히 안정하고 나아야지."

"선생님 한 번 더 잠들게 해주세요."

K 양은 살며시 눈을 감았다. 병중이어서 센티해진 것인가 싶었다. 내가 K 양의 뺨으로 얼굴을 가져갔으나, 거기에는 K 양의 뺨이 기다리고 있지 않았다. 의외라고 느껴졌을 정도로 싸늘한 K 양의 입술이었다. 나는 잠시 동안 그대로 K 양의 입술 위에 내 입술을 얹고 있었다. K 양의 입술에 온기가 회복되어야 한다고 순간적으로 느껴졌기 때문이다. 그러나 K 양의 입술은 좀처럼 따뜻해지지 않았

다. 내가 허리를 일으켰을 때, K 양은 눈을 감고 있었다. K 양의 입술은 윤기 없이 가볍게 떨렸다.

"왜 그럴까, 힘들어?"

"아니에요. 아무렇지도 않아요. 너무 뜻밖에 행복한 순간이 찾아왔어요. 제가 하고 있는 일을 저도 모르겠어요. 너무 큰 행복과 두려움이 한꺼번에 찾아온 것 같아요."

"아무 생각 말고 잠을 자야지!"

K 양은 눈을 감았다. 진정 잠을 청하는 모양이었다. 나는 잠이 들기를 기다렸고 또 짐이 들었을 것이라 생각했다.

"선생님 비가 오는 것 같아요."

"아주 아무도 모르게 가랑비가 내리는 모양이군!"

"선생님은 저런 비를 좋아하시죠? 열흘 동안 계속된다 해도 괜찮으시지요?"

"열흘까진 너무 길지 않을까?"

"아까 그 화분 좀 보여주세요."

"이제는 잠을 자야지."

"보고 곧 자겠어요."

K 양은 화분에 눈길을 보냈다.

"제 얼굴 가까이 주셔야지요!"

K 양은 향기를 맡고 입술을 가볍게 비벼보고는 다시 자리에 누웠다.

"제가 자는 동안 쉬세요!"

이런 말을 남기고 잠을 청했다. 이제는 모든 긴장이 풀린 듯 입술에도 붉고 따뜻한 체온이 스며드는 것 같았다.

나는 밖으로 나왔다. 간호사의 안내로 비가 뿌리는 발코니 앞방으로 올라왔다. 실비가 내리는 하늘 높은 곳을 바라보면서 설레는 생각을 바로잡았다. K 양은 확실히 나를 사랑하고 있다. 아니, 사랑한다기보다 나를 무척 좋아하고 있다. 좋아한다는 말은 사랑한다는 말보다도 몇 배나 자연스럽고 순진한 표현이다. 이유도 조건도 없이 그저 좋아지는 것을 어찌하랴.

그러나 지금의 나도 마찬가지 심정이다. 지금은 K 양이 병중이다. 그래서 K 양을 동생같이, 나를 사모하고 있는 한 학생같이 대해줄 수가 있다. 그러나 K 양의 건강이 회복된 뒤에 K 양을 지금과 같은 기분으로 대할 수 없을 것이다.

아니, 나는 이미 K 양을 가장 아름답고 그리운 여자라고 생각하지 않았던가. H 형의 일 뒤에, 내 마음의 약속만 없었더라면 내가 자진해서 K 양에게 기다려주기를 바라고, 일생의 반려자가 되어주기를 청하지나 않았을까. 또한 K 양은 나를 사랑하는 오직 한 명의 여자가 아닌가!

그러나 지금은 모든 생각에서 벗어나자. K 양이 자신을 잃고 있는 것같이, 나는 나 자신을 잃고 있지 않는가. 모든 문제는 고요하고 평온한 감정과 이성의 위치에서 다시 생각해야만 한다.

비는 꾸준히 오고 있다. 오후가 상당히 짙어가는 모양이다. 벌써 시계는 다섯 시를 가리키고 있다. 나는 아래층 병실로 내려왔다. 가볍게 노크를 하면서 문을 열었다. K 양의 가족이 와 있을 것 같았다. 그러나 K 양만이 눈을 뜨고 들어오는 나를 마음으로 영접하고 있었다. 나는 K 양의 옆자리에 앉았다.

"어디 가 계셨어요?"

"위층 발코니에서 비 구경을 했어."

"혼자서요?"

"그럼, 누가 있나?"

"나는 P 양과 같이 계신 줄 알았어요."

"자지는 않고?"

"잤어요. 그런데 깨 보니까 안 계시잖아요. 그래서 심심하니까 나가셨나 했지요."

"내가 자리를 비켜야 잘 잘 것 같아서 오래 참고 기다렸지."

문이 열리면서 P 양이 들어왔다.

"아이, 선생님도 내려오셨네! 저어 집에서 전화가 왔는데 한 30분쯤 더 늦으실 것 같다며 괜찮으시냐고 물으셨어요. 그래 아무렇지도 않다고 말씀 전하고 전화를 끊었어요."

"고맙습니다. 여러 가지로 미안합니다."

K 양은 진정으로 감사의 뜻을 표하고 있었다.

"그러면 나는 어떻게 하나, 30분을 더 기다려야 해요?"

"바쁜 일이 있으세요?"

"아니, 그렇진 않지만…."

"그러면 20분만 더 앉아 계시다가 가세요. 그저 빗소리도 같이 듣

영원과 사랑의 대화

고 고요한 하늘도 함께 보고 있으면 만족해요."

"그럼 20분만 더 K 양의 노예가 되기로 하지."

"고맙습니다."

우리는 말없이 시간을 보냈다. K 양은 어머니 옆에 누운 아이처럼 만족스런 표정이었다. 환자라기보다는 어린애 같았다.

"아직 몇 분 더 남았지요?"

"이젠 2분 남았는데…. 그럼 나는 일어서기로 하지."

"내일 또 오시겠어요?"

"글쎄, 내일은 쉬고 모레 이맘때 들르기로 하지."

"내일은 바쁘세요?"

"바빠서가 아니라, 하루쯤 결근해도 좋을 텐데…."

"예, 좋아요."

K 양은 이불 밖으로 손을 내밀었다. 열이 있는 듯 따듯한 손이었다. 나는 K 양의 발그레한 뺨에 가볍게 입술을 가져갔다. 그러나 어느 샌가 K 양의 뜨거운 입술이 부딪쳐왔다. 내가 자리에 바로 앉았을 때, 그의 얼굴은 빛나고 있었다. 닫힌 입술도 붉고 윤기가 넘쳐흘렀다.

나는 말없이 일어섰다. 불안과 공포가 마음 한가운데서 파도쳤다. K 양을 여자로서 처음 느꼈기 때문이다. 이성으로서의 K 양을 내 육체의 한 부분이 깨닫게 되었기 때문이다. 감정의 수문이 열리고 만 것일까? 감정의 둑은 한 번 무너지면 다시 쌓지 못하는 것일까?

"그럼 다시…."

거의 들리지 않을 인사말을 남겼다. K 양은 문을 열고 나서려는 나에게 오른손을 머리에까지 끌어올리고 가벼이 손가락을 꼬불거려 보였다. 여유와 자신감, 그리고 행복에 찬 태도였다. 부슬비를 맞으면서 '나는 K 양을 끝까지 저렇게 행복스럽게 해줄 수 있는가? 나의 다가올 날들의 발걸음이 두 갈래로 나누어지는 것이 아닌가?' 생각했으나 도저히 결론을 얻을 수가 없었다.

5월 ××일

오후에 K 양 병실을 방문하려고 한 날이었다. 급사애가 전보 한 장을 들고 들어왔다. 대구에서 온 전보였다. 속히 대구로 내려와달라는, H 형 동생인 경원이 친 전보였다. 나는 어떻게 하면 좋을지 몰랐다. 대구로 내려가는 기차를 탈 수도 있으나, 약속대로 K 양을 방문한 뒤, 저녁이나 밤차로 떠나도 괜찮을 것 같았다.

세수를 하면서 잠시 생각한 결과 아침 차로 떠나기로 했다. 두 가지 생각이 떠올랐기 때문이다. H 형의 부친과 가족에게 조금이라도 섭섭함을 주고 싶지 않았고, K 양과의 관계를 떨어진 환경에서 정리해보자는 생각 때문이었다.

오늘쯤 내가 K 양에게로 간다면 K 양은 보다 좋은 건강 상태로, 보다 천진하고도 적극적인 애정의 마음씨를 보일 것이다. 나 자신의 결정이 그러한 K 양을 대한다는 것은 고통스러운 일이며, 위선

영원과 사랑의 대화

을 범하는 일이 될지도 모른다. 나는 책상에 기대어 간단한 편지를 썼다.

"K 양! 훨씬 좋아졌지요? 오늘쯤은 일어나 앉을 수 있을까 생각해봅니다. 아침에 갑작스런 전보를 받고 대구로 내려가게 되었습니다. 내 옛날 친구였던 H 씨 댁에서 전보가 왔군요. 내일 밤이나 모레 아침 차로 바로 상경할 예정입니다. 이 편지가 전해졌을 때쯤은 남행하는 찻간에 기대 앉아 K 양을 생각하고 있을 것입니다. 약속을 지키지 못한 벌은 무엇으로라도 달갑게 받겠습니다. 그러나 이렇게 내 마음을 얽매어놓은 K 양도 상당히 아픈 벌을 받아야 할 것입니다. 그러면 곧 만나기를 바라면서 붓을 놓습니다."

급사에게 편지를 맡기고 책 한 권을 가방에 집어넣은 채 집을 나섰다. 택시를 타면 기차 시간에 늦지 않을 것이다. 나는 기차 안에서 여러 가지 생각을 정리해보았다. 그러나 이상스럽게도 내 마음은 K 양에게로 가까워질 뿐, K 양과의 관계를 이성적으로 판단하는 일은 점점 더 어려워짐을 느꼈다.

나는 앞날을 생각하기보다도 몇 번 있었던 K 양과의 여러 가지 사실들을 회상해보는 일에 마음이 사로잡히고 말았다. K 양은 확실히 나를 사랑하고 있다. 나 역시 K 양을 사랑하고 있음을 이제 와서 부정할 수는 없다. 생각해보면, K 양은 가장 순하고 맑은 마음으로 나를 사모해왔다. 그리고 그 마음이 이제는 나를 사랑하는 마음으로 변해버린 것이다. 일생의 닻을 나에게 놓기로 작정한 것이다. K 양이 생각하는 정거장이 곧 내가 아닌가!

그러나 나에게는 또 다른 정거장이 있다. 보다 영원한 정거장은 K 양이 아니라, K 양을 넘어 저편에 있는 것이다.

K 양도 어렴풋이 그것을 느꼈던 모양이다. 그러나 지금 K 양은 나의 저쪽 정거장은 후일의 문제로 돌려버리고 만 것이다.

그것은 K 양의 잘못이 아니다. 오히려 그 뜻을 밝혀주지 못한 나의 불찰이다. 내가 일생 동안 걸어야 할 길은 너무나 멀다. 우선 8년 내지 12년의 긴 수업을 받아야 한다. 아직도 어리다면 어린 K 양을 어떻게 고독과 그리움의 깊은 못 속으로 끌어들일 수 있는가? 냉정하고 뚜렷한 판단과 결심을 내리지 못한다면, 이제 나는 K 양 일생에 다시없는 불행의 불꽃을 던지는 범죄자가 되고야 말 것이다.

그렇게 아름다운 마음을 지닌 K 양에게, 그렇게도 나를 좋아하는 K 양에게 불행과 고통을 줄 수야 있는가? 그러나 이미 K 양의 마음이 작정되어 나와의 관계를 일생의 문제로 결정짓고 있다면, 두 가지 길이 있을 뿐이다. 나의 결정을 변경시켜 K 양과 결혼해 사랑을 지속시키면서 나의 정신적 과정을 밟는 길이다. 그렇지 않으면 K 양을 타이르고 K 양의 마음마저 순화시켜 나와의 사랑을 극히 아름다운 정신적 세계로 끌어올리는 일이다. 그러나 지금 같아서는 그 어느 것도 불가능할 것만 같다.

생각은 끝없이 되풀이될 뿐이다. 나는 아직도 사흘 정도 여유를 가지고 있다. 시간은 모든 문제를 해결 짓는 가장 좋은 친구니까…. 아무쪼록 여행을 즐기기로 했다.

오후 늦게야 대구에 도착했다. 그대로 H 형 집으로 가려고 했는

영원과 사랑의 대화

데 뜻밖에도 H 형의 동생 경원이 나와 있었다.

"오빠! 나 여기 있어요."

"아니, 학교는 어떻게 하고 대구에 와 있나?"

"그저께 밤차로 내려왔어요. 대학원 수업쯤이야 며칠 쉬면 어때요?"

"나한테 얘기도 없이?"

"가니까 안 계시던데요? 뭐 어디 병원에 가셨다던가요?"

"그랬던가? 그런데 무슨 급한 일이 있었어?"

"내일이 어머니 회갑이세요. 그래서 집안끼리만 보내려고 했는데, 어머님이 자꾸만 오빠에게 전보를 치라고 야단하시는 걸 어떻게 합니까?"

"아! 내가 큰 실수를 했군. 재작년이 아버님 환갑이었으니까, 금년이 어머님 회갑이신 걸 잊었네. 두 분께서 날 책망하시겠는데."

"아니에요. 아버지는 'S는 원체 제 생일도 모르고 사는걸' 하시면서 예사로워하셨어요. 어머니는 아무래도 죽은 오빠 생각이 간절하신 것 같아요."

이렇게 얘기하는 경원의 눈에도 슬픔이 감돌았다. 나는 경원의 얼굴에서 죽은 H 형의 한 부분을 발견하는 것 같았다.

H 형의 아버지, 어머니께 공손히 인사를 올렸다. 어머니께서 몹시 반가워하셨다. 만일 내가 내일 도착했더라면 무척 섭섭하셨을 것이다. 나는 H 형이 사용했던 이층 방으로 안내를 받았다. 경원이 나를 위해 깨끗이 청소를 해놓은 것 같았다.

얼마 동안 잃어버리고 있던 생각들이 한꺼번에 치밀어온다. 나는 침대에 누워 잠을 청했다. H 형과 K 양에 관한 모든 생각을 한 묶음으로 떼어버릴 수 있는 고요한 마음의 상태가 그리웠다.

피로했던 탓인지 곧 잠들었다. 세 시간쯤이나 잔 것 같았다. 노크 소리에 눈을 떴을 때는 이미 전등불이 켜져 있었다.

"무척 피곤하셨던 모양이지요. 세 번씩이나 올라와 봐도 그대로 주무시기만 하던데."

경원이 웃으면서 그러나 약간 불만스러운 표정으로 들어왔다.

"그랬던가? 며칠을 잘 못 잤으니까 깊이 잠이 들었던 모양이지."

"왜 하루가 아니고 며칠이에요?"

"그럴 일이 있었어. 사람이란 눈으로는 잠드는 것 같아도 마음이 잠들지 못하면 마찬가지로 피곤한 모양이지?"

"어마! 오빠 같은 분에게도 잠들지 못하는 밤들이 있는가 봐."

"경원인 자주 그런 경우가 있었나?"

"말하자면?"

"글쎄, 어떤 한 가지 일만이 자꾸 소용돌이쳐올 때, 그 생각에서 헤엄쳐 나오지 못하는 심정 같은 걸까?"

"언젠가 오빠한테 들은 이야긴데요. 키르케고르가 '영원이란 내던지고 또 내던져도 내던지기도 전에 찾아든다'고 말했다더니, 그런 심정이신가요?"

"글쎄, 그것이 영원이라면 무척 좋겠는데…."

"그러면 현실적인 어떤 문제가 오빠의 마음을 그렇게도 강렬하게

영원과 사랑의 대화

붙잡고 있는 건가요? 전혀 이해할 수가 없어요."

나는 경원에게라도 모든 내용을 말해버리고 좋은 충고를 받고 싶은 심정이었다. 그러나 경원이 무엇을 알랴!

"오빠, 그 얘기는 그만하고 저녁을 잡수셔야지요."

"벌써 저녁인가?"

"벌써가 뭐예요? 일곱 시가 지났는데."

"나 얼굴 좀 잠깐 닦고 갈 테니 먼저 내려가!"

경원은 잠시 내 얼굴을 훔쳐보는 듯싶더니 그대로 내려갔다. 나는 긴 한숨을 내쉬고 하품을 했다. 모든 과거가 나에게서 사라졌으면 좋겠다. 어딘가 악몽에 잠긴 것 같기도 하다. 꿈에서 깨어나야겠는데, 점점 더 깊은 꿈속으로 잠겨드는 것만 같다.

오래간만에 갖는 식사는 유쾌하고도 즐거웠다. 가정적인 분위기를 잊고 살던 나에게 이러한 분위기는 모든 행복의 조건을 채워주는 것같이 느껴진다. H 형만 있었더라면 얼마나 좋았으랴!

경원은 시종 친절히 대해주었고, 어머니는 H 형과 손님에 대한 애정을 합친 친절을 베풀어주는 것 같았다. 흠뻑 자고 난 뒤였기 때문에 이층으로 올라온 후에는 유쾌한 기분과 여유 있는 몸 상태를 회복할 수 있었다. 거리에는 가로등이 아름다웠고 방들은 고요한 신화의 주인공들이 잠들고 있는 양 정적이 머물고 있었다.

어디선지 모르게 K 양을 향한 그리움이 밀물같이 찾아든다. 지금쯤은 침대에 누워서 내 생각을 하고 있을지도 모른다. 아름답고 명랑한 음악이라도 들을 수 있도록 해주고 왔으면 좋았을 것을! 지금의 내 고적과 번민, 그리고 불안은 결국 K 양을 향한 그리움에서 온 것이 아닐까? K 양을 떠나기 위하여 무엇인가를 생각하고 있는 것이 아니라, K 양에 대한 그리움을 참기 위하여 번민하고 있는 것이 아닐까? 지금의 내 심정이야말로 물을 떠난 물고기와 같은 마음이 아닐까? K 양에게로만 돌아가야 모든 것이 해소될 조건들인데….

바닷속 같은 정적에 묻혀보고 싶었는데 경원의 말소리가 들려왔다.

"무슨 생각에 몰두하셨던 모양이네요?"

"반드시 그렇지도 않아."

"혹시 그럴 수도 있고?"

"경원인 그동안 어른이 다 됐네. 남의 맘을 판단할 정도가 되었으니."

"어머니는 제가 자꾸 늙는다고 걱정이신데요, 뭐."

"그렇지, 결혼 걱정을 하실 테니까…."

K 양에게는 벌써 결혼을 하게 됐냐고 물었던 내가 경원의 결혼 걱정을 하고 있으니 이 무슨 생각의 차이인가? 키르케고르가 말하는 '이것인가, 저것인가?' 즉 아름다움과 윤리의 심정일지도 모른다.

"오빠, 대구까지 오셨으니까, 오늘 밤은 저를 위해서 시간을 좀 내주세요. 제가 하자는 대로…."

"그러지."

"두 가지 중 한 가지를 택하세요. 영화 구경을 가든지, 재미있는 얘기를 해주시든지."

"영화로 하지."

영원과 사랑의 대화

나는 서슴지 않고 대답했다. 모든 것을 잊고 잠시나마 기분을 전환시키고 싶었다.

"그러면 곧 나가요."

경원은 아래층으로 내려갔다. 아마 옷을 갈아입는지, 그렇지 않으면 어머니께 양해를 구하는지 모르겠다.

"오빠!" 하고 부르는 소리를 들으면서 계단을 내려섰다. 코트를 왼편 팔에 걸친 경원이 신발을 내려놓고 기다리고 있었다.

"뜻밖인데요? 오빠가 이렇게 쉽게 영화 초대에 응하리라고는 생각 못했어요. 그동안 변했거나, 무슨 일이 있었나 봐."

"그렇게 형사 같은 눈으로 보는 거 아니야."

"잘못했습니다."

우리는 웃었다. 지금 나는 H 형의 따뜻한 사랑을 사모하고 있는 경원의 오빠가 되어주지 않으면 안 된다. 본래 영화를 그리 즐기지 않는 나는 그저 시간을 보내고 있는 느낌이었다. 경원도 영화보다는 그저 나와 같이 한자리에서 시간을 보낸다는 것이 목적이었는지 모른다. 그동안 공부해오던 얘기, 앞으로 작성하고 싶은 논문에 대해서 이야기를 꺼낼 정도였다.

영화가 끝난 뒤 둘은 고요한 밤길을 걸어 집으로 돌아왔다. 경원은 어머니 방으로, 나는 아버지가 계신 방에 잠깐 들렀다가 위층으로 올라왔다. 약간 더위를 느꼈기 때문에 웃옷을 벗고 들창 밖을 내다보고 있는데 노크 소리가 들렸다. 경원이었다. 잠옷과 콜라, 그리고 찬 물수건을 책상 위에 두고 나갔다.

"안녕히 주무세요!"

"응, 잘 자!"

나는 수건으로 얼굴을 닦고 콜라 한 병을 다 비웠다. 그리고 성경을 두 장 읽고 기도를 드린 뒤 자리에 누웠다. 곧 잠이 들었다. 잠들 수 있다는 것보다 더 큰 행복이 있을까 싶었다.

5월 ××일

손님도 많지 않았기 때문에 어머니를 위한 축하는 오전 중으로 끝난 셈이다. 덕분에 나는 줄곧 이층에서 고요한 시간을 가질 수 있었다. H 형의 부친께서 내 방까지 올라오셨다.

"공연히 이곳까지 오라고 해서 피곤하겠군."

"아버님, 무슨 말씀을 그렇게 하십니까? 제가 좋아서 온 걸요."

"그래, 전에도 얘기는 들었지만 공부를 하기 위해서 곧 떠나나?"

"네, 진행시키고 있습니다."

"얼마나 걸리는데?"

"요사이 조금 생각을 바꾸어보고 있습니다만, 8년 내지 10여 년 걸리지 않을까 생각합니다."

"그렇게 오래 걸려야 하나?"

"작정하고 떠나는 거라 끝까지 해볼 생각입니다."

"으흠, 그러면 역시 결혼은 단념해버리고?"

"아마 그래야 되지 않겠습니까? 아직 완전한 결정을 내린 것은 아니지만 그러리라고 믿고 있습니다."

"교직자가 꼭 되려는 것은 아니지?"

"네, 어떤 제도나 직책 때문에 결정한 문제는 아닙니다. 그저 종교적인 신념, 학문을 위한 정성으로 일생을 살아보겠다는 뜻을 버릴 수가 없는 것뿐입니다. 그리고 10년이나 고향을 떠나 있을 줄 알면서, 어떻게 결혼을 생각하겠습니까?"

"응, 알겠네. 그러니까 외국에 간다는 사실은 몇 해가 걸리든지 이미 결정된 일이고 결혼 문제는 아직 보류하고 있는 셈이라는 거지?"

"보류라기보다도 그렇게 되어야 할 것으로 생각하고 있습니다."

나는 K 양과의 관계를 단정할 수 없었으나 지금의 심정을 그대로 고백할 수밖에 없었다.

"그러면 언제쯤 떠날 작정인가? 금년 내로 떠나야 하는가?"

"어쩌면 그럴지도 모르겠습니다."

"그래?"

"부득이하면 1년 정도 늦춰도 되지만 이왕이면 떠날까 합니다."

"그런데, 경원이도 결혼을 해야 하지 않겠나? 그래서 얘기를 해보았더니, 자기도 외국이나 갔으면 좋겠다고 하는데 어떻게 하면 좋을까. 자기 생각에는 자네가 어떻게 해주지 않을까 싶은 모양인데…."

"글쎄, 제가 먼저 가게 되면 길은 열어보겠지만 결혼도 가벼운 문제는 아닐 텐데요…."

"그러게 말일세. 나는 결혼 문제를 먼저 해결 지어야 한다니까, 자기는 외국 가는 문제부터 생각하는구먼. 그애마저 떠나면 안 되겠는데…."

"참 걱정입니다. 저도 경원이하고 얘기해보겠습니다."

"그래보게."

아버지는 별다른 말씀 없이 내려가셨다. 모든 점에서 사리 판단이 정확한 아버지가 계시니 내가 무거운 책임을 질 필요가 느껴지진 않았으나, 모른 체할 수는 없었다.

저녁을 먹은 뒤, 경원과 마주 앉았다.

"오빠도 바쁘실 텐데, 내일 아침 차로 떠나시지요?"

"그렇지. 부모님께서 좋게 생각하실까?"

"제가 다 양해를 얻어두었습니다."

"잘했군."

"오빠를 위해 이등실 표를 끊었어요. 유쾌한 여행일 것 같아요."

"날 위해서라고?"

"그럼요."

"그럼 모든 얘기는 내일로 미루기로 하지. 회담 시간이 종일 있을 테니까."

"무슨 회담인데요?"

"아버지께 얘기를 들었어."

경원은 혼자 생각해보는 모양이더니 두 뺨을 약간 붉히며 말한다.

영원과 사랑의 대화

"그럼 안녕히 주무세요. ××를 시켜서 냉수와 수건을 보내드릴 게요."

"응, 잘 자."

잠시 후 ××가 콜라와 냉수, 찬 물수건을 들고 들어왔다.

나는 누운 채 책을 읽었다. K 양의 생각이 떠올랐으나 내일은 만날 수 있으니까…. 그리고 곧 해결되겠지. 강물에 들어선 것은 사실이나, 다시 물 밖으로 나가 배를 탈 수도 있으며 돌아갈 길도 있는 것이 인생이니까.

5월 ××일

이등칸이기에 별로 혼잡하지 않았다.

"그래, 외국으로 가야 하나?"

"누가 그런 말을 했어요?"

"아버지께서 어제 걱정하시던데."

"갔으면 좋겠어요. 부모님께 죄송해서 그렇지요."

"가면 얼마나 오래 있고 싶은데?"

"오빠가 머무는 동안 쭉 있었으면 좋겠어요."

"그건 너무 길고, 남자라면 몰라도."

"사실은 저도 외국 갈 생각은 없었어요. 그런데 오빠가 그렇게 오래 계신다니까 저도 생각이 난 것뿐이에요."

"그러면 아직 안 가도 괜찮겠군?"

"모르겠어요. 모두 좋도록 처리해주세요. 아버지께서 또 다른 말씀은 안 하셨어요?"

"응, 그뿐이야."

"어쨌든 오빠 옆에 오래 같이 있어야 마음도 안정되고 공부도 잘 될 것만 같아요."

"그러면 그렇게 노력해보지. 그러나 경원이는 하루속히 결혼해서 부모님께 안심을 드리는 편이 좋고, 공부는 그 뒤의 사정을 따라 계속하는 것이 옳지 않을까?"

우리는 대체로 이러한 결론에 도달한 셈이다. 그런데 어찌된 일인지 그 뒤부터 경원은 별로 말이 없었다. 혼자서 자주 어떤 생각에 잠기는 것 같았다.

저녁쯤 서울역에 기차가 닿았다. 나는 택시로 경원을 데려다주고 곧장 집으로 돌아왔다.

그대로 K 양을 찾을까 했으나 단념하고 침대에 누웠다. 고요하고 가라앉은 저녁이었다.

5월 ××일

꿈에서 깨어났다. 먼지가 몰아치는 큰길가에 어떤 여인이 앉아 깊은 근심에 잠겨 있었다. 가운이나 보자기 같은 것을 쓰고 있었기 때문에 누구인지 알 수 없다. 길을 가는 사람들은 그 여인을 흉보면서 떠들고 지나간다. 어떤 사람들은 침을 뱉고 돌을 던지는 것 같기도 했다. 나는 무척 가엾은 여인이라고 생각하면서 그 옆을 지나가려 할 때 그 여자가 얼굴을 돌렸다.

이 얼마나 놀라운 일이냐. 그 여자가 바로 K 양이 아닌가. 나는 소스라치게 놀랐다. 달려가 그 손을 붙들려고 했다. 그러나 K 양은 아무 표정도 없이 내 손을 거절했다. 그녀의 두 눈은 아래로 내리떴을 뿐 슬픔에 잠겨 있었다.

꿈을 깨고 나니 도저히 그대로 있을 수가 없었다. 바깥은 아직 완전히 아침이 된 것은 아니었다. 나는 몇 가지 생각에 잠겼다. '좋은 꿈은 현실에서는 반대로 나쁘지만, 나쁜 꿈이 오히려 현실에서 좋게 된다던데…'라며 위로도 해보았으나, 혹시 K 양이 나에 대한 원망 때문에 뭇사람의 조소거리가 되는 위치로 떨어져버리는 것은 아닌가.

그러나 곧 아침이 됐다. 병원에서 K 양을 만나는 현실에 처하게 되면 모든 꿈속 같은 안개는 사라질 테지. 세수를 한 뒤, 기다려서 조반을 끝냈다. 곧 병원으로 발걸음을 옮겼다. '병중에 있는 젊은 여성을 이렇게 자주 찾는 일이 좋은가? 가족들을 책임져야 하는 어떤 일로 귀결되지나 않을까?'

이런 생각을 한 것은 K 양의 방 문고리를 잡고 난 뒤였다. 문고리에서 손을 떼고 노크를 했다. 잠시 동안 잠잠했다. 다시 노크를 했다.

"들어오세요."

K 양의 음성이었다. 안으로 들어가니 K 양이 잠옷 위에 가운을 걸치고 의자에 앉아 있는 것이 아닌가! K 양의 집 식모애가 침대를 정리하며 힐끔 나를 쳐다보고는 가벼운 인사를 했다. K 양의 얼굴은 온통 기쁨과 환영의 빛으로 가득 차 있었다. 물론 나의 표정도 마찬가지였을 것이다.

"벌써 이렇게 나았나?"

"어제 아침부터 조금씩 걷기 시작했어요. 의사 선생님께서 내일쯤 퇴원해도 좋다고 얘기했어요."

"그래, 그런 걸 나 혼자 걱정했네."

"그렇지만 대구로 알려드릴 수도 없었어요."

"그야 K 양을 두고 대구로 갔던 내가 잘못이지."

"열도 거의 없어졌고 아픈 것도 잘 모르겠어요."

"좋아, 속히 퇴원하고 학교도 나가야지요."

그러는 동안에 식모애는 방을 다 치우고 묻는다.

"조반을 가져오라고 할까요?"

"참, 선생님 조반은? 지금 정거장에 내리셨어요?"

나는 퍽 어색하고 미안해졌다. 그러나 사실대로 이야기할 수밖에는 없다. 그렇다. K 양 같았으면 차에서 내리기 바쁘게 나에게로 달려왔을 것이다.

"아니, 어제 밤차로 왔는데 어두워 오는 것이 미안해서 이렇게 일찍 온 거예요."

"조반은 어떻게 하셨어요?"

"나는 물론 먹었지요. 병원의 하루는 늦게 시작해서 일찍 끝나는 것 아닌가요?"

"그렇던가요. 그럼 내 것만 가져와도 좋아!"

식모애가 나갔다.

"그대로 앉아서 식사를 해도 괜찮은가요?"

"어제부턴 괜찮아요. 전처럼 많이 먹지는 못하지만."

나는 공연한 걱정을 했다고 생각하며 마음을 놓았다. 지금 내게는 K 양의 건강 회복이 무엇보다도 유일한 소망이었다. K 양은 즐겁게 조반을 들었다.

대구의 얘기를 들려주어야겠으나 별로 전해줄 말이 없었다. K 양은 식사가 끝난 뒤 식모애에게 말했다.

"너에게까지 많은 수고를 끼쳐 미안하다. 집에 가거든 어머니에게 오후에 오셔도 좋다고 전해줘."

K 양은 화분을 가리켰다.

"더 예쁘게 피었지요?"

밝은 볕을 받아 꽃이 한층 더 아름다워 보였다.

"이제는 좀 누워야 하지 않나?"

"10분쯤 더 쉬고 눕겠어요."

얼마 뒤 K 양은 침대에 누웠다. 나는 대구의 얘기를 비롯하여 H 형의 죽음, 나의 떠나야 할 길 등을 얘기하고 싶었다. 그러나 아직 병중에 있는 K 양에게는 삼가는 편이 좋을 것 같았다.

"오늘은 오전 중 쭉 여기 계셔도 괜찮은가요?"

"열한 시쯤 해서 나가봐야지. 맡은 일이 있으니까. 그러면 예정대로 내일은 퇴원을 하게 될까?"

"어머니께서 어떻게 하시겠지요. 집에 돌아가서도 일주일 정도는 쉬어야 하는가봐요."

"그야 그렇겠지요."

"선생님! 저 좀 쉬고 잠들었으면 좋겠어요. 한 시간만 쉬면 되는데 그동안 이층 발코니에 계시겠어요?"

"그러지요. 그럼 지금부터 쉬세요!"

나는 K 양의 이마에 가볍게 입을 맞추고 위층으로 올라갔다. K 양의 건강한 상태를 보았기 때문에 마음 놓고 쉴 수 있었다. 약 한 시간이 지났을까? 위층을 지나가던 간호사가 K 양이 일어나 있다는 말을 전해주었다. K 양은 먼저보다도 명랑하고 만족한 기분이었다.

"혼자 잠들어 미안합니다. 시간이 벌써 다 되었나요?"

"아직 15분이나 남았군. 무슨 책이라도 한 권 보내줄까요?"

"뭐, 곧 퇴원하는걸요."

"그럼 난 이만 가보기로 하지요. 내일 퇴원한다면 몇 시쯤 될까?"

"오후라야 될 것 같아요."

"한 번 더 들르게 될까?"

"못 오시면 어때요. 며칠 집에 있을 텐데, 이제는 제가 전화로 연락드리겠어요."

"그럼 기다리지, 자!"

나는 K 양과 가벼운 악수를 나누고 병원 문을 나섰다. K 양은 침대에서 일어나 앉아 나를 보고 있었다. 어쩐지 오늘은 훨씬 가벼운 기분으로 병원을 나올 수 있었다. K 양의 건강한 모습을 본 때문일까, 또는 꼭 해결 지어야 한다고 생각했던 마음이 긴장을 풀 수 있었던 때문일까?

오늘은 오래간만에 손을 놓았던 일을 계속할 수 있었다. 원고도 진행되고 밀렸던 일들도 정리할 수 있었다.

5월 ××일

뜻밖에 대구에서 H 형의 부친이 올라오셨다.

"바쁘지 않은가? 내가 좀 들어가도….."

"아니, 어떻게 제 방까지 찾아주시고….."

"아무래도 가까운 시일 안에 얘기를 끝내야 되겠기에 올라왔네."

"무슨 일이 생기신 것은 아니지요?"

"전에 잠깐 얘기했던 그 일 때문이야."

"그 일이라면…?"

"경원이 말이야."

"네, 전 또 무슨 중대한 일이 생겼나 했지요."

"그 일이 중하지."

"그야 물론이지요."

"그러면 내가 천천히 얘기를 할까. 다름 아니라, 나와 마누라는 H

가 살아 있을 때부터 S 군에 대한 관심이 많아서 그저 쌍둥이 아들을 둔 셈으로 지금까지 지내온 게 아닌가. 그러니까 자연히 경원이도 자네를 친오빠나 마찬가지로 믿어왔지. 솔직한 말이지 자네와 경원이의 나이 차가 12년이나 되지 않았다면 우리는 그대로 자네를 아들이나 사위로 삼고 싶었네."

잠시 말을 끊었던 부친은 조용히 말을 이으셨다.

"그런데 요사이 마누라와 다시 상의해본 결과 두 가지 결론을 얻었어. 만일 자네가 완전히 포기만 하지 않는다면, 경원이를 맡아주는 편이 제일 좋겠고, 결혼을…. 그야 국내에 있든지, 외국에 가든지는 맘대로 할 것이고…. 또 만일 자네가 결혼을 절대로 거부한다면 어쨌든 경원이의 결혼 문제를 달리 생각해봐야겠다는 것이네."

예측도 못하던 이야기였다. 그러나 나는 서슴지 않고 말씀드렸다.

"저는 경원이를 동생으로만 생각해왔기 때문에 결혼 문제는 꿈에도 생각 못해보았는데요."

"내가 자네의 그 생각을 나무라는 것은 아니야. 지금까지 그 점은 무척 좋았어. 그런데 하나밖에 없는 딸자식을 결혼시키려고 생각해보니까, 우선 그렇게밖에 생각이 안 가더구먼. 그것을 원하는 마누라의 심정은 내 몇 배가 될 것이고 경원이도 제 나이가 20보다는 30에 가까워져가니까, 요사이는 그것을 당연한 것으로 믿는 모양이야. 그래 일전 대구에 왔을 때 더 자세한 얘기까지 해보고 싶었는데, 자네의 심중을 알 수가 없어서…. 실은 재작년 경원이가 3학년을 끝낼 때 이런 생각을 했지만, 말하기까지 이렇게 오래 걸린 셈이네."

아버지는 나의 대답을 기다리고 계신다. 그것도 "생각해보겠습니다"라든가 "아니오"라는 대답이 아니고, "예"라는 대답을 기다리시는 것이 아닌가. 그러나 그런 생각조차 해보지 못한 내가 "예"라고 대답할 수는 없는 일이다. 나는 무척 어려웠다. 친부모나 다름없는 두 분에게 실망을 드리는 것도 안 되었고, 그렇다고 응낙하는 것도 도저히 있을 수 없는 일이었다.

한참 동안 머리를 숙이고 있던 나는 용기를 냈다.

"아버지, 너무 갑작스런 일이어서 무어라 대답할 바를 모르겠습니다. 아직은 제 자신의 결혼 여부도 결정을 짓지 못하고 있습니다."

내 이야기를 들은 아버지는 실망과 슬픔에 잠긴 표정을 숨기지 못했다. 그러니 어머니의 마음이야 더 말해 무엇 하랴.

지난번 대구에 갔을 때 경원의 태도가 이상하다 싶더니 벌써 가족끼리 얘기가 있었던 모양이다. 적어도 딸의 기분을 잘 아는 어머니는 한 번쯤 "아무래도 결혼을 한다면, 이제는 S의 문제를 생각해야지" 정도의 얘기가 있었음에 틀림이 없다. 그렇다면 또 한 사람의 실망자인 경원이가 생기는 것이 아닌가!

나는 눈앞이 캄캄해지는 것 같았다. 결혼을 한다면, 동생으로 믿어오던 경원이보다는 K 양과의 문제가 앞서야겠는데….

"그럼 이만 가봐야겠네, 오늘 꼭 대답을 들어야 하는 것은 아니니까…."

대문까지 전송해드리고 들어오면서 내 자신이 참 야속했다. 운명은 불행의 손길을 어디까지 펼 것인지 모르겠다.

그러나 때는 확실히 오고야 말았다. 모든 것을 결정지어야 하는 때가 바로 지금인 것이다. 경원과 H 형에 대한 의무도 중대하거니와 이미 내 결정에 전적인 기대와 신뢰를 기울이고 있는 K 양에 대해서도 어떤 책임을 져야 한다.

5월 ××일

나는 오전 중에 경원을 만나기로 했다. 경원에게 좋은 결혼을 권해보고 안 되면 외국에 가도록 약속하여, 우선 경원의 마음을 안정시켜주어야 한다. 경원의 마음에 자주적인 결정만 선다면 부모님의 뜻은 점차 해결될 것이라 생각했기 때문이다.

본인들이 어떻게 생각하든지 아버지, 어머니, 누이로서의 경원이가 귀하지, 그 이상의 무엇도 원하지 않는다. 잠시 섭섭한 생각을 남기게 될지는 모르나 그 방향으로 문제를 이끌어가야 하며, 또 그 길밖에는 도리가 없다.

마침 방에 있는 경원을 만났다. 오빠로서 애정과 학업 문제에 관한 적극적인 제안을 꺼냈을 때, 경원은 아무 말도 안 했다. 그저 침묵 속에서 머리만 끄덕였을 뿐이다.

"오빠, 고마워요! 그저 내가 공부할 수 있는 길만 열어주세요. 올케도 없이 한평생을 보내실 오빠가 계신 것만으로도 황송해요. 저도 때가 올 때까지, 부모님께는 죄송하지만 결혼은 생각하지 않기로 하겠어요. 나도 지금까지 성스러운 오빠를 가진 것이 얼마나 기뻤는지 몰라요."

이렇게 말하면서 경원은 눈물을 머금고 있었다.

경원과 헤어져 집으로 오면서 '이제는 모든 것이 끝났다. 부모님과 경원에게 모든 결정을 밝혀버린 셈이 되었으니…. 남은 것은 하나뿐이다. 어떻게 K 양에게 같은 뜻을 전달할 것인가이다. 그러나 이제는 시간문제일 뿐이다. 아버지와 경원에게는 이미 약속한 것이나 마찬가지니까…'라고 생각했다.

방으로 돌아왔더니 K 양에게서 연락이 와 있었다. 그저께 퇴원을 했다는 얘기와 오늘 저녁에는 혼자 집에 있게 되었으니 시간이 되면 와도 좋겠다는 것이었다.

나는 그렇지 않아도 아버지, 경원과의 관계로 인해 스스로를 다스리지 못하고 있는데 어떻게 해야 하나 걱정이 되었다. 그러나 그렇다고 갑자기 사람을 보낼 수도 없는 일이었다. 저녁을 먹고, 어쨌든 한 번은 해결 지어야 할 문제니까 만나보기로 했다. 모든 것은 운명이나 섭리에 맡길 수밖에 없었다.

K 양은 이미 어두워졌기 때문에 내가 나타나지 않을 것으로 단념했던 모양이다.

"연락 받으셨어요? 제가 나가서 전화를 걸었어요."

"벌써 집 밖에까지 다 나오는군."

"곧 학교에 나가도 괜찮을 것 같아요."

"참 뜻밖에 오랜 수고를 했소. 어머님은 안 계셔요?"

"네, ××를 데리고 어디 좀 가셨어요. 아직도 두세 시간은 더 걸리실 것 같아요."

"그럼 혼자서 집을 보는데 내가 도와주러 왔는가 보군."

"아니에요. 건넌방에 아주머니와 조카들이 있어요. 제 방으로 들어오시겠어요?"

"방보다도 밖이 더 좋군. 혹시 잔디밭이나 나무 그늘이 있는 곳이 있을까?"

"그 편이 좋으세요? 그럼 우리 잠깐 뒤뜰로 가실까요? 약간 넓은 뜰이 뒤에 있어요."

"그래요? 그러면 그 편을 택하기로 하지!"

나는 K 양의 조심스러운 안내를 받아 뒤뜰로 갔다. 상당히 큰 나무 두세 그루가 서 있고, 그 밑은 잔디인 것 같았다.

"여기 잠깐 앉아 계세요."

말을 남기고 K 양은 다시 앞뜰로 갔다. 앉을 자리를 가져오기 위해서였다. 울타리가 있는 아늑한 뜰이었다. 멀리 앞으로는 하늘의 별들보다도 더 잔잔하게 가로등이 깜빡이고 있었다. K 양은 내 옆으로 다가와 앉았다.

"선생님, 참 좋아요. 저는 몇 해 동안 이런 꿈을 얼마나 많이 꾸어 왔는지 몰라요. 지금도 꼭 꿈만 같아요."

"꿈이 아니지, 우리가 이렇게 싱싱하게 생각하고 움직이는데…."

"그런데 왜 그런지 꼭 꿈을 꾸는 것만 같아요. 깨지 않아야 하는데…."

　　　　　　　　　　영원과 사랑의 대화

나는 나도 모르게 K 양을 힘껏 껴안아주었다. 이렇게도 나를 좋아하고 사랑하는 여성이 있을까? 하늘의 별들과 세상의 모든 것을 다 주고도 바꿀 수 없는 아름답고 귀한 보물이 아닌가. 이러한 사랑을 배반한다는 것은 확실히 죄악이다. 아니, 있을 수 없는 일이다.

K 양은 내 무릎에 엎드려 지나친 행복감에 울고 있었다. 내가 K 양의 얼굴을 들었을 때, K 양은 눈물과 웃음을 동시에 지니고 있었다. 조금도 감추려 하지 않았다.

하늘의 별빛이 K 양의 두 눈동자에 깃들고 있었다. 모든 시간과 온갖 장소가 지금을 위하여 준비돼 있는 것 같았다.

"날씨가 찬 것 같은데, 방으로 돌아가요!"

나는 아무런 말 없이 K 양의 제안에 순응했다. 어머니는 아직 돌아오시지 않고 있었다.

"어머니를 뵙지 못했지만, 가야 할까 봐."

"이제는 언제 어디를 가셔도 좋아요! 언제나 제 마음속에 머물고 계시니까요."

"그렇지."

K 양은 아무 꺼림 없이 가장 가까운 작별의 인사를 나누었다. 마치 이다음 부부가 되면 항상 있을 수 있을 것 같은 태도였다. 나는 전혀 판단할 수 없는 심정을 안은 채 내 방으로 돌아왔다. 전혀 조화될 수 없는 두 가지 명제가 머리를 지배하고 있었다.

'나는 K 양을 무엇보다도 사랑하고 있다'와 '보다 영원한 것이 나를 기다리고 있다'는 생각이다. 지금의 내게는 전자가 더 강한 편이다.

6월 ×일

바람이 불고 파도가 친 뒤에는 반드시 고요한 안정기가 오는 모양이다. 얼마 동안 정신적 안정을 되찾을 수 있었다. 경원은 여전히 학업에 열중하고 있는 모양이었다. 물론 마음의 동요가 전혀 없지는 않았겠지만, 과거의 상태로 돌아간 것 같았다. 대구의 부모님께는 여전히 무거운 정신적 부담을 느꼈으나, 이미 결정된 어쩔 수 없는 문제였다. 사람이란 스스로의 감정을 속여가며 살 수는 없는 존재니까.

그러나 그동안 다음과 같은 일이 있었다는 사실을 전연 아는 바 없었다. 전부터 경원과 K 양은 가까운 사이였다. 같은 과의 선후배였을 뿐만 아니라, 서로 기대하고 촉망을 느끼며 지내는 사이였다.

K 양이 학교로 다시 돌아온 어느 날 오후, K 양은 경원을 찾았다. 그제야 경원은 K 양이 오랜 병으로 고생한 것을 알았고, 찾아보지 못한 미안함을 진정으로 사과했다.

K 양은 경원에게서 고요한 슬픔에 잠긴 태도를 발견했고, 경원은 K 양에게서 무한한 행복감을 엿볼 수 있었다. 둘은 서로의 상반된 기분을 예감하고 있으면서도 말을 꺼내지는 않았다. 경원은 병에서 일어난 K 양을 위로도 할 겸 자기의 정신적 고통도 발산시켜 마음의 안정을 찾을 겸 이야기를 꺼냈다.

"K!"

"네?"

　　　　　　　　　　영원과 사랑의 대화

"오래 병중에 있었기 때문에 좀 여윈 것 같으나 그래도 행복과 아름다움이 가득 찬 것 같아."

"네, 그런 것 같아요."

"무슨 좋은 일이라도 생겼지?"

"아직은 모르겠지만, 제가 누군가를 사랑하고 있어요."

"결혼까지도 얘기하고?"

"물론 그렇게 생각하고 있어요!"

"난 당분간 결혼을 보류하고 공부만 하기로 했어. 너무나 존경하는 오빠 때문이야."

"언니도 오빠가 계셨어요? 난 처음 듣는 얘기네요."

"혈육으로는 남이고, 정으로는 누구보다도 가까운 오빠지."

"그런데요?"

경원은 할 수 없이 나와의 관계를 쭉 설명했다. 대구에서 있었던 일, 최근 나와의 최종적인 결정을 거의 숨김없이 얘기했다. 그것이 경원 자신의 결심도 굳게 하며, 괴로운 정신적 소용돌이에서 벗어나는 데 도움이 되었을지도 모를 일이었다.

"그러면 그 오빠 되시는 분은 결국 정신생활의 신념으로 인해, 사랑이나 결혼은 단념하시는군요?"

"그래, 내 친오빠인 H 오빠가 죽은 뒤부터 뜻을 세운 모양이야. 나는 그 뜻을 따르기로 했어. 그러니까 정신적 안정은 찾은 셈인데, 어쩐지 허전해. 며칠 동안은 내가 나 자신을 잃어버린 것 같았어. 세상에 가장 슬프고 견딜 수 없는 눈물 이상의 고독이 있다면, 사랑하는 분이 나를 떠났을 때의 고독함인 것 같아! 나는 너무 가혹한 운명의 독주를 마신 것 같아!"

이렇게 말하는 경원의 입술은 떨렸고 깊은 한숨을 감출 길이 없었다.

"아직 저는 잘 모르겠지만, 그렇게 높은 뜻을 품고 계신 오빠라면 언니도 그만큼 고상한 동생이 되어드려야 할 것 같군요. 어쩐지 언니도 마리아나 수녀님다운 면이 엿보여요."

"그렇게 봐주니까 고마워. 좀 더 마음을 높여 그 어떤 정신적 절대경에 올라갔으면 좋겠어! 그린데 K는 요사이 어떤 심정에 놓여 있는 거지?"

"제 이야기는 다음에 하겠어요. 언니 뜻의 백분의 일도 감당하지 못할 것 같아요."

"내게 무슨 뜻이 있었나? 환경이 그렇게 되니까 나를 부정하는 편이 하나의 선한 길이 된 것뿐이지."

"희생에서 선을 찾는 것이 가장 귀한 일이지 뭡니까?"

"그럴까? 희생이야 희생이지, 너무나 값비싼 희생이니까. 그런데 K가 사모하고 존경하는 분도 물론 K를 지극히 사랑하고 있겠지?"

"네. 다만 너무 뜻이 높은 분이기 때문에 제가 그분 앞길에 지장이 되지나 않을지 걱정이에요."

"나이는 얼마나 되지?"

"자꾸 묻지 마세요. 언니는 괴로운 마음을 누르고 계시면서 공연히 제 이야기만 하면 어떻게 해요."

영원과 사랑의 대화

"그만한 사랑과 애정도 없다면, 내가 무슨 언니감이 되겠어."

"그렇지만!"

"더 얘기하기 어려우면 안 해도 좋아. 어쨌든 행복하면 그것으로 만족하니까…."

"나이가 좀 많은 분이에요. 그래도 어머님은 이해하실 것 같아요."

"아주 많은 분이라면 아직 결혼을 안 했을 리가 없잖아? 약간 많으면 어때. 지금 무엇을 하시지?"

"한마디로 말하면 공부하시는 분이세요."

"어디 교수신가?"

"강사로도 계시고 지금은 어느 연구 분야에 계세요."

"뭐니 뭐니 해도 지성과 인격을 갖춘다는 점이 제일 좋은 것 같아."

"그런데 모든 조건이 언니가 말씀하시는 오빠와 비슷한 분 같아요."

"그러면 안 되지. 우리 오빠는 벌써 40에 가까워지고 있는데…."

"이분도 그만할 거예요. 고향은 북쪽이신데 가족은 별로 없으세요. 지금도 ××관에 머물고 계세요. 가정적인 분위기를 참 좋아하셔서 어머니께서도 퍽 좋게 보시는 편이에요."

"그럼 누굴까, 우리 오빠도 ××관에 계시는데…."

"네?"

"오빠 이름은 S××인데…."

"어머나!"

K는 얼굴색이 창백해졌다. 책상 위에 머리를 짚고 한참 기대어 있었다. 파랗게 질린 입술을 힘들게 열었다.

"언니, 용서하세요. 저 가봐야겠어요."

간신히 이 말을 남기고 방에서 나온 것이다.

6월 ×일

아침 일찍 경원이가 찾아왔다. 전과 다름이 없었다. 그러나 예전의 웃는 모습은 찾을 수 없었다. 내 눈치만 살피고 있는 것 같았다.

"무슨 용건이 있어서 온 것은 아니지?"

"있다면 있고 없다면 없어요."

"있다면 무엇일까?"

나는 빙그레 웃었다.

"오빠! 이 여름에 떠나시게 되겠어요?"

"일을 진행시키고는 있는데 어디 내 마음대로 하는 일이라야지. 잘되면 8월쯤은 떠날 것 같은데…. 경원이는 한 해 더 여기서 끝내야지?"

"네, 마음의 준비는 다 되셨어요?"

"뭐, 별 준비가 있나? 떠나면 되는 거지. 한 가지 중대한 감정적인 문제가 남아 있기는 하지만, 떠날 때가 되면 결론이 나겠지."

"무슨 문젠데요?"

"사실은 그 문제 때문에 경원에게도 한번 상의하고 싶었어. 그러나 어떻게든 되겠지. 나도 내 심정을 모르는 사이에 그만…."

"오빠, 애정 문제지요?"

"어떻게 알아?"

"다 알고 있어요."

그러면서도 경원은 웃지 않았다.

"끝까지 결혼은 안 하실 작정이세요?"

"아직 결혼한다고는 생각지 못하고 있어."

"그러면 왜 사랑은 하셨어요?"

"물이 흘러가는 것처럼 감정이 흘러간 것이지. 지금 그 방향을 바꾸려고 노력하는 중이야. 그저 아름답고 귀한 소녀로만 대해왔는데 저쪽의 마음과 뜻을 미리 막아주지 못한 것이 큰 잘못이었어."

"그러나 오빠가 사랑했다는 사실이 지금에 와서는 더 큰 결과를 가져온 것이 아닐까요?"

"나도 알아. 그러나 결혼이나 육체적인 애정만을 원하는 것과는 거리가 있는 순결한 사랑을 가졌을 뿐인데, 상대방은 그 모든 문제를 한 가지로 생각하고 있는가 봐."

"오빠가 책임을 지셔야지요."

"그런가? 경원이가 한 여성의 입장에서 그렇게 책망한다면 나도 마음을 바꾸어야 하지. 모든 것이 너무나 괴로운 운명인 것 같아. 꿈에서 깨어나면 좋겠는데, 현실은 더 긴박하구만…. 경원은 내가 나를 사랑하는 여자를 위한 양심적 책임을 져야만 한다고 보나?"

"오빠는 비겁하세요. 이제 와서 그런 말이 어디 있어요."

"경원이 말대로야. 나는 여러 번 나의 심정과 뜻을 전하려 했는데, 끝내 그러한 기회를 못 가졌어. 또 여러 날 병원에 입원을 하고 있는 이에게 그런 말부터 할 수가 없었고…."

"병원에 안 가셨으면 되잖아요?"

"물론 가고 싶었으니까 갔지. 하지만 오늘 같은 결과를 예측하고 간 것은 아니었지. 건강과 위로를 위해서는 가야 하지 않았나?"

"알겠어요. 오빠는 언제나 정에 약하세요."

"모두가 한 달 사이에 일어난 일이야. 그래서 지금으로서는 어떻게 할 수가 없으니까 곧 양해와 용서를 빌기로 했어. 그것이 한 여성의 불행과 파멸을 초래한다면, 내가 나 자신의 무거운 짐을 더 질 수밖에는 없지."

"K의 심정 여하에 따라서는 결혼도 하실 각오세요?"

"또 하나의 짐일 수도 있겠지. 그러나 마음으로는 그 짐이 나에게서 떠나갔으면 좋겠어."

"떠나서 평생 생각하기보다는 결혼하시는 편이 좋지 않아요?"

"그건 경원이가 몰라서 하는 얘기야. K 양에게 그렇게 될까 봐 걱정일 뿐이지…."

경원은 말없이 돌아갔다. 나는 어디서 누구에게 도움을 구해야 좋을지 모를 심정이었다. 경원마저 나를 원망하지 않기를 빌 뿐이었다.

영원과 사랑의 대화

6월 ×일

　나는 오랫동안 K 양을 만나지 못했다. 두 번 찾아갔으나, 몸이 불편하니 며칠 뒤에 뵙겠다는 회답이었다. 나는 경원과 K 양의 대화 내용을 얼마 후 경원에게서 들을 수 있었다. K 양은 그저 듣고만 있다가 경원에게 말했다고 한다.

　"선생님께서 몇 번 저에게 그런 말을 하시려 했어요. 그러나 저는 4년간이나 혼자 사모해오던 선생님에게서 그런 말을 듣는 것이 싫어서 못하게 막곤 했어요. 언젠가는 선생님의 뜻이 바뀌었으면 했고, 하루라도 좋으니까 선생님의 사랑을 받고 싶었어요."

　"K! 그렇게 낙심하지 마! 내가 오빠의 마음을 돌려줄 수도 있으니까. 요전 뵈었을 때도 K를 위해서라면 모든 계획을 바꿀 수 있다고 말씀하던데…."

　"언니께서 오빠의 장도를 빌고 계시는데 제가 어떻게?"

　"오빠의 행복은 반드시 그 길에서만 해결되는 것은 아니잖아? 그렇게만 된다면, 나도 곧 결혼을 해서 부모님께 보답해드리고 싶어…."

　"아니에요. S 선생님은 뜻이 있는 분이에요. 저는 고등학교 때부터 그럴 줄 알았어요. 알면서도 사모하고 사랑했어요. 그것으로 만족해요. 많은 남자들의 사랑을 받는 것보다 한 천사의 사랑을 받으면 그것으로 좋아요. 그 천사를 내 욕심대로 땅으로 끌어내리면 안돼요. 그러면 나는 더 불행해지고 무서운 벌을 받을 거예요. 길은 이미 결정돼 있었어요."

이것이 K 양의 흐느낌이 있은 뒤의 고백이었다는 것이다. 나는 그 뒤에도 K 양을 찾았으나 만나지 못했다. K 양은 학교 일 때문에 당분간 여행을 떠났던 것이다. 나도 K 양에게 다른 마음의 부담을 주지 않으려 했고, K 양도 스스로의 문제와 감정을 자신의 마음속에서 동결시키려는 눈치 같았다.

7월 ××일

무척 더운 날이 계속된다. 친구를 만나기 위하여 종로로 가던 길이었다. 뜻밖에 길에서 K 양을 만났다. 무척 반가우면서도 근심에 잠긴 표정이었다.

"멀리 다녀왔다고 들었어요. 언제 돌아왔지요?"

"용서하세요, 선생님. 학교에서 갑자기 다녀오라고 해서 자세한 말씀도 못 드리고 떠났습니다. 그저께 왔어요."

"별로 어렵거나 불편한 일은 없었지요?"

"네!"

"어디 잠깐 얘기나 할까요?"

우리는 가까이 있는 조용한 장소를 택했다.

"경원을 통해 얘기도 들었고, K 양에게도 전해졌을 줄 믿어요. 과거의 모든 것은 전부 내 책임으로 돌리고 아무 선입견 없이 얘기를

　　　　　　　　　　　　　　　영원과 사랑의 대화

했으면 좋겠어요.”

“선생님, 저는 아무 할 얘기가 없어요. 그저 모든 것이 전과 같아요. 언제나 선생님이 좋고 옆에 있고 싶어요. 오직 한 가지 변한 점이 있다면 선생님의 가장 귀한 정신적 의무와 사명에 제가 도움은 못될망정 어려움을 드려서는 안 되겠다고 생각한 것뿐이에요.”

“그렇게 말하니깐 내가 더 괴로워지는군. 사람은 감정을 속일 수도 없고 또 속여서도 못쓰는 법인데….”

“법이 어디 있어요? 그저 보다 좋은 것을 위해 노력하는 거지요.”

“나는 K 양이 무척 좋아요. 앞으로도 그래요. 오직 K 양을 사랑하기 전에 세워진 작은 뜻이 있을 뿐이지만….”

“경원 언니의 말을 들으니까, 금년 여름 중으로 떠나신다지요?”

“그 열쇠도 K 양이 가지고 있는 셈이지.”

“선생님, 그렇게 말씀하시면 괴로워요. 저 같은 것은 없는 것으로 알아주세요. 모든 것은 꿈이었거니 생각해주세요. 저 때문에 어떠한 마음의 짐도, 아픈 자국도 가지지 말아주세요!”

“K 양, 모든 것을 용서해주는 것은 고마워! 그러나 이 세상에서 나에게 제일 귀한 사람은 K 양이야! 그 K 양이 마음의 짐을 지고 있는데 내가 어떻게 편할 수가 있어. 차라리 내가 그 짐을 지는 편이 낫지!”

“선생님, 그만하세요. 며칠이라도 더 맑게 웃으면서 살아야겠어요. 떠나시는 날까지 절 더 귀여워해주세요.”

K 양의 애원하는 눈은 더 괴롭혀주지 말았으면 하는 심정을 그대

로 보여주고 있었다.

"K 양!"

"네?"

"다음 금요일 오후에 내가 집으로 찾아가도 될까? 직접 주고 싶은 귀한 선물이 한 가지 있어서…."

"우리 집까지 오시겠어요? 이렇게 더운데…."

"그럼!"

우리는 약속을 남기고 헤어졌다.

7월 ××일

약속대로 K 양을 찾았다. K 양은 여전히 명랑했다. 어머니께 인사를 드리자 K 양은 찬 물수건과 여러 가지 과일을 들고 응접실로 들어왔다. 옆 의자에 앉았으나 예전과 다름없는 K 양 그대로의 모습이었다.

"내가 주려고 했던 선물!"

그것은 그간 연구의 업적이 집결된 나의 첫 저서였다.

"어머나! 그간 아무 말씀도 없으시더니…. 이렇게 귀한 것을 받아 어떻게 해요?"

"K 양에게도 귀한 것이 있나? 앞으로의 것들도 모두 보내도록 하지…."

"그렇게 해주세요. 고맙습니다."

K 양은 자리에서 일어서서 가볍게 인사를 했다.

"그런데 표지 안에 무엇이라 한 말씀도 쓰시지 않았네요."

"쓰려고 했는데, 쓸 말이 없군요. 가장 아름답고 귀한 말은 다 쓰였거니 생각해주세요."

"네, 알겠어요."

"아직 서점에는 나오지 않았고, 몇 권 견본으로 나온 거예요."

"고맙습니다."

우리는 과일을 먹으며 즐겁게 이야기를 나누었다.

"선생님, 제가 마음의 결정을 말씀드릴까 했었는데, 오늘은 그만 두겠어요."

"무슨 일인데?"

K 양은 심각한 표정으로 망설이고만 있더니 입을 열었다.

"한 번 더 저희 집으로 오실 수 있으세요?"

"왜, 얼마든지 오지요."

"언제쯤 오실래요?"

"아무 때나. 다음 수요일쯤 들를까요?"

"그렇게 하세요."

우리는 전과 같이 즐거운 시간을 보냈다. 그러나 우리의 신변에 관한 얘기는 서로 피했다. K 양의 어머니에게 손님이 또 온 모양이었다.

"그러면 나는 일어서볼까?"

"벌써요?"

"벌써라니? 한 시간 반이 지났는데…."

K 양은 신을 바로 놓아주고 대문 밖까지 따라 나왔다.

"더워서 어떻게 가세요?"

"K 양이 원해주면 마음이 시원해지겠지!"

"그랬으면 좋겠어요."

K 양은 도무지 집으로 돌아서려 하지 않는다. 나는 가까스로 권해서 K 양을 집으로 돌려세웠다. 한참 뒤, 돌아보았을 때도 K 양은 뜨거운 볕 아래 그대로 서 있었다. 골목을 돌아서면서 다시 얼굴을 돌렸을 때도 K 양은 그 자리에 서 있었다. 세상에서 이렇게 무거운 발걸음을 옮겨본 일이 없었다.

7월 ××일

금년 들어 오늘이 최고의 더위일 것이라던 예고가 틀림없었다. 햇볕은 사정없이 내리쪼이고 있다. K 양의 집 앞에 도착하니 약속 시간 3분 전이었다. 초인종을 누르기도 전에 K 양이 나와 대문을 열었다.

"어떻게, 초인종도 안 눌렀는데?"

"기다리면서 내다보고 있었어요. 너무 더워서 죄송스러워요."

"더운 날도 있고 추운 날도 있어야 좋지. 언제나 이렇게 더운가요?"

"하필이면 금년 들어 제일 더운 날 오시게 되었을까."

자리에 앉으려 할 때 K 양이 묻는다.

"세수부터 하시겠어요?"

"아니, 곧 시원해지겠지요."

K 양은 부채질을 해주면서 심부름하는 애에게 물수건을 부탁했다.

"내가 부칠 테니까… 부채를 주어요!"

우리는 옆자리에 나란히 앉았으나 무슨 이야기를 어떻게 꺼내면 좋을지 몰랐다. 나는 바로 옆에 앉은 K 양을 바라보며 웃었다.

"할 말이 없네."

"저도 그래요!"

K 양도 따라 웃는다.

"말이 많은 것은 거리가 먼 때문이지요."

식모애가 과자, 과일, 콜라 등을 들고 왔다.

"벌써 가져왔어?"

"조금 기다릴까요?"

식모애는 잠깐 당황해했다.

"아니 좋아! 오늘은 선생님이 오신다고 아침부터 이렇게 많이 준비해두었어요. 마음으로는 이 몇 배나 되고요."

"고맙소. 나도 그 마음은 충분히 알고 있어요."

"앞으로도 쭉 아셔야 해요."

K 양은 내 눈을 바라보면서 웃었다. 우리는 음악, 문학, 종교 이야

기를 했다. K 양은 자기 어렸을 때의 얘기를 차근차근히 들려주었다. 좀처럼 자기의 얘기를 하지 않는 성격인데, 심지어는 부모님들의 얘기까지도 꺼냈다. 나는 재미있게 듣고 있었다.

"선생님, 이 복숭아하고 작은 참외를 깎아서 절반씩 나누어 먹어요."

"그럽시다."

우리는 복숭아, 참외를 둘 다 깎아서 반쪽씩 나누어 먹었다.

옆집에서 라디오의 음악이 뜨거운 볕을 타고 가늘게 들려왔다. 한참 동안 말이 끊겨졌다.

"선생님, 제가 요전 금요일에 말씀드리려다가 보류했던 것 있지요?"

"그런데, 무슨 작정을 했어요?"

"네, 저어, 지난 주일에 약혼을 했어요."

나는 내 귀를 의심했다. K 양을 돌아다보았다. K 양은 아무 말도 없었다. 초상화같이 앞만 바라다보고 있었다. 5분, 10분의 시간이 흘렀다.

"왜 나에게 물어보지도 않고?"

"마음속으로는 백 번도 더 물어보았어요."

"거짓말은 아니지요?"

"왜 거짓말을 하겠어요!"

"전부터 사랑하고 있었어요?"

"아녜요! 선생님. 다 아시면서…."

　　　　　　　　　　　영원과 사랑의 대화

"그러면 사랑도 느끼지 않으면서 어떻게 약혼을 합니까?"

"앞으로 사랑하게 되겠지요."

나는 오랫동안 말을 못했다.

"무엇 하는 분인데?"

"아무래도 좋잖아요. 한 번 보았을 뿐이에요. 어머니의 말씀대로 처음 나타난 사람이 좋다기에 그러마고 대답했어요."

"결혼같이 중대한 문제를 그렇게 결정짓는 일이 어디 있소?"

"더 중대한 문제를 결정지었는걸요."

나는 아무 말도 못했다. 어떻게 하면 좋을지 알 수가 없었다. K 양은 잠시 일어서서 밖으로 나갔다. 나는 얼빠진 사람인 양 창밖만을 내다보았다. 잠자리 두세 마리가 꽃밭 위를 날고 있었다. 햇볕은 여전히 따갑게 내리쪼인다.

얼마 뒤 K 양이 다시 들어왔다. 어디서 울고 온 듯싶었다.

"콜라 한 잔 더 드세요!"

명령인 것 같았다. 나는 주는 대로 마셨다.

"선생님, 꼭 여름 안으로 떠나세요. 책과 마음은 계속해서 전해주세요. 집에서는 제 결혼을 서두는가 봐요. 그렇지만 선생님 떠나시기 전에는 안 될 거예요. 비행기로 떠나실 테지만, 전 전송을 못 갈 것 같아요. 비행기가 멀리 구름 속으로 사라지는 걸 어떻게 보겠어요? 마음으로 전송하겠습니다. 선생님, 이제는 가셔도 좋아요. 더 계시면 제가 못 견딜 것 같아요."

나는 모자를 들고 일어섰다. 모두가 내 책임이다. K 양은 대문까지 따라 나왔다.

"다시는 못 뵐 것 같군요! 오늘은 더 나가지 못하겠어요."

나는 돌아서서 K 양에게 작별 인사를 하려 했다. K 양은 바로 일어서지도 못한 채 대문에 매달리다시피 겨우 서 있었다.

나는 K 양이 대문 밑에 쓰러지지나 않을까 두려웠다. K 양은 떠나가는 나를 어디까지나 지켜보고 있었다. 골목을 돌아서면서 다시 뒤돌아보았다. K 양은 여전히 대문에 매달려 있을 뿐이었다. 나는 아무도 없는 사막 모래밭 위를 혼자 걷고 있는 것 같았다.

어디선지 애조를 띤 유행가 소리가 라디오를 통해 들려왔다. 나는 슬퍼졌다. 눈물이 자꾸만 쏟아졌다. 햇볕은 여전히 따가웠다.

영원한 것에 대한 그리움이 없었던들 누가 내 발을 일보라도 옮겨놓을 수 있었을까?